创新型职业教育精品教材
教育改革新形态新理念教材

导游
基础知识

主　编　李　妍　何欣竹

副主编　魏　巍　孟玲娜

　　　　王　薇　杨　慧

编　委　赵　楠　沙海艳

辽宁教育出版社

·沈阳·

© 李妍 何欣竹 2024

图书在版编目（CIP）数据

导游基础知识/李妍，何欣竹主编.—沈阳：辽宁教育出版社，2024.4（2024.10重印）
ISBN 978-7-5549-4139-3

Ⅰ.①导… Ⅱ.①李… ②何… Ⅲ.①导游—教材 Ⅳ.①F590.63

中国国家版本馆CIP数据核字（2024）第069797号

导游基础知识
DAOYOU JICHU ZHISHI

出 品 人：	张　领
出版发行：	辽宁教育出版社（地址：沈阳市和平区十一纬路25号　邮编：110003）
	电话：024-23284410（总编室）024-23284652（购书）
	http://www.lep.com.cn
印　　刷：	沈阳百江印刷有限公司
责任编辑：	赵姝玲
封面设计：	意·装帧设计
责任校对：	黄　鲲
幅面尺寸：	185mm×260mm
印　　张：	19.5
字　　数：	350千字
出版时间：	2024年4月第1版
印刷时间：	2024年10月第2次印刷
书　　号：	ISBN 978-7-5549-4139-3
定　　价：	98.00元

版权所有　　侵权必究

前言 FOREWORD

　　随着旅游市场需求的提升，文旅行业在强劲复苏的基础上，乘势而上，跑出发展"加速度"。全国各地有针对性地创新旅游场景，丰富文旅产品供给，提升服务品质，激发旅游行业新活力。旅游业的复苏使旅游人才的需求得到提升，本书供旅游相关专业学生专业基础课使用，通过对本书的学习，能够提升学生文化素质，优化学生知识结构，从而为打造旅游优质服务，推动旅游高质量发展。

　　本教材在保持传统"导游基础知识"课程内容基础上，针对近年来大纲相关要求，结合教学实际，对部分内容框架及知识点进行了改革，更新了原有教学体系中陈旧的知识，使教材结构更加合理，内容更加贴合大纲要求，知识点更加明晰，既方便学生更好地掌握相关知识，又能够顺利指导专业课教师进行授课。

　　本教材优势有：一是合理设置内容结构体系。针对课程内容广、庞杂的特点，本教材将课程内容分为掌握、熟悉、了解三个层次，以模块为纲，以具体任务为目，形成纲举目张式的教材内容结构体系。二是善于比较，将识记的知识点进行了有效串联，方便理解、记忆。三是扩展了知识层次，将书内、书外内容进行比较，从而拓展知识层次。全书分为七个模块，每个模块之下设置若干任务。这种按照模块教学法进行编排的教材，符合高职院设的"学做结合，任务驱动"一体化教学模式。

　　本书由辽宁生态工程职业学院李妍、何欣竹任主编，魏巍、孟玲娜、王薇、杨慧任副主编。具体撰写分工如下：模块一与模块五由孟玲娜编写，模块二由何欣竹

编写，模块三由魏巍编写，模块四由李妍编写，模块六由杨慧编写，模块七由王薇编写；李妍、何欣竹共同编写大纲，并负责统稿和定稿。

本书的编写过程中得到了辽宁生态工程职业学院生态旅游学院阎文实教授的指导与支持，邀请沈阳职业技术学院赵楠教授、沈阳故宫旅行社总经理沙海艳担任编委，负责编审工作，在此特别感谢。

由于编者水平有限，书中难免存在错漏不妥之处，敬请各位读者批评指正。

编者

2023 年 10 月

目录 Contents

模块一：中国历史文化

  任务一 中国古代科技文化 ················ 2

  任务二 中国古代哲学文化 ················ 21

  任务三 中国古代书法与绘画文化 ·········· 30

  任务四 中国历史文化常识 ················ 45

模块二：中国文学知识

  任务一 中国古典文学与现当代文学 ········ 71

  任务二 汉字起源与演变 ·················· 89

  任务三 古诗词格律与楹联常识 ············ 97

模块三：中国建筑文化

  任务一 中国古代城市规划与城防建筑 ······ 115

  任务二 宫殿与坛庙 ······················ 131

  任务三 陵墓建筑 ························ 141

  任务四 中国著名的古楼阁、佛塔、古桥 ···· 147

模块四：中国园林艺术

  任务一 中国古典园林的起源、特色与分类 ·· 158

任务二　造园艺术与构景手段 …………………………………… 163
　　任务三　中国现存著名园林 ……………………………………… 170

模块五：中国饮食文化

　　任务一　中国主要菜系与风味特色菜 …………………………… 177
　　任务二　中国的名茶与名酒 ……………………………………… 186

模块六：中国传统工艺美术

　　任务一　中国陶瓷器、漆器、玉器、景泰蓝 …………………… 201
　　任务二　中国名锦与名绣 ………………………………………… 221
　　任务三　文房四宝、年画、剪纸和风筝 ………………………… 232

模块七：中国旅游景观

　　任务一　地貌与水体旅游景观 …………………………………… 248
　　任务二　气象、气候和天象旅游景观 …………………………… 289
　　任务三　动植物旅游景观 ………………………………………… 300

模块一：

中国历史文化

学习目标

一、知识目标

1. 了解中国古代历史发展概要。

2. 熟悉中国古代的文化成就。

3. 掌握诸子百家的主要思想观点和代表作、帝王称号、古代官制等古代文化常识。

二、能力目标

能结合中国历史发展概况理解中国文化的发展脉络和特点。

三、素质目标（含思政目标）

1. 提高学生的历史文化素养。

2. 通过了解中国灿烂的饮食文化知识，同学们能够加深对中国传统文化的理解和认同，树立对本民族饮食文化的自信心和自豪感，坚定弘扬中国传统饮食文化的使命。

重点难点

1. 理解诸子百家的思想。

2. 哲学、天文、历法、医学等对中国传统文化的影响。

任务一　中国古代科技文化

情景导入

2021年11月，导游员小张接到一个导游任务，带领游客到东莞科学馆一楼参观"中国古代科技展"。此次展览是为了庆祝中国共产党成立100周年，弘扬工匠精神与优秀传统文化，增强文化自信而开设的。接到任务后，小张赶紧准备，把有关中国古代科技文化的基础知识学习了一遍，又对此次展览中的藏品进行了详细的了解，查找资料，准备充分。最终圆满完成了此次导游任务，获得了游客的一致好评。

导游员小张认真钻研的精神值得我们学习，中国古代的科技成果主要有哪些呢？下面就让我们来共同学习吧。

基础知识

一、科技文化发展阶段

中国古代科技文化的发展经历了几个重要阶段，每个阶段都有独特的特点和贡献。

（一）先秦时期

先秦时期是中国古代科技文化发展的起始阶段。这个时期的科技文化主要集中在农业、手工业和医药等方面。人们开始进行农业生产的改良，发展了农具和灌溉技术。手工业方面，出现了制陶、制铁等技术的进步。医药方面，先秦时期的医学家开始对疾病的治疗方法进行研究。成书于战国时期的解《易》著作《易传》系统阐发了百家共识的天人合一观，既是整个中国思想文化的归宿，也是中国古代科技文化形成的思想基础。

（二）秦汉时期

秦汉时期是中国古代科技文化经历了一次大发展。在科学方面，数学、天文学、地理学、农学、医学五大学科各自形成了自己独特的体系。在技术方面，造纸术、手摇纺车、钻井机设备、浑天仪和地动仪等重大技术发明。秦汉时期的科技研究主要集中在实用技术和应用技术方面，为社会的发展和生产力的提高做出了重要贡献。

（三）魏晋南北朝时期

魏晋南北朝时期是中国古代科技文化发展的一个繁荣时期。这个时期的科技研究更加注重理论和学术研究。科学家和学者在数学、天文学、地理学和医药学等方面进行研究。祖冲之的圆周率计算到小数点后七位。贾思勰的《齐民要术》标志着古代农学体系的形成。陶弘景的《神农本草经集注》开辟了本草学的新理论体系。

（四）唐宋时期

唐宋时期是中国古代科技文化发展的黄金时期。唐代经济繁荣，文化昌盛，为宋元科学技术的高度发展打下了十分坚实的基础。宋代科技发展是全方位的，地理学、地质学、医药学、冶金技术、造船技术、纺织技术、制瓷技术都有令人瞩目的成就。最突出的科技成果便是指南针、活字印刷术、火药这三项重大发明创造。沈括的《梦溪笔谈》总结了北宋以前各门科学技术的成就。贾宪的《黄帝九章算经细草》创立了"增乘开方法"和二项式定理系数表。李诫的《营造法式》反映了当时中国建筑业的科技水平和管理经验。

（五）元明时期

元明时期是中国古代科技文化发展的一个重要时期。这个时期的科技研究主要集中在天文学、数学和农业等方面。科学家郭守敬等人在天文学研究方面做出了重要贡献，数学家朱世杰提出了数学的新理论和方法。明朝晚期，在实学功利思想影响下，展现了古代科技的又一道光彩。李时珍的《本草纲目》不仅对药物学和医学做出重大贡献，还对博物学和植物学的分类做出了贡献。朱载堉的《律学新说》用数学解决了十二平均律的理论问题。徐光启的《农政全书》对农政和农业进行了系统的论述。

中国古代科技文化发展经历了不同的阶段，每个阶段都对科技和文化的发展做出了重要贡献。古代中国人通过长期的实践和思考，形成了独特的科技文化理论和方法，为后世的科技发展和文化传承奠定了基础。这些科技成就不仅在中国古代科

技文化中占据重要地位，而且对世界科技文明的发展产生了一定的影响。

二、科技文化成就

（一）天文历法成就

中国古代的天文历法成就在科技文化领域中占据着重要地位。古代中国人通过观察天象和探索宇宙，制定了精确的天文历法，为社会生活提供了准确的时间和季节判断。观察天象和物候是农耕时代非常重要的活动。华夏先民很早就开始"观象授时"，以之指导日常生产和生活。

中国古代天文历法的发展历程不仅在中国历史中具有重要意义，而且对世界天文学和历法学的发展产生了深远影响。古代中国人通过长期观测、记录和实践，形成了独特的天文观测方法和历法体系。

主要著作：

中国古代天文历法的发展离不开一系列重要的著作。以下是几部代表性的主要著作：

《甘石星经》是一部天文学专著，大致成书于战国时期。作者为当时的齐国人甘德和魏国人石申。甘德著有《天文星占》八卷，石申著有《天文》八卷，共十六卷。在春秋战国时期的天文成就中当数甘石星经最大，同时该书是中国也是世界上最早的一部天文学著作。

《夏小正》是中国现存最早的一部记录农事的历书，收录于西汉戴德汇编《大戴礼记》第47篇。在《隋书·经籍志》首次出现《夏小正》单行本。本历书可窥见先秦中原农业发展水平，保存了古代中国的天文历法知识。夏小正撰者无考。一般认为成书时间为战国时期、两汉之间。

《太初历》汉武帝时期元封七年制定的一种历法，将一日分为八十一分，故又称"八十一分律历"。它是中国古代一部比较完整的历法，这是中国历法上一个划时代的进步。正式把二十四节气订于历法，明确了二十四节气的天文位置。

《大衍历》是唐玄宗开元年间由僧一行制定的历法。僧一行，俗名张遂，是唐代杰出的天文学家、历法家、数学家和佛学家。他是历史上第一个实测子午线的第一人，在科学发展史上具有划时代的意义，标志着中国古代历法体系的成熟。

《授时历》郭守敬、王恂共同研定。为1281年（元至元十八年）实施的历法名，元世祖忽必烈赐名为《授时历》。以365.2425日为一年，和地球绕太阳一周的回归年的实际周期相比只差25.92秒，与现今世界上通用的阳历（格里高利历1582年）一岁周期相同，但比其早300多年。法国著名数学家和天文学家拉普拉斯（1749—1827年）曾引用《授时历》黄赤交角的测定值，并给予高度评价。《授时历》行用300多年，是我国推算最精确和使用最久的历法。

总之，中国古代天文历法的发展脉络和主要著作体现了古代中国人在天文学领域的丰富知识和创造力。通过观测天体运动和总结规律，他们制定了精确的天文历法，为社会生活提供了重要的时间和季节信息。这些成就不仅在古代对中国社会产生了深远影响，而且为后世的天文学研究提供了宝贵的经验和启示。

（二）数学成就

中国古代的数学成就在科技文化领域中占据着重要地位。古代中国人在数理逻辑、算术、几何、代数等方面取得了丰富的数学知识和创新成果。以下将详细描述中国古代数学的发展脉络和主要著作。

1. 发展脉络

中国古代数学的发展历程可以追溯到数千年前的古代中国。古代中国人通过实际问题的应用和数学思维的发展，逐渐形成了独特的数学理论和方法。以下将详细描述中国古代数学的发展历程。

（1）先秦时期

在先秦时期，中国古代数学的基础开始形成。在甲骨文中数字的特殊记法，已有位值制的含义，被称为准十进位值制。算筹是中国古代长期使用的主要计算工具，算筹记数法是成熟的十进位值制记数法，其产生在春秋早期或更早。战国时期的墓葬中时有算筹的发现。先秦时期"九九"乘法表已经广为流传（湖南省西部龙山县里耶镇一号古井第六层中发现的记录"九九"表的木牍）。有关比例、比例分配、面积、体积等算法和相应的算题的算法已经很成熟了。

（2）秦汉时期

秦汉时期是中国古代数学发展的一个重要阶段。随着社会的发展和科技的进步，数学的应用范围得到了扩展。著名著作有《九章算术》和《周髀算经》。此外还有近年出土的简书《算数书》。这些书中包含了算数、代数和几何等丰富的数学内容，如复杂的整数和分数四则运算，比例问题，盈不足术，开平方和开立方，方程术

和正负术，面积和体积问题，勾股算数和勾股测量术等。

（3）魏晋南北朝时期

魏晋南北朝时期是中国古代数学发展的一个繁荣时期。这个时期的数学研究集中在数论、几何和代数等方面。在这一时期撰写的数学书不下数十种，如赵爽《周髀算经注》，刘徽《九章算术注》和《海岛算经》，《孙子算经》，《张丘建算经》，甄鸾《五曹算经》《五经算术》等，都是重要的数学典籍。南北朝时祖冲之所著《缀术》，是一部内容丰富的数学专著，可惜已失传。值得一提的是刘徽的《九章算数注》，他对《九章算数》中的大部分数学方法做出了相当严密的论证，对于一些概念给出了明确的解释。从而为中国古代数学奠定了坚实的理论基础。

（4）唐朝时期

隋唐是中国封建社会经济政治文化的鼎盛时期，然而唐初王孝通撰《缉古算经》一卷，解决了若干复杂的土方工程及勾股问题，且都用三次或四次方程解决，是为现存记载三次、四次方程的最早著作。

（5）宋元时期

宋元时期是中国古代数学发展的一个重要时期。这个时期的数学主要集中在代数和几何学的研究上。宋元数学高潮早在唐中叶已见端倪。随着商业贸易的蓬勃发展，人们改进筹算乘除法，并在运算中使用了十进小数，极可宝贵。李冶、秦九韶、杨辉和朱世杰是这一时期著名的数学家。朱世杰的《算学启蒙》和杨辉的《详解九章算法》是重要数学著作。

（6）明清时期

元明之后，随着筹算捷算法的完备，珠算术产生并得到普及，明朝出现了一批有关珠算的著作。其最著者为程大位的《算法统宗》。此书适应商业发展的需要，以珠算为主要计算工具，并载有珠算开方法。此书在以后二三百年间被多次翻刻、改编，流传之广是罕见的。徐光启与传教士利玛窦等一起翻译了《几何原本》等著作。

1773年乾隆帝决定修《四库全书》，久佚的宋元算书也陆续辑出或发现，从此掀起了乾嘉时期研究整理中国古典数学的热潮。李善兰（1811—1882年）在三角函数与对数函数的研究上取得了更大的成就。

中国古代数学的发展历程不仅在中国历史中具有重要意义，而且对世界数学的发展产生了一定的影响。中国古代数学家通过长期的实践和思考，形成了独特的数学理论和方法，为数学的发展提供了重要的基础和启示。中国古代数学成就不仅在中国古代科技文化中占据重要地位，而且对世界数学学科的发展起到了一定的推动作用。

2. 主要著作与成就

以下是几部代表性的主要著作与成就：

《周髀算经》原名《周髀》，算经的十书之一，是中国最古老的天文学和数学著作，约成书于公元前1世纪，主要阐明当时的盖天说和四分历法。唐初规定它为国子监明算科的教材之一，故改名《周髀算经》。《周髀算经》在数学上的主要成就是介绍并证明了勾股定理。

最早介绍了勾股定理及其实际应用，使用了相当复杂分数计算和开平方法。《周髀算经》还揭示日月星辰的运行规律，囊括四季更替，气候变化，包含南北有极，昼夜相推的道理。从现代天文学角度衡量，书中记载的测量方法都是行之有效的。此书在我国数学史和天文史上均占有相当重要的地位，是了解我国数学和天文学的宝贵资料。

《九章算术》，算学书。作者不详。西汉早期数学家张苍、耿寿昌等增补删订，三国曹魏时期刘徽注释，作为通行本。全书分9章，246个例题。其内容包括方田、粟米、衰分、少广、商功、均输、盈不足、方程、勾股等九个章节，此书于隋、唐时传入朝鲜和日本，被定为教学书籍，现已译成英、日、俄等国文字。国家图书馆藏有南宋本《九章算术》。

圆周率，南北朝时期科学家祖冲之推算出圆周率 π 的值在 3.1415926 和 3.1415927 之间，并提出了 π 的约率 22/7 和密率 355/113，其中密率精确到小数第7位，比欧洲早近1000年。祖冲之对圆周率数值的精确推算值，对于中国乃至世界是一个重大贡献，后人将"这个精准推算值"用他的名字命名为"祖冲之圆周率"，简称"祖率"。

珠算，是以算盘为工具进行数字计算的一种方法，是中国古代众多的科技发明之一，系由"筹算"演变而来。国家级非物质文化遗产之一。珠算始于汉代，至宋走向成熟，元明达于兴盛，清代以来在中国全国范围内普遍流传。珠算是以算盘为工具，以算理、算法为基础，运用口诀通过手指拨动算珠进行加、减、乘、除和开方等数学运算的计算技术。珠算文化涵盖了与珠算相关的数学科学、数学教育、应用技术及智能开发等内容，在文学、历史、音乐、美术等相关文化领域也有一定的作用。

中国古代数学的成就不仅体现在著作中，还通过实际应用产生了深远的影响。古代中国人在农业、商业、天文、工程等领域中广泛运用数学知识，为解决实际问题提供了有效的方法和工具。

总之，中国古代数学的发展脉络和主要著作体现了古代中国人在数学领域的丰富知识和创造力。通过数理逻辑、算术、几何和代数等方面的研究，他们为数学的发展做出了重要贡献，为后世的数学研究提供了宝贵的经验和启示。

（三）农学成就

中国古代的农学成就在科技文化领域中占据着重要地位。作为农业文明的发源地之一，古代中国人通过长期的实践和经验总结，创造了独特的农学理论和农业技术。以下将详细描述中国古代农学的发展脉络和主要著作。

1. 发展脉络

中国古代农学的发展历程可以追溯到几千年前的古代中国。古代中国人通过对土地、农作物和农业技术的观察和实践，逐渐形成了一套独特的农学理论和方法。以下将详细描述中国古代农学的发展历程。

（1）先秦时期

在先秦时期，中国古代农学的基础开始形成。春秋时期铁农具已经广泛使用，牛耕出现。畜力与铁器的结合给精耕细作提供了条件。战国时人们普遍用人或动物的粪便作为肥料，提高了农业产量。各诸侯国普遍种植稷、黍、稻、麦、菽、麻等六种粮食作物。由于铁农具的普遍使用，水利灌溉事业的发展和耕作方法的进步，单位面积产量有所提高。秦商鞅变法后重农抑商，首重农业。《吕氏春秋》的《上农》《任地》《辩土》《审时》四篇中详细记录了秦国的农业知识，当时已经形成精耕细作的农业生产体系，并且日趋成熟。

（2）汉代

汉代是中国古代农学发展的一个重要阶段。随着社会的发展和人口的增长，农业生产面临了更多的挑战。为了提高农业生产效率，汉的农学家进行了大量的实践和研究。《氾胜之书》成书于西汉年间，是我国现存农书中最早的一部。书中指出适时耕种、合理利用和改良土地、施肥、保墒灌溉、及时中耕、按时收获，是作物丰收的六个环节。同时提出了农业增产八法。该书奠定了我国古代农书传统作物栽培理论的基础。

(3) 魏晋南北朝时期

魏晋时期，复种耕作制有了两方面明显的改进，一方面是双季稻的栽培已非常普遍，另一方面是粮肥复种制的发端。此外，再生稻也在这一时期有了文字记载。《齐民要术》总结了混作的经验，套种方法也开始萌芽。土壤管理方面，北方主要采取耕耙劳三位一体的防旱保墒技术。南北朝时期，间作、套种初步发展，开创了林、粮间作方法，将北方以防旱保墒为中心的耕作技术向前推进了一大步，奠定了北方旱地土壤耕作的理论和技术。

(4) 唐宋时期

唐宋时期是中国古代农学发展的黄金时期。在这个时期，农学的理论和方法得到了进一步的发展和完善。南方耕作快速发展，部分地区不仅普及了一年两熟，甚至有部分地区一年三熟。稻麦两熟制与水稻一年两熟制得到了发展。水田耕作技术迅速发展，重视春耕和秋耕，强调秧田要反复耕耙，暴晒土壤，使土肥相结合。在小麦种植中，还提倡多次追肥。重要农学著作有唐代陆龟蒙的《耒耜经》，陆羽的《茶经》，宋代陈旉的《农书》。《陈旉农书》是第一部反映南方水田农事的专著，因作者亲自务农而具有理论和实践上的特色。18世纪时传入日本。

(5) 元明时期

元统一后，农业得到了恢复和发展。元代解决了南方稻麦轮作的排水问题，总结和倡导了区田和套种法。北方也发展了粮食作物与绿肥作物轮作复种制。编写了三部著名的农业著作《农桑辑要》、王祯的《农书》和鲁明善的《农桑衣食撮要》。明代的轮作复种制和间作套种制得到了全面发展。明代徐光启的《农政全书》总结了清代之前的农业科学技术。

中国古代农学的发展历程不仅在中国历史中具有重要意义，而且对世界农业的发展产生了一定的影响。古代中国人通过长期的农业实践和总结，形成了独特的农学理论和方法，为农业生产的提高和农田水利的发展提供了重要的基础和启示。古代中国的农学成就不仅在中国古代科技文化中占据重要地位，而且对世界农业的发展起到了一定的推动作用。

2. 主要著作

中国古代农学的发展离不开一系列重要的著作。以下是几部代表性的主要著作：

《齐民要术》大约成书于北魏末年（533—544年），是北朝北魏时期中国农学家贾思勰所著的一部综合性农学著作，也是世界农学史上专著之一，是中国现存最早的一部完整的农书。全书10卷92篇，系统地总结了六世纪以前黄河中下游地区劳动人民农牧业生产经验、食品的加工与贮藏、野生植物的利用，以及治荒的方法，详细介绍了季节、气候，和不同土壤与不同农作物的关系。

《茶经》是中国乃至世界现存最早、最完整、最全面介绍茶的第一部专著，被誉为茶叶百科全书，唐代陆羽所著。《茶经》全书7000余字，分为上中下3卷，共10章节。《茶经》系统地总结了唐代中期以前茶叶发展、生产、加工、品饮等方面的情形，并深入发掘饮茶的文化内涵，从而将饮茶从日常生活习惯提升到了艺术和审美的层次。在书中，陆羽还设计和制造了一套专用于烹茶和饮茶的茶具。《茶经》出现后推动了茶道的盛行，并影响到其后政治、经济、文化与生活的方方面面，成为世界三大茶书之一。

《天工开物》记载了明朝中叶以前中国古代的各项技术。《天工开物》是世界上第一部关于农业和手工业生产的综合性著作，是中国古代一部综合性的科学技术著作，有人也称它是一部百科全书式的著作，作者是明朝科学家宋应星。外国学者称它为"中国17世纪的工艺百科全书"。作者在书中强调人类要和自然相协调、人力要与自然力相配合。是中国科技史料中保留最为丰富的一部，它更多地着眼于手工业，反映了中国明代末年出现资本主义萌芽时期的生产状况。

《农政全书》是明代徐光启创作的农书。《农政全书》成书于明朝万历年间，基本上囊括了中国明代农业生产和人民生活的各个方面，而其中又贯穿着一个基本思想，即徐光启的治国治民的"农政"思想。《农政全书》是"中国古代五大农书"之一，集前人农业科学之大成，总结了清代之前的农业科学技术。

中国古代农学的成就不仅体现在著作中，还通过实际应用产生了深远的影响。古代中国人通过观察和实践，发展了高效的农作物种植和养殖技术，改进了土地利用和水利设施，提高了农业生产的效率和产量。这些成就在中国古代农业的发展和社会的繁荣中起到了重要的推动作用。

总之，中国古代农学的发展脉络和主要著作体现了古代中国人在农业生产和农学研究方面的丰富知识和创造力。通过观察、实践和总结，他们形成了独特的农学理论和技术体系，为农业生产和农民的福祉作出了重要贡献。这些经验和知识为后世的农学研究提供了宝贵的参考和启示。

（四）医药学成就

中国古代医药学是世界上最古老的医学体系之一，对世界医药学的发展产生了深远的影响。古代中国人通过长期的实践和经验总结，创造了独特的医学理论和治疗方法。以下将详细描述中国古代医药学的发展脉络和主要著作。

1. 发展脉络

中国古代医药学的发展历程可以追溯到几千年前的古代中国。古代中国人通过对草药的研究和实践，逐渐形成了一套独特的医药理论和治疗方法。以下将详细描述中国古代医药学的发展历程。

（1）先秦时期

在先秦时期，中国古代医药学的基础开始形成。先秦时期的医学主要集中在对疾病的认识和治疗方法的探索。《黄帝内经》是这个时期医药学的代表作之一，它包括《素问》和《灵枢》两部分，对疾病的病因、诊断和治疗进行了系统的论述。

（2）秦汉时期

秦汉时期是中国古代医药学发展的一个重要阶段。随着社会的发展和人口的增长，医学的应用范围得到了扩展。《神农本草经》是秦汉时期的一部重要医药著作，详细介绍了草药的分类、性味、功效和用法等内容。此外，医学家张仲景的《伤寒杂病论》和《金匮要略》等著作也对疾病的分类和治疗做出了重要贡献。

（3）魏晋南北朝时期

魏晋南北朝时期是中国古代医药学发展的一个繁荣时期。这个时期医学研究集中在疾病诊断和治疗方法的探索上。在这种学风中的医学世家，亦多关注脉诊，很多以诊脉神妙而出名。其中王叔和所撰《脉经》10卷，全面系统地总结了当时的脉学知识，并有许多创造发明，是中医脉学诊断的奠基之作。

（4）唐宋时期

唐宋时期是中国古代医药学发展的黄金时期。在这个时期，医学的理论和治疗方法得到了进一步的发展和完善。医学家孙思邈的《千金方》是这个时期的代表作之一，详细介绍了草药的应用和配方。

(5) 元明时期

元明时期是中国古代医药学发展的一个重要时期。这个时期医学主要集中在疾病的诊断和治疗方面。医学家张介宾（景岳）《景岳全书》和李时珍的《本草纲目》是这时期的代表作。

中国古代医药学的发展历程不仅在中国历史中具有重要意义，而且对世界医学的发展产生了一定的影响。古代中国人通过长期的实践和总结，形成了独特的医药理论和治疗方法，为医学的发展提供了重要的基础和启示。古代中国的医药学成就不仅在中国古代科技文化中占据重要地位，而且对世界医学学科的发展起到了一定的推动作用。

2. 主要著作

中国古代医药学的重要著作有很多，以下是其中几部代表性的主要著作：

《黄帝内经》分《灵枢》《素问》两部分，是中国最早的医学典籍，传统医学四大经典著作之一。《黄帝内经》是中国现存最早、影响最大的一部医学典籍，《黄帝内经》的成编，标志着中医理论体系的形成，为数年来中医学的发展奠定了坚实的基础，在中国医学史上占有重要的地位，被后世尊为"医家之宗"。《黄帝内经》的内容十分广博，除医学理论外，还记载了古代哲学、天文学、气象学、物候学、生物学、地理学、数学、社会学、心理学、音律学等多学科知识和成果，并将这些知识和成果渗透到医学理论之中，遂使该书成为以医学为主体、涉及多学科的专著，历来受到广大医家和有关学科专家的重视，成为中、外学术界的研究对象。

《神农本草经》是中医四大经典著作之一、最早的中药学著作。《神农本草经》系统地总结了古代医家等各方面的用药经验，对已经掌握的药物知识进行了一次全面而系统的整理。《神农本草经》不只进行了药物的收集工作，还有意识地对所收药物进行了分门别类工作，将365种药物按照上、中、下分为三类，这被称为"三品分类法"。分类的依据主要是药物的性能功效。

《伤寒杂病论》是中国传统医学著作之一，是一部论述外感病与内科杂病为主要内容的医学典籍，作者是东汉末年张仲景，是中国中医院校开设的主要基础课程之一。《伤寒杂病论》系统地分析了伤寒的原因、症状、发展阶段和处理方法，创造性地确立了对伤寒病的"六经分类"的辨证施治原则，奠定了理、法、方、药的理论基础。

《脉学》西晋王叔和撰于公元3世纪，集汉以前脉学之大成，选录《内经》《难经》《伤寒论》《金匮要略》及扁鹊、华佗等有关脉学之论说，阐析脉理、脉法，结合临床实际，详辨脉象及其主病。《脉经》系我国现存较早的脉学专书，首次系统归纳了24种脉象，对其性状作出具体描述，初步肯定了有关三部脉的定位诊断，为后世脉学发展奠定基础，并有指导临床实践之意义。

《千金方》是人称"药王"的唐代孙思邈所作的综合性临床医著，书中所载医论、医方较系统地总结了唐代以前的医学成就，是 部科学价值较高的著作。

《洗冤集录》法医著作，又名《洗冤录》《宋提刑洗冤集录》，5卷。本书内容丰富，见解精湛，虽间有论析欠当之处，但绝大部分内容源于实践经验，是中国较早、较完整的法医学专书。后世诸法医著作多以本书为蓝本，或加注释，或予以增补，并对世界法医学的发展有过巨大贡献，曾先后译成荷兰、英、法、德等国文字。

《本草纲目》作者明代李时珍（东璧）撰于嘉靖三十一年（1552年）至万历六年（1578年）。

本书内容丰富、插图丰富、涉及领域广泛、编写体例独特，是药学史上的里程碑，被世界各地学者广泛赞誉，被誉为东方医药巨典和中国古代百科全书。

中国古代医药学的成就不仅体现在著作中，还通过实际应用产生了深远的影响。古代中国人通过长期的实践和观察，发展了中医诊断方法和治疗原则，积累了丰富的草药知识和临床经验。这些成就在中医药的实践和研究中起到了重要的推动作用，为中医药的传承和发展提供了宝贵的经验和启示。

总之，中国古代医药学的发展脉络和主要著作体现了古代中国人在医学领域的丰富知识和创造力。通过实践和经验总结，他们创造了独特的医学理论和治疗方法，为保护人类健康和治疗疾病作出了重要贡献。这些经验和知识为后世的医学研究和临床实践提供了宝贵的参考和启示。

（五）物理学成就

中国古代物理学成就在科技文化领域中占据着重要地位。古代中国人通过观察自然现象、进行实验和探索，积累了丰富的物理学知识，并形成了一套独特的物理学理论体系。以下将详细描述中国古代物理学的发展脉络和主要著作。

1. 发展脉络

中国古代物理学的发展历程可以追溯到几千年前的古代中国。古代中国人通过

对自然现象和物质运动的观察和实践，逐渐形成了一套独特的物理学理论和研究方法。以下将详细描述中国古代物理学的发展历程。

（1）先秦时期

先秦时期的百家争鸣是中国古代科技发展的基础。成书于战国时期的解《易》著作《易传》系统阐发了百家共识的天人合一观，既是整个中国思想文化的归宿，也是中国古代科技文化形成的思想基础。"天道观"是自然化与人文化的体现，这种"仰观天文、俯察地理"的精神将"人性"与"物理"分途而治。此外，"生成论""感应论""循环论"等宇宙观，为中国古代科学的形成与发展奠定了理性基础。

（2）秦汉时期

秦汉时期，古代科技经历了一次大发展。在科学方面，在以董仲舒为代表的汉儒思想影响下，以阴阳五行学说和气论为哲学基础，数学、天文学、地理学、农学和医学五大学科各自形成了自己的独特体系。在技术方面，诸多生产技术已趋于成熟，如造纸术、指南车、手摇纺车、织布机、钻井机设备、浑天仪和地动仪等多项重大技术的发明以及长城等巨大工程的修建，为后世的技术发展开拓了道路。

（3）魏晋南北朝时期

魏晋南北朝时期，魏晋玄学思想运动催生了古代科技的第一次发展高峰。祖冲之计算圆周率值到七位小数。郦道元的《水经注》以水道为纲综合描述地理。

（4）唐宋时期

新儒学的理性精神把中国古代科技推向顶峰。沈括的《梦溪笔谈》总结了北宋及以前各门科学技术的成就。曾公亮和丁度编撰的《武经总要》记载了三种火药配方、各种火器的制造方法以及水罗盘指南鱼的制造方法。苏颂的《新仪象法要》描述了他与韩公廉等人创建的水运仪象台。李诫的《营造法式》反映了当时中国建筑业的科技水平和管理经验。

（5）明清时期

在实学功利思想影响下展现了古代科技的又一道光彩。李时珍的《本草纲目》不仅对药物学和医学作出重大贡献，还对博物学和植物学的分类作出了贡献。朱载育的《律学新说》用数学解决了十二平均律的理论问题。徐光启的《农政全书》对农政和农业进行了系统的论述。宋应星的《天工开物》系统记述了中国古代农业和手工业取得的技术成就以及各类生产过程和工艺。徐弘祖的《徐霞客游记》对我国西南地区喀斯特地貌的结构和特征进行了首次记载。

中国古代物理学的发展历程为后来的科学研究提供了重要的基础和启示。古代中国人通过对自然现象和物质运动的观察和实践,形成了独特的物理学理论和研究方法,为物理学的发展奠定了基础。中国古代物理学的成就不仅在中国古代科技文化中占据重要地位,而且对世界物理学的发展产生了一定的影响。

2. 主要著作

中国古代物理学的著作相对较少,但其中一些重要的著作对物理学的发展产生了一定的影响。以下是几部代表性的主要著作:

《墨经》是中国战国时期后期墨家著作,主要是讨论认识论、逻辑和自然科学的问题。《墨经》的内容,逻辑学方面所占的比例最大,自然科学次之,其中几何学的10余条,专论物理方面的约20余条,主要包括力学和几何光学方面的内容。此外,还有伦理、心理、政法、经济、建筑等方面的条文。《墨经》中有8条论述了几何光学知识,它阐述了影、小孔成像、平面镜、凹面镜、凸面镜成像,还说明了焦距和物体成像的关系,这些比古希腊欧几里德(约前330—前275)的光学记载早百余年。在力学方面的论说也是古代力学的代表作。对力的定义、杠杆、滑轮、轮轴、斜面及物体沉浮、平衡和重心都有论述。而且这些论述大都来自实践。

《梦溪笔谈》,北宋科学家、政治家沈括(1031—1095年)撰,是一部涉及古代中国自然科学、工艺技术及社会历史现象的综合性笔记体著作。全书内容涉及天文、数学、物理、化学、生物等各个门类学科,其价值非凡。书中的自然科学部分,总结了中国古代、特别是北宋时期科学成就。《梦溪笔谈》是百科全书式的著作,尤以其科学技术价值闻名于世。该书在国际亦受重视,英国科学史家李约瑟评价为"中国科学史上的里程碑"。《梦溪笔谈》具有世界性影响。日本早在19世纪中期排印这部名著,20世纪,法、德、英、美、意等国家都有学者、汉学家对《梦溪笔谈》进行系统而又深入的研究。

中国古代物理学的成就不仅体现在著作中,还通过实际应用产生了深远的影响。古代中国人在农业、工艺制造、建筑工程等领域中广泛运用物理学知识,如利用水力、杠杆原理等。这些成就在古代中国的工程和科技发展中起到了重要的推动作用,并为后世的物理学研究和实践提供了宝贵的经验和启示。

总之,中国古代物理学的发展脉络和主要著作体现了古代中国人在物理学领域

的丰富知识和创造力。通过观察自然现象、进行实验和探索，他们形成了独特的物理学理论体系，为物理学的发展做出了重要贡献。这些经验和知识为后世的物理学研究提供了宝贵的参考和启示。

（六）史学成就

中国古代史学是世界上最早的史学之一，古代中国人通过对历史事件的记录和研究，形成了一套独特的史学理论和方法。以下将详细描述中国古代史学的发展脉络和主要著作。

1. 发展脉络

中国古代史学发展历程可以追溯到几千年前的古代中国。古代中国人通过对历史事件的记录和研究，逐渐形成了独特的史学理论和方法，为历史研究和社会的发展做出了重要贡献。以下将详细描述中国古代史学的发展历程。

（1）先秦时期

在先秦时期，中国古代史学的基础开始形成。先秦时期的史学主要集中在史事的记录和叙述上。《尚书》是这个时期史学的代表作之一，相传是孔子整理。它记录了自尧舜到夏商周中国古代重要事件，为后来的史学研究奠定了基础。

（2）秦汉时期

秦汉时期是中国古代史学发展的一个重要阶段。随着社会的发展和政治的变迁，史学的研究逐渐深入和系统化。史学家司马迁的《史记》是秦汉时期的一部重要史学著作，涵盖了从上古时期到秦朝的历史内容，对史学的研究方法和理论做出了重要贡献。

（3）魏晋南北朝时期

魏晋南北朝时期是中国古代史学发展的一个繁荣时期。这个时期的史学研究主要集中在历史事件的分析和解释上。南朝宋范晔的《后汉书》和西晋史学家陈寿的《三国志》是这个时期的代表作之一，对魏晋南北朝时期的历史进行了详尽的记载和分析。

（4）唐宋时期

唐宋时期是中国古代史学发展的黄金时期。在这个时期，史学的研究方法和理论得到了进一步的发展和完善。北宋时期宋祁、欧阳修等合撰的《新唐书》和司马光的《资治通鉴》是唐宋时期的重要史学著作，对历史事件的记录和分析进行了深入的研究。

(5) 元明时期

元明时期是中国古代史学发展的一个重要时期。这个时期的史学主要集中在历史文献的整理和研究上。宋濂、王祎的《元史》是这一时期的代表作之一，对元朝的历史进行了系统的记载和研究。

中国古代史学的发展历程不仅在中国历史中具有重要意义，而且对世界历史学的发展产生了深远影响。古代中国人通过对历史事件的记录和研究，形成了独特的史学理论和方法，为后世的历史研究和社会的发展提供了宝贵的参考和启示。中国古代史学成就不仅在中国古代科技文化中占据重要地位，而且为世界历史学研究提供了重要的经验和知识。

2. 主要著作

中国古代史学的重要著作有很多，以下是几部代表性的主要著作：

《春秋》，又称《春秋经》《麟经》或《麟史》等，是中国春秋时期的编年体史书，记录了鲁隐公元年到鲁哀公十四年鲁国的重要史实。后来出现了很多对《春秋》所记载的历史进行补充、阐发的作品，被称为"传"。代表作品是称为"春秋三传"的《左传》《公羊传》《谷梁传》。《春秋》用于记事的语言极为简练，然而几乎每个句子都暗含褒贬之意，被后人称为"春秋笔法""微言大义"。它是中国古代儒家典籍"六经"之一，是中国第一部编年体史书，也是周朝时期鲁国的国史，现存版本据传是由孔子修订而成。

《史记》第一部纪传体史书，二十四史之一，最初称为《太史公书》或《太史公记》《太史记》，是西汉史学家司马迁撰写的纪传体史书，是中国历史上第一部纪传体通史。作品中撰写了上自上古传说中的黄帝时代，下至汉武帝太初四年间共三千多年的历史。太初元年（前104年），司马迁开始了该书创作，前后经历了十四年，才得以完成。《史记》全书包括十二本纪（记历代帝王政绩）、三十世家（记诸侯国和汉代诸侯、勋贵兴亡）、七十列传（记重要人物的言行事迹，主要叙人臣，其中最后一篇为自序）、十表（大事年表）、八书（记各种典章制度记礼、乐、音律、历法、天文、封禅、水利、财用）。《史记》规模巨大，体系完备，而且对此后的纪传体史书影响很深，历朝正史皆采用这种体裁撰写。

《资治通鉴》是司马光奉宋英宗和宋神宗之命编撰的一部编年体通史。由司马

光本人担任主编，历时19年而编撰完成。宋神宗认为此书"鉴于往事，有资于治道"，遂赐名《资治通鉴》。全书分为294卷，约300多万字，按照时间顺序记载了共16朝1362年的历史。《资治通鉴》中引用的史料极为丰富，除了十七史之外，还有各种杂史、私人撰述等。据《四库提要》记载，《资治通鉴》引用前人著作322种，可见其取材广泛，具有极高的史料价值。

《明史》是二十四史中的最后一部，共三百三十二卷，包括本纪二十四卷，志七十五卷，列传二百二十卷，表十三卷。它是一部纪传体断代史，记载了自明太祖朱元璋洪武元年（1368年）至明思宗朱由检崇祯十七年（1644年）二百七十六年的历史。在二十四史中，《明史》以编纂得体、材料翔实、叙事稳妥、行文简洁为史家所称道，是一部水平较高的史书。这反映出编者对史料的考订、史料的运用、对史事的贯通、对语言的驾驭能力都达到较高的水平。该书详细记载了明朝的政治、军事、文化等方面的历史事件，成为研究明代历史的重要资料。

中国古代史学的成就不仅体现在著作中，还通过实际应用产生了深远的影响。古代中国人通过对历史事件的记录和研究，形成了一套独特的史学理论和方法，为后世的历史研究和社会发展提供了宝贵的参考。古代中国的史学成就不仅在中国历史的传承中起到了重要作用，而且对世界历史研究产生了一定的影响。

总之，中国古代史学的发展脉络和主要著作体现了古代中国人在历史研究领域的丰富知识和创造力。通过对历史事件的记录和研究，他们形成了独特的史学理论和方法，为历史研究和社会的发展做出了重要贡献。这些经验和知识为后世的历史学研究提供了宝贵的参考和启示。

（七）四大发明

中国古代四大发明是指造纸术、指南针、火药和印刷术。这四项发明在中国古代科技史上具有重要地位，对世界文明的发展产生了深远影响。以下将详细描述中国古代的四大发明。

1. 造纸术

造纸术，是中国四大发明之一。西汉时期，人们已经懂得了造纸的基本方法。东汉时，宦官蔡伦总结前人经验，改进造纸工艺，用树皮、麻头、破布、旧渔网等植物纤维为原料造纸，纸的质量大大提高。这种纸原料易找，价格便宜，易于推广。此后纸的使用日益普遍，纸逐渐取代简帛，成为人们广泛使用的书写材料，也便利了典籍的流传。

2. 指南针

指南针，古代叫司南，主要组成部分是一根装在轴上的磁针，磁针在天然地磁场的作用下可以自由转动并保持在磁子午线的切线方向上，磁针的南极指向地理南极（磁场北极），利用这一性能可以辨别方向。常用于航海、大地测量、旅行及军事等方面。物理上指示方向的指南针的发明有三类部件，分别是司南、罗盘和磁针，均属于中国的发明。据《古矿录》记载最早出现于战国时期的磁山一带。指南针是中国古代劳动人民在长期的实践中对磁石磁性认识的结果。作为中国古代四大发明之一，它的发明对人类的科学技术和文明的发展，起了无可估量的作用。在中国古代，指南针起先应用于祭祀、礼仪、军事和占卜与看风水时确定方位。

3. 火药

火药是中国四大发明之一。是在适当的外界能量作用下，自身能进行迅速而有规律的燃烧，同时生成大量高温燃气的物质。在军事上主要用作枪弹、炮弹的发射火药和火箭、导弹的推进剂及其他驱动装置的能源，是弹药的重要组成部分。人类文明史上的一项杰出的成就。火药是以其杀伤力和震慑力，带给人类消停战事、安全防卫的作用，成为人类文明重要发明之一。

4. 印刷术

印刷术是中国古代劳动人民的发明之一。东汉汉灵帝时期发明的拓印是最早的印刷术，唐朝发明的雕版印刷术在唐朝中后期普遍使用，宋仁宗时毕昇发明了活字印刷术，标志着活字印刷术的诞生。他的发明比德国人约翰内斯·古腾堡的铅活字印刷术早约400年。印刷术是人类近代文明的先导，为知识的广泛传播、交流创造了条件。印刷术先后传到朝鲜、日本、中亚、西亚和欧洲地区。

这四大发明不仅在中国古代科技史上具有重要地位，而且对世界科技和文明的发展产生了深远的影响。这些发明的出现改变了人类的生活方式、文化传播和科技进步的路径，对人类社会产生了重要的推动作用。它们是中国古代科技文化的瑰宝，也是人类智慧的结晶。

知识拓展

科学家郭守敬

郭守敬（1231—1316年），字若思。邢州邢台县（今河北省邢台市信都区）人。中国元朝天文学家、数学家、水利专家、仪器制造家。

郭守敬早年师从刘秉忠、张文谦，官至太史令、昭文馆大学士、知太史院事，世称"郭太史"。自至元十三年（1276年）起，他与许衡、王恂等奉命修订新历法，历时四年，制订出《授时历》，成为当时世界上最先进的一种历法，通行三百六十多年。为修订历法，郭守敬还改制、发明了简仪、高表等十二种新仪器。至元元年（1264年），奉命修浚西夏境内的古渠，更立闸堰，使当地农田得到灌溉。至元二十八年（1291年），任都水监，负责修治元大都至通州的运河，耗时一年，完成了全部工程，定名通惠河，发展了南北交通和漕运事业。元仁宗延祐三年（1316年），郭守敬逝世，享年八十六岁。著有《推步》《立成》等十四种天文历法著作。

郭守敬在天文、历法、水利和数学等方面都取得了卓越的成就，在世界科学技术史上地位崇高。1970年，国际天文学会以郭守敬的名字为月球上的一座环形山命名为"郭守敬环形山"。1977年，国际小行星中心将小行星2012命名为"郭守敬小行星"。中科院国家天文台也将国家重大科技基础设施LAMOST望远镜命名为"郭守敬天文望远镜"。

郭守敬的授时历是一种利用水力装置测量时间的仪器。它基于天文观测的数据，通过水的流量控制机械装置的运动，实现对时间的测量和显示。授时历具有高度的准确性，可以测量出不同的时间单位，如时辰、刻和分。

据传说，郭守敬在研制授时历时遇到了困难。他经过多次试验和改进，最终成功地制造出了一台精确度很高的授时历。为了验证其准确性，他将授时历与当时北京的太阳观测结果进行对比，并发现两者非常接近。这使得郭守敬的授时历成为当时最准确的计时工具之一。

郭守敬的授时历在当时引起了广泛的关注和赞赏。它的出现对于当时的农业、科学、工程等领域都具有重要意义。授时历的使用使得时间的测量更加准确和方便，有助于人们更好地组织生活和工作。

郭守敬的授时历是中国古代科技发展的重要成就之一，对于中国古代的天文学和时间测量技术起到了推动作用。它的创造不仅体现了郭守敬在科学研究方面的才华和创新精神，也对后来钟表的发展产生了重要影响。授时历的出现标志着中国古代科学技术的进步和发展，也为后来的时间测量工具的发展奠定了基础。

课后练习

1. 古代中国的医学家扁鹊被尊为中医的鼻祖，他是哪个朝代的人？（　　）
    A. 隋朝　　　　B. 唐朝　　　　C. 战国　　　　D. 金朝
【答案】C. 战国

2. 古代中国的数学家刘徽提出了哪个重要的数学定理？（　　）
    A. 勾股定理　　B. 费马定理　　C. 欧拉定理　　D. 高斯定理
【答案】A. 勾股定理

3. 古代中国的天文学家张衡发明了哪个仪器？（　　）
    A. 水时漏　　　B. 火球仪　　　C. 云台仪　　　D. 浑天仪
【答案】D. 浑天仪

4. 古代中国的科学家沈括是哪个朝代的人？（　　）
    A. 隋朝　　　　B. 元朝　　　　C. 唐朝　　　　D. 宋朝
【答案】D. 宋朝

5. 古代中国四大发明中的哪一项最早出现？（　　）
    A. 火药　　　　B. 指南针　　　C. 造纸术　　　D. 印刷术
【答案】C. 造纸术

任务二　中国古代哲学文化

情景导入

2023 年 7 月，导游员小李接到一个导游任务，带领游客到尼山圣境去。尼山圣

境是中国的先哲孔子的诞生地，位于山东省曲阜市东南25公里处，是山东省省级文化旅游度假区。接到任务后，小李觉得应该详细了解一下中国儒家文化的发展历程，还应该了解中国其他哲学派别的思想。于是，小李开始认真准备了，让我们跟小李一起学习一下吧。

基础知识

一、中国古代哲学发展成就概述

中国古代哲学是人类历史上最重要的哲学传统之一，涵盖了几千年的发展和演变。以下是中国古代哲学发展的主要成就：

天人合一的宇宙观：中国古代哲学强调天地万物之间的相互联系和相互依存。古代哲学家相信人与自然是一个整体，宇宙是一个有机的体系。这种观念贯穿了中国古代哲学的各个学派，包括儒家、道家和墨家等。

儒家思想的发展：儒家思想是中国古代哲学的核心，儒家强调人与人之间的关系和社会伦理。儒家经典《论语》《大学》和《中庸》等成为后世儒家思想的重要基石，对中国社会和教育体系产生了深远影响。

道家的自然观：道家思想强调自然之道和"无为而治"的原则。道家追求与自然的和谐，强调放弃功利主义和物质追求，追求内心的平静与自由。

墨家的兼爱思想：墨家主张兼爱，认为人们应该彼此关心和互助，摒弃战争和冲突。墨子还提出了一种工程思想，倡导实用主义和公益思维，对中国古代科学技术的发展起到了积极的推动作用。

名家的辩证思维：名家思想注重辩证思维和逻辑推理，提出了许多哲学上的问题和论证方法。名家辩论的形式对后来中国哲学的发展产生了深远影响。

这些成就塑造了中国古代哲学的独特面貌，并对中国文化、社会和价值观产生了深远影响。中国古代哲学的发展成就为后世的哲学家和思想家提供了重要的参考和启示。

二、中国古代哲学发展历程

中国古代哲学的发展历程可以按照朝代进行概括，以下是对中国古代哲学发展历程的按朝代的具体介绍：

（一）春秋战国时期

春秋战国时期（前770—前221年）是中国古代哲学发展的重要时期，这段时期涌现了许多重要的思想家和哲学学派，对中国哲学的演进和影响具有深远的意义。以下是春秋战国时期古代哲学发展的一些重要内容：

1. 儒家学派

孔子（前551—前479年）是儒家学派的创始人，被尊称为圣人。孔子的学说强调人际关系和道德伦理，倡导仁爱、孝道、君臣义务等，提倡君子的道德修养和社会责任感。他强调礼仪和教育的重要性，对后世儒家思想产生了深远影响。

孟子（前372—前289年）是孔子的后继者和重要代表，强调人性本善，提出了天命思想和仁政理念。孟子的思想对于中国古代社会的政治伦理和社会秩序具有重要影响。

2. 道家学派

老子（约前6世纪）被视为道家学派的创始人，著有《道德经》。他强调无为而治、顺应自然的原则，主张人应该追求内在的自我完善，并与自然达到和谐统一。老子的思想对后世的道家思想和哲学产生了深远的影响。

庄子（前369—前286年）是道家思想的重要代表，他强调个体自由自在和相对主义的观念，主张摒弃世俗的执着和对外界事物的评判。庄子的思想对于道家的发展和后来的思想家产生了重要影响。

3. 墨家学派

墨子（前470—前391年）是墨家学派的创始人，提倡兼爱和非攻的思想。墨子认为爱是社会稳定的基础，反对战争和暴力。他还注重实用主义和公共利益，提出了一种工程思想，强调实践和应用价值。

4. 名家学派

名家学派兴起于战国时期，代表人物有邓析、公孙龙、惠子等。名家注重辩证思维和逻辑推理，提出了许多哲学问题和论证方法，对后来的中国哲学发展产生了深远的影响。

这些学派和思想家的思想交织在一起，相互影响和辩论，构成了春秋战国时期古代哲学的丰富多样性。这一时期的哲学思想对中国古代文化和价值观产生了深远

的影响，并为后世哲学家和思想家提供了重要的启示。

（二）秦朝（前221—前206年）

秦朝（前221—前206年）是中国历史上短暂而有着重要影响的朝代。在秦朝时期，由于秦始皇的统一和集权措施，思想和哲学的发展受到了一定程度的限制。然而，秦朝时期仍有一些思想流派和观念对古代哲学发展产生了一定的影响。以下是秦朝时期古代哲学发展的一些方面：

1. 法家学派

秦朝的统一和集权措施使法家思想成为主流。法家强调法律和制度的重要性，以及强力的统治措施来维持社会秩序。法家代表性人物是李斯。李斯帮助秦始皇完善秦律，强大军队，在始皇帝统一六国的过程中发挥了重要作用。法家思想强调法律和行政手段的严格执行，追求社会的稳定和效率。在秦始皇时期，法家文化得到了广泛的应用和推广，但也因其过度依赖和片面运用而导致秦国的灭亡。

2. 儒家思想

秦朝时期法家思想占主导地位，秦朝初年儒家思想在此时期逐渐被整合进统一的法制体系中。秦始皇的焚书坑儒事件使儒家经典遭到破坏，正统的儒学、儒家思想已基本消失。儒家学者迫于形势，也只得暂时躲藏起来，等待时机。

3. 科技与实用主义

秦朝时期的思想观念也在一定程度上体现为实用主义和功利主义。秦始皇进行了许多重要的工程和基础设施建设，如修建了万里长城、连通南北的运河和道路网络等。这种实用主义的思想观念对后来的科学技术和工程领域的发展产生了积极的影响。

值得注意的是，秦朝的统一措施和焚书坑儒事件对古代哲学的发展产生了一定的负面影响。儒家思想的学术传承受到一定程度的中断，哲学思考的多样性和自由度受到限制。然而，秦朝时期对于中国历史的进程和后来的思想发展仍然具有重要的影响，特别是法家思想和实用主义观念的发展对中国古代政治制度和科技进步起到了推动作用。

（三）汉朝（前206—220年）

汉朝（前206—220年）是中国历史上重要的朝代之一，对古代哲学发展具有深远的影响。在汉朝时期，儒家思想逐渐成为国家的官方思想，儒家经典成为官方教育的基石。以下是汉朝时期古代哲学发展的一些重要内容：

1. 黄老思想占据主流

汉代建国初期，民生凋敝，经济困顿，西汉初年，为恢复封建经济稳定封建统治而实行黄老"无为而治"的方针政策，"安定清静""与民休息"就成了当时政治的主题。汉初统治者将黄老思想放在正统地位上，对于国家政局稳定，经济迅速复苏具有重要意义。

2. 儒家思想

西汉前期几十年在政策上公开推行黄老思想，也在不同阶段不同程度上参酌实施了儒家思想的相关内容，例如"约法省禁"，废除苛法和肉刑，轻徭薄赋，与民休息等，本是儒家礼治、德政、仁义王道思想体系中的应有之义。由于这些与黄老学相通，就被较好地整合进了当时的政治指导思想中，并寄托在黄老思想中发展并应用。通过汉初黄老政治这个阀门，思潮的流向同时奔向了儒家，开启了儒学改造和复兴的通道。

董仲舒（前179—前104年）广川（今河北枣强县东广川镇）人。为了适应汉中期统治者的需要，他不但首倡儒学独尊，而且把孔子的学说宗教化，把封建专制制度的理论系统化，形成了一套完整的思想体系。他给汉武帝上《天人三策》就是这一思想体系的具体说明，《春秋繁露》是其代表著作。

3. 礼法结合

礼法结合，就是把中华民族伦理道德与法律制度相结合，实行"德主刑辅，礼法并用"的治世方针。礼法结合综合为治的治国模式的内容非常丰富和深刻，礼侧重于预防犯罪，法侧重于惩罚犯罪，它以人情为核心，以道德为基础，重宗法伦理，礼乐政刑综合为治。礼与法的相互渗透与结合，则是中国传统法律精神最本质的特征，这种相互渗透与结合在唐朝达到最高峰。

（四）魏晋南北朝时期（220—589年）

魏晋南北朝时期（220—589年）是中国古代哲学发展的重要时期，这段时期出现了多种思想流派和学派的兴起和发展。以下是魏晋南北朝时期古代哲学发展的一些具体内容：

1. 玄学

玄学兴起于魏晋南北朝时期，注重心性修养和个人内省。玄学强调追求超越表

象的真理和人性的完善，融合了儒家、道家和墨家的思想，形成了一种独特的哲学观念。代表性人物有王弼、嵇康、阮籍等。

2. 佛教

佛教的流行与神灭论思想两汉时期，佛教刚刚传入，羽翼未丰，还只是道教的附庸。魏晋南北朝时期的长期战乱，各族统治者的有意识提倡，意识形态上佛教与玄学、儒学的结合，使佛教的发展在这一时期超过了土生土长的中国道教，成为最有影响的宗教。后赵重用佛图澄，前秦苻坚重用释道安，后秦姚兴重用鸠摩罗什，南燕慕容德重用僧朗，这些名僧都可以参决国家大事。北朝时，除魏太武帝拓跋焘和周武帝宇文邕两度毁佛外，其他皇帝都大力提倡佛教，佛寺遍布各地，僧尼多到惊人的地步。

3. 道教

道教在魏晋南北朝时期得到了发展和影响力的扩大。为了使原始道教得到官方承认，一部分道教领袖开始改革原始道教，使道教向成熟化、定型化、官方化发展。主要代表人物南方有葛洪、陶弘景，北方有寇谦之。

4. 儒学复兴

魏晋南北朝时期，受到佛教和道教的冲击，儒学处于低谷，远不如两汉时期兴盛。但是，官方正统思想仍是儒学。

魏晋南北朝儒学是在与玄学、佛教和道教的较量中发展起来的。它作为以伦理、政治为轴心的人文之学，在哲学思辨方面或不如玄学和佛道二教，但它与国家的制度、法律和公私生活关系密切，因而儒学在儒、玄、释、道中仍然居于首位，在国家政治生活中发挥着重大作用。时人认为儒学在政治上有利于加强皇权，重振封建纲常，也有利于建立中原正朔形象，感召四夷，建立大一统。这些均是玄、释、道所不能取代的功能。特别是北方，在运用儒学"以夏变夷"，用中原制度改造北魏鲜卑政权，加速拓跋族封建化进程方面发挥了更大的作用。

5. 辩证法

魏晋南北朝时期的思想家开始注重辩证思维和逻辑推理，提出了一些哲学问题和观点。代表性人物有何晏、王弼等。他们的辩论形式对后来中国哲学的发展产生了深远影响。

魏晋南北朝时期的古代哲学发展呈现出多样化和交融的特点，玄学、佛教和道教的兴起对古代哲学思想产生了深远的影响。儒学在这一时期经历了复兴，而辩证法的出现则开启了新的思辨模式。这些思想流派的发展和交流丰富了中国古代哲学的内涵，为后来的思想家和哲学家提供了重要的启示。

（五）唐朝（618—907年）

唐朝（618—907年）是中国古代哲学发展的繁荣时期，涌现了许多重要的哲学思想和学派。以下是唐朝时期古代哲学发展的一些具体内容：

1. 唐儒学派

唐朝时期，儒家思想得到了进一步的发展和推广。儒家学者对经典的注释和研究得到了新的进展。经学成为官方教育的重要内容，儒家思想对政治、教育和文化领域都有广泛影响。官修《五经定本》和《五经正义》颁行全国，成为官定的统一课本。

2. 道教

道教尊奉春秋战国时期著名的道家学者老子为太上老君，奉为教主。相传老子姓李名耳，与唐朝皇室同姓，所以自李渊开始，李唐皇帝便以老子的后裔自居，积极扶植道教，力图借助神权来巩固皇权。当时两京和各州均建有玄元皇帝庙，道观也很多，长安有30所。开元末年，道教发展到鼎盛时期。

3. 佛教

唐朝是中国佛教发展的全盛时期，佛教在政治、文化和社会生活中都扮演了重要角色。大量的佛教经典从印度传入中国，翻译活动蓬勃发展。唐朝的皇帝和贵族对佛教十分赞赏，修建了许多寺庙和佛塔。有唐一代，佛、道二教间的斗争一直很激烈。由于以禅宗为代表的佛教，结合中国社会的实际，简化了教义和修行方法，吸收儒家的一些思想因素，增添了世俗宗法色彩，逐步从外来宗教转化为具有中国特色的宗教，加强了自己的竞争能力，因此，佛、道之争，佛教还是占优势的。

4. 朴素唯物主义和无神论思想

在科学技术，特别是天文学方面成就的推动下，唐代朴素唯物主义和无神论思想有了重大发展。吕才、李华、卢藏用、李签、柳宗元、刘禹锡等人对此做出了贡献，其中以柳宗元、刘禹锡的贡献最为突出。

唐朝时期的古代哲学发展在儒学、道学和佛教等方面都取得了重要进展。这些思想流派的发展为中国古代哲学提供了多元的思考和观点，对后来的思想家和哲学

家产生了深远的影响。唐朝时期的哲学发展也为中国古代文化的繁荣和创造力的迸发做出了重要贡献。

（六）宋明清时期（960—1912年）

宋明清时期（960—1912年）是中国古代哲学发展的重要时期，这段时期涌现了许多重要的哲学思想和学派，对中国思想文化产生了深远影响。以下是宋明清时期古代哲学发展的一些具体内容：

1. 理学

宋明时期，理学兴起并成为主流思潮。理学强调心性修养和天人合一，通过研究经典来探索人性和宇宙之间的关系。代表性人物有周敦颐、程颢、程颐、朱熹等。他们对儒家经典进行了深入解读，提出了心性理论和"格物致知"的观念。

2. 三教合流

佛教、道教在宋明清时期继续发展，并在文化和社会生活中发挥重要作用。自魏晋、南北朝以来，释、道两教获得了大发展，在意识形态上大有取代儒学之势，并对儒学产生了渗透，出现了三教合流的趋势。这样，在宋代儒学中，又出现了过去所没有的新养分，儒学开始哲学化。

3. 心学

王守仁（1472—1528年），字伯安，人称阳明先生，浙江绍兴府余姚人。《传习录》和《大学问》是他的主要哲学著作。

王守仁汲取先秦思孟学派和佛教禅宗思想的营养，又直接继承了南宋陆九渊的心学主张，形成了庞杂的哲学思想体系。他是宋、明时期心学的突出代表。王守仁提出的一个著名的哲学命题是"心外无物"。

4. 民间思潮

在明清时期，一些民间思潮和学派也得到了发展。例如，明朝的李贽提出了不以孔子的是非为是非的观点。清朝的黄宗羲则关注社会和政治问题，提出了反对君主专制的思想。

宋明清时期的古代哲学发展在儒学、佛学和民间思潮方面都取得了重要进展。这些思想流派的发展为中国古代哲学提供了多元的思考和观点，丰富了中国文化的内涵。同时，这一时期的哲学思想也对中国社会、政治和价值观念产生了深远的影响。

知识拓展

王阳明破贼的故事

王阳明（1472—1529年）是中国明代著名的哲学家、政治家和军事家。他以他的破贼故事而闻名，这个故事讲述了他在贼寇肆虐的时期，采用独特的策略成功地破获了贼寇的阴谋。

故事发生在明代晚期，当时中国社会动荡不安，盗匪横行，给人民带来了巨大的痛苦和困扰。王阳明被派往一个贼寇频繁出没的地区担任指挥官，负责维护治安和平民的安全。

王阳明深知贼寇们的战术和心理，他认识到传统的对抗贼寇的方法已经不再有效。于是，他决定运用自己的独特思想和智慧来解决这个问题。

首先，王阳明在与贼寇进行交流时，不采取敌对的态度，而是以理解和尊重的心态与他们对话。他倾听贼寇的抱怨和不满，了解他们的动机和诉求。

其次，王阳明通过自己的言行和态度，向贼寇传达了一种积极向上的价值观。他告诉他们，只有通过正义和道德的行为，才能获得真正的幸福和成功。

最重要的是，王阳明意识到贼寇们之所以选择这条犯罪的道路，是因为他们感到被社会抛弃和不公平对待。因此，他提出了改革社会制度、减少贫富差距的建议，并亲自带头帮助贼寇们脱离犯罪道路，重返正途。

通过这些努力，王阳明逐渐赢得了贼寇们的认可和支持。他们被他的善意和真诚所打动，并意识到自己的错误。最终，贼寇们纷纷放下武器，回归社会，成为正直的人民。

这个故事表明了王阳明在解决社会问题上的独特智慧和卓越才能。他通过理解、尊重和关怀，成功地改变了贼寇们的心态，并最终解决了治安问题。

这个故事不仅展示了王阳明的人格魅力和领导力，也传递了一个重要的信息，即通过道德教育和改革社会制度，可以帮助人们走出犯罪的阴影，实现个人和社会的和谐发展。

课后练习

1. 哪位哲学家提出了"仁义礼"作为人的行为准则?（　　）
   A. 孔子　　　　B. 老子　　　　C. 庄子　　　　D. 墨子

   【答案】A. 孔子

2. 哪位哲学家提出了"无为而治"的思想?（　　）
   A. 孔子　　　　B. 老子　　　　C. 庄子　　　　D. 墨子

   【答案】B. 老子

3. 哪位哲学家提出了"兼爱非攻"的思想?（　　）
   A. 孔子　　　　B. 老子　　　　C. 庄子　　　　D. 墨子

   【答案】D. 墨子

4. 下列哪位是法家思想的代表人物?（　　）
   A. 孔子　　　　B. 老子　　　　C. 庄子　　　　D. 韩非子

   【答案】D. 韩非子

5. 哪位哲学家性善论的思想?（　　）
   A. 孔子　　　　B. 老子　　　　C. 孟子　　　　D. 墨子

   【答案】C. 孟子

任务三　中国古代书法与绘画文化

情景导入

上海的导游员小杜接到一个导游任务,带领游客到上海博物馆中国历代绘画馆,它是目前海内外唯一的系统展示中国古代绘画通史的常设展馆。接到任务后,小杜赶紧准备,把有关中国古代绘画的相关知识找来学习,又对展览中陈列的86件展品进行了详细地了解,查找资料,充分准备。最终小杜圆满完成了此次导游任务,获得了游客的一致好评。

中国古代绘画有着悠久的历史和深厚的底蕴，接下来就让我们一起学习吧。

基础知识

一、中国书法艺术

（一）书法艺术发展历程

中国书法艺术是中国传统文化中独特而重要的艺术形式之一，其发展历程可以从不同的朝代和时期来介绍。以下是中国书法艺术的发展历程按照朝代进行的概括介绍：

1. 甲骨文时期（前14—前11世纪）

在甲骨文时期，人们在龟甲和兽骨上刻写文字，这些刻写的文字成为中国书法的起源。甲骨文书写以刻划方式为主，形态简单，结构严谨，具有浓厚的神秘和原始的艺术风格。

2. 商周时期（前11世纪—前256年）

在商周时期，甲骨文逐渐演变为金文和篆书。金文是铸在青铜器上的文字，形态较为规范和稳定。篆书是秦始皇统一文字后，为了规范书写而发展起来的一种字体，它的笔画结构更为简练，标志着中国书法艺术开始进入成熟阶段。

3. 秦汉时期（前221—220年）

在秦汉时期，隶书成为主流的书写体系，用于政府文件和官方文书的书写。隶书的字形规整、工整，注重笔画的精细和平衡，被认为是中国书法的经典之一。

4. 魏晋南北朝时期（220—589年）

在魏晋南北朝时期，书法艺术开始多样化发展，出现了多种不同的字体和风格。中国现在流行的大多数汉字字体都出现了。在这个时期，五种基本字体，篆书（包括大篆和小篆）、隶书、草书、楷书和行书，都已经基本发展成熟，其中草书、楷书和行书三种字体更是得到空前的发展。

5. 隋唐五代时期（581—960年）

隋唐五代时期是中国书法艺术的黄金时代，出现了许多伟大的书法家。楷书在这个时期得到了进一步的发展，成为一种规范、庄重的字体。草书也得到了极大的

发展，出现了多种派别和风格，其中以怀素、张旭等书法家的作品为代表。

6. 宋元明清时期（960—1912 年）

在宋元明清时期，书法逐渐趋向于规范和细腻，楷书的发展达到了高峰。宋代欧阳询、米芾，元代赵孟頫，明代文徵明、唐寅，清代金农、郑板桥是这一时期的杰出书法家代表。

需要注意的是，以上只是中国书法发展历程的大致概述，每个时期都有许多重要的书法家和作品，而且书法艺术的发展是一个渐进的过程，不同时期的特点也有一定的交叉和延续。

（二）书法主要字体类型

中国书法主要字体类型按照出现的时间可以概括为以下几种：

1. 甲骨文（前 14—前 11 世纪）

甲骨文是一种古老的汉字书写形式，起源于中国商代晚期（前 14 世纪至前 11 世纪）。它的名称源自使用龟甲和兽骨作为书写材料的方式。甲骨文最初是用来记录卜辞、祭祀和宗庙事务等重要的官方文书。

甲骨文的主要特点是它的形状和结构，每个字都是由一系列直线和弯曲线构成的，这些线条被刻在龟甲或兽骨上，并用烧红的金属棒烙刻而成。这种书写方式使得甲骨文的字形比较简单和方正，与后来的隶书和楷书等发展起来的字形有所不同。

甲骨文的用途主要是用来卜筮和记录祭祀活动。在商代时期，人们相信通过卜辞可以预测未来的吉凶祸福，因此甲骨文被用来记录卜辞的结果。这些卜辞往往涉及各种各样的问题，包括天气、农业、战争、祭祀等等。此外，甲骨文还被用来记录祭祀的过程、宗庙的事务和祖先的祭祀仪式。

甲骨文的发现和解读是在 20 世纪初期进行的。最早的甲骨文发现于河南安阳的殷墟，后来又在其他地方发现了大量的甲骨文。甲骨文的解读需要专门的学者和研究者，他们通过分析甲骨上的文字和图案，来推测出古代人们的生活、信仰和文化。

甲骨文的重要性在于它提供了对古代中国社会和文化的珍贵见证。通过甲骨文的研究，我们可以了解商代时期的政治制度、社会结构、宗教信仰和经济活动等方面的信息。甲骨文也被认为是汉字演变的重要证据之一，它对后来汉字的发展产生了深远的影响。

总的来说，甲骨文是中国古代的一种重要书写形式，它承载了丰富的历史和文化信息，对于研究古代中国具有重要的学术和历史价值。

2. 金文

金文是中国古代汉字的一种演变形式，金文得名于它主要出现在青铜器上，特别是青铜器的铭文部分，因此又称为铭文或铭文体。

金文与甲骨文有着密切的关系，它们共同构成了中国古代文字演变的重要阶段。金文在字形上相对于甲骨文来说更加规整、统一，并且有更加明确的笔画结构。金文的字形更加工整、优美，不再有甲骨文中的角弧交错和刻画的粗糙感。

金文的发展主要受到两个因素的影响：一是青铜器的制作工艺的进步，使得铭文的刻写更加精细，对于字形的规整和工整性提出了要求；二是社会环境的变化，包括周朝的统一和周王室的政治权力稳定，使得文字书写用途从甲骨卜辞逐渐转向了礼文、祭文和铭文等官方文书。

金文的内容主要涵盖了各个方面，包括祭祀、宗庙、王室谕令、盟约、战争记录等。金文的文字多以简短的篆刻形式出现，文字的形象性和象征性减弱，更注重文字的书写美感和整体布局。

金文的研究对于理解古代中国的政治、宗教、社会和文化等方面具有重要价值。通过研究金文，可以了解西周和春秋战国时期的政治制度、社会结构、宗教信仰、军事活动等。金文也是汉字演变的重要环节，对于后来汉字的发展产生了深远的影响。

总的来说，金文是中国古代汉字的一种重要书写形式，它承载了丰富的历史和文化信息，对于研究古代中国具有重要的学术和历史价值。金文的出现标志着中国古代文字发展的一个新的阶段，为后来汉字的演变和书写规范奠定了基础。

3. 篆书

篆书是中国古代汉字书法的一种形式，起源于商周时期（前11世纪至前221年）。它是中国书法的最早形式之一，被认为是中国书法的源头。篆书以其独特的字形、丰富的线条和浓重的装饰性而闻名，是中国书法艺术中的重要组成部分。

篆书的字形特点主要表现在以下几个方面：首先，篆书的字形复杂而繁密，线条交错，包含了许多直线、曲线、角弧和点画等元素。其次，篆书的字形注重力度和笔画的变化，字体多由粗细不均的笔画构成，呈现出浓重的艺术感。再次，篆书字形多呈方正或典雅的形态，整体布局注重均衡和谐，追求字形的规整和美感。

篆书的书写方式特点明显，主要使用刻刀或硬物刻写在青铜器、玉器、石碑等硬质材料上。刻写时，笔刀的用力和刀口的转角变化使得字形呈现出独特的线条和纹理。篆书的刻写具有独特的技法，例如"点画结合"和"一刀多势"等技巧，使得字形更加丰富多样。

篆书的内容主要涵盖了卜辞、铭文、铜器铭文、玺印等。最早的篆书主要用于卜辞的记录，人们相信通过卜辞可以预测未来的吉凶祸福。后来，篆书逐渐应用于铜器铭文和玺印的刻写，成为国家和官方机构的标志和象征。

篆书的研究对于理解古代中国的政治、宗教、文化等方面具有重要价值。通过研究篆书，可以了解古代王朝的制度、宗教信仰、社会结构等。篆书也是汉字演变的重要环节，对于后来楷书、隶书等书体的形成和发展产生了深远的影响。

总的来说，篆书是中国古代汉字书法的一种独特形式，以其独特的字形和装饰性而闻名。篆书代表了中国书法艺术的起源和丰富多样的发展历程。作为中国传统文化的瑰宝，篆书至今仍然被广泛研究和传承。

4. 隶书

隶书是中国古代汉字书法的一种主要形式，起源于秦朝（前221年至前207年）并兴盛于汉朝。它是在篆书基础上演变而来，经过多代书法家的发展和改进，成为一种工整、规范的字体。隶书在中国书法史上具有重要地位，被誉为中国书法的艺术之巅。

隶书的字形相对于篆书来说更加简化和规范，字形笔画更加直线化、方正化，减少了篆书中的角弧交错和刻画的复杂性。隶书注重笔画的平直和结构的统一，追求字形的规整和整齐。隶书的笔画有四种基本形态，即直、横、撇、捺，这四种基本笔画形态的组合构成了各种字形。

隶书的书写方式注重笔画的顺序和连贯，每个笔画都有固定的书写顺序和方向，通过精确的笔画连接来表现字形的规范和美感。隶书的书写结构以笔画之间的平衡和协调为目标，力求整体布局的匀称和稳定。

隶书主要应用于官方文书和行政文件的书写，成为官方正式文书的标准字体。汉代时，隶书的使用范围逐渐扩大，包括经典文献的抄写、碑文的刻写等。隶书的使用推动了汉代文化的发展和书写规范的建立。

隶书的艺术价值在于它的规整性、整齐性和准确性。它代表了中国古代书法的极致，是中国书法艺术的重要里程碑。隶书的发展对后来的楷书和行书等书体产生了深远的影响，成为后来书法发展的重要基础。

总的来说，隶书是中国古代汉字书法的一种重要形式，它以其工整、规范的字形和精确的笔画连接而闻名。隶书的出现和发展标志着中国书法艺术的一次重大进步，对后世的书法发展产生了深远的影响。隶书作为中国传统文化的瑰宝，至今仍然被广泛研究和传承。

5. 楷书

楷书是中国古代汉字书法的一种主要形式，也是现代汉字书写的基本字体。楷书的发展起源于隶书，成熟于东晋时期（317年至420年），并在隋唐时期（581年至907年）达到了巅峰。它以其规范、工整和清晰的字形而闻名，成为中国书法中最常用的字体之一。

楷书的字形特点主要表现在以下几个方面：首先，楷书的字形直线较多，横平竖直，笔画简明工整，注重规范和整齐。其次，楷书的字形注重笔画的均衡和平衡，力度分布均匀，追求字形的稳定和统一。再次，楷书字形大多呈现方正、端庄的形态，整体布局注重对称和谐，追求字形的规整和美感。

楷书的书写方式注重笔画的顺序、方向和结构。每个笔画都有固定的书写顺序和方向，通过精确的笔画连接来表现字形的规范和美感。楷书的笔画用力均匀，注重笔画之间的衔接和平顺过渡。楷书的书写要求字形清晰可辨，结构严谨，字与字之间的间距和比例协调一致。

楷书广泛应用于文书、文献、经典、书信、书画等领域。在中国的文化传统中，楷书被视为最正式、最庄重的字体，常用于书法作品的创作和文字记录。楷书的应用推动了书法艺术的发展和规范化，成为现代汉字书写的基本字体。

楷书的研究对于理解中国古代文化、文献、艺术等方面具有重要价值。通过研究楷书，可以了解历史文献的原貌、经典著作的传承、书法家的创作风格等。楷书的发展对后来的行书、草书等书体产生了深远的影响。

总的来说，楷书是中国古代汉字书法的一种重要形式，以其规范、工整和清晰的字形而闻名。楷书代表了中国书法艺术的一种高峰和规范化的成果。作为中国传统文化的瑰宝，楷书至今仍然被广泛研究和传承，并在现代汉字书写中扮演着重要角色。

6. 草书

草书是中国古代汉字书法的一种形式，起源于东晋时期（317年至420年）并兴盛于隋唐时期（581年至907年）。它以其独特的潇洒飘逸、快速简练的字形而著名，被视为中国书法中的一种艺术风格。

草书的字形特点主要表现在以下几个方面：首先，草书的字形笔画简略，注重速度和流畅性，相对于楷书来说更加简约、潇洒。其次，草书字形多以连续的曲线和折线构成，具有很高的装饰性和艺术性，常常形成独特的笔画结构。再次，草书字形呈现出浓墨重彩的效果，墨迹丰富，注重墨的运用和笔墨的变化。

草书的书写方式注重笔墨的运用和笔势的变化。草书常使用毛笔和墨汁进行书写，笔墨搭配使用不同的厚薄、浓淡和干湿来表达字形的变化和墨迹的丰富。草书的笔势多变，书写时常采用疾劲有力的扫、拖、披、挑等技法，追求笔墨的自由和灵动。

草书的内容涵盖了各个领域，包括诗文、书信、碑文、印章、画作等。草书的运用广泛，既用于日常书写，也用于书法创作和艺术表现。草书的书法家常常通过自由奔放的笔法和墨迹的流动，表达出个性化的书写风格和情感。

草书的研究对于理解中国古代文化、文献、艺术等方面具有重要价值。通过研究草书，可以了解文人的创作风格、文献的保存和传承、书法家的艺术追求等。

总的来说，草书是中国古代汉字书法的一种独特形式，以其潇洒飘逸、快速简练的字形而著名。草书代表了中国书法艺术中的一种独特风格，它突破了传统书法的规范，追求个性化的艺术表现。作为中国传统文化的瑰宝，草书至今仍然被广泛研究和传承，并在书法创作和艺术领域中发挥重要作用。

7. 行书

行书是中国古代汉字书法的一种形式，兴盛于隋唐时期（581年至907年），是楷书和草书之间的过渡体。行书字形介于楷书的规范性和草书的潇洒性之间，具有一定的书写规范和书写速度，同时保留了草书的一些书写特点。

行书的字形特点主要表现在以下几个方面：首先，行书的字形相对于楷书来说更加流畅和自由，注重笔画的连贯性和线条的流畅性。其次，行书的字形比草书更加规范，笔画相对清晰，但仍然保留了一些书写的简化和变化。再次，行书字形多呈现出横平竖直的线条，字体整体呈方正或略带曲线，注重字形的平衡和整齐。

行书的书写方式注重笔墨的运用和书写速度。行书使用毛笔和墨汁进行书写，笔墨的运用灵活多变。行书的笔势追求快速流畅，注重笔画之间的衔接和书写的连贯性。行书的书写速度相对较快，但仍保持一定的书写规范。

行书广泛应用于文书、文献、书信、碑文、印章等领域。行书在书法创作和日常书写中都有重要地位。行书的书法家常常通过流畅的笔画和书写速度的掌握，表达出个性化的书写风格和情感。

行书的研究对于理解中国古代文化、文献、艺术等方面具有重要价值。通过研究行书，可以了解书法家的创作风格、文献的保存和传承、书法艺术的发展等。行书作为楷书和草书之间的过渡形式，对后来的楷书和草书的发展产生了一定的影响。

总的来说，行书是中国古代汉字书法的一种重要形式，介于楷书和草书之间，具有一定的书写规范和书写速度。行书代表了中国书法艺术中的一种过渡风格，它在书写速度和书写规范之间找到了平衡点。作为中国传统文化的瑰宝，行书至今仍然被广泛研究和传承，并在书法创作和艺术领域中发挥重要作用。

这些字体类型代表了中国书法艺术的不同发展阶段和风格特点，每一种字体都有其独特的美学价值和艺术表现力。

（三）中国书法的美学法则

中国书法的美学法则是指在书写和欣赏书法作品时，所遵循的一些美学原则和规律。以下是中国书法的美学法则的具体介绍：

1. 墨韵（墨意）

墨韵是指墨的神韵和墨迹的变化，是书法艺术中最重要的美学要素之一。墨韵追求笔墨的灵动、流畅和变化，既要有秀逸的气韵，又要有骨力的磅礴，通过墨迹的起伏、浓淡、干湿的变化来表现文字的美感。

2. 笔画（笔墨技法）

笔画是书法的基本构成要素，包括横、竖、撇、捺、钩等各种基本笔画的运用。书法中追求笔画的工整、流利和变化，通过不同的笔法和运笔技巧，创造出不同的线条和形态，以表现文字的美感和情境。

3. 结构（字体结构）

结构是指字体的整体形态和布局，包括字形的比例、形状和组合等。在书法中，

追求结构的协调、平衡和谐，注重字与字、字与空间的相互关系，以及字形的内外结构的合理性，使作品具有稳定的视觉效果和美感。

4. 韵律（节奏感）

韵律是指书法作品中笔画的节奏和韵律感。通过掌握笔画的长度、粗细、速度、力度等要素，使字与字之间、行与行之间的笔画呈现出一种有节奏感的关系，以达到整体作品的和谐与美感。

5. 动静结合

动静结合是指书法作品中既有动势和流畅的笔画，又有静态和稳定的结构。在书法中，要在动态和静态之间找到平衡，通过笔画的起伏变化和结构的稳定性，创造出既有生命力又有稳定感的作品。

6. 以写意为主

中国书法注重以写意为主，追求意境和意蕴的表达。书法家在书写过程中注重抒发个人的情感和意志，以及对文字所蕴含的意义和精神的表达，追求墨韵和自由的艺术表现。

7. 笔墨纸石相得益彰

中国书法注重墨与纸石的相互配合和相得益彰。墨、纸、石是书法创作的三要素，通过合适的墨、纸、石的选择和运用，使书法作品的墨韵得以发挥，表现出独特的艺术效果。

这些美学法则指导了中国书法的创作和鉴赏，是书法艺术中的重要原则和规范。通过这些法则的运用，书法作品可以展现出独特的审美价值和艺术魅力。

二、中国绘画艺术

（一）中国画发展历程

中国画发展历程可以追溯到古代文明的起源，经历了漫长而丰富多样的发展历程。以下按照年代顺序，对中国画的发展历程进行详细介绍。

1. 先秦时期（前3000—前221年）

在先秦时期，中国绘画起源于岩画、壁画和陶器上的图案纹饰。这些绘画作品主要以图案为主，内容涵盖了人物、动物、自然景观等。这一时期的绘画以线条勾勒为主，形式简练，主要用于装饰和宗教用途。

2. 秦汉时期（前221—220年）

在秦汉时期，绘画开始呈现出独立的艺术形式，丰富了中国绘画的表现手法和艺术技巧。此时绘画主要用于寺观壁画、墓室壁画、帛画等。秦汉绘画注重形象的写实和细节的描绘。

3. 魏晋南北朝时期（220—589年）

在这一时期，绘画逐渐独立于其他艺术形式，形成了相对独立的画派和风格。其中以山水画为主要形式，强调山水景色的表现和意境的追求。此时的绘画注重笔墨的表现和构图的布局，形成了后来山水画的基本构图方式。著名画作有东晋顾恺之的《洛神赋图》。

4. 唐宋时期（618—1279年）

唐宋时期是中国画发展的黄金时期，出现了许多著名的画家和画派。这一时期的绘画特点是注重笔墨的运用和意境的表达。唐代注重绘画技法和细节描绘，宋代则更加注重气韵和意境的表达。唐代著名画作有张萱的《虢国夫人游春图》，阎立本的《步辇图》，韩滉的《五牛图》等。宋代著名画作有范宽的《溪山行旅图》，张择端的《清明上河图》，李唐的《万壑松风图》等。

5. 元明时期（1279—1644年）

元明时期，中国画开始受到元朝的蒙古族统治和文化影响。元代发展了新的画风和技法，注重意境和笔墨的表达。明代继承了元代的传统，以文人画为主要流派，画家们注重个性表达和情感表现。元代著名画作有盛懋的《秋舸清啸图》，倪瓒的《鱼庄秋霁图》，黄公望的《富春大岭图》等。明代著名画作有戴进的《灵谷春云图》，徐渭的《羲之笼鹅图》，项圣谟的《岩栖思访图》等。

6. 清代（1644—1912年）

清代是中国画发展的末期，同时也是最后一个封建王朝。清代绘画以文人画为主导，注重个性表达和意境的追求。清代画家延续了以往的山水画和花鸟画传统，同时也有创新的尝试和实验。清代著名画作有任熊的《十万图》，罗聘的《醉钟馗图》等。

综上所述，中国画发展历程丰富多样，经历了不同的时期和风格的变化。每个时期都有独特的艺术特点和贡献，反映了中国绘画的丰富多元和不断创新的精神。中国画作为中国传统文化的瑰宝，至今仍然在艺术领域中发挥着重要的作用。

（二）中国画的分类

中国画可以按照不同的分类标准进行分类，以下是几种常见的分类方式：

1. **题材分类**

花鸟画：以花卉、鸟类等自然界的生物为主题的绘画作品，注重形象的写实和细腻的描绘。

山水画：以山水、江河、湖泊等自然景观为主题的绘画作品，强调意境的表达和笔墨的运用。

人物画：以人物形象为主题的绘画作品，包括肖像画、历史人物画和民俗人物画等。

动物画：以动物为主题的绘画作品，包括家禽、野兽等各种动物形象的描绘。

2. **画法分类**

工笔画：以细腻的线条和精细的描绘为特点，注重形象的写实和细节的表现。

写意画：以简洁的线条和自由的笔墨表现为特点，强调意境的表达和笔墨的气韵。

兼工兼写：结合工笔和写意的特点，既注重细节的描绘，又强调意境和笔墨的表现。

3. **画种分类**

扇面画：在扇面上进行绘画的作品，形状为长方形或半圆形，常见于古代文人的书房装饰。

卷轴画：以纸本或绢本为材料，作品呈卷轴状，可卷起收藏或展开观赏。

对联画：将对联的内容与绘画相结合，形成一幅整体的作品，常见于年画和门神画等。

4. **中国画的主要流派**

吴门画派：亦称"吴派"，自明中叶以后，以江南苏州为中心，大为活跃，逐渐取代宫廷绘画和浙派的地位。吴门画派流风弥漫，对明清山水画影响甚大。吴门派四大家沈周、文徵明、唐寅、仇英，在画史上合称"明四家"。

松江画派：明代松江，地处江浙两省的交通要冲，是当时全国工商业比较发达的城市，常有各地的文人学士过往，文化艺术因此而兴盛。顾正谊、孙克弘、董其昌、沈士充、陈继儒、赵左、莫是龙、蒋蔼等人分别创立了"华亭派""云间派"

"松江派"，这三个画派统称为"松江画派"。而在众多的画家中，唯董其昌执画坛牛耳。

金陵画派：清康熙、乾隆年间，在南京地区出现了一个引人注目的画派，世称"金陵画派"。一般认为以龚贤为首的八位画家代表了这一流派的骨干力量，他们中还有樊圻、高岑、邹喆、吴宏、叶欣、胡慥、谢荪等人，称金陵八家。金陵画派中的个人画风相距甚远，彼此除偶有笔会以外并无深交。他们相聚在南京，用各自手中的画笔，去描绘出自己的一片艺术天地。他们的艺术成就各不相同，而声名最高、成就最大的当推龚贤。

5. 地域分类

江南画派：以苏州、杭州等地的画家为代表，注重山水画的写意和意境表达。

京派画家：以北京地区的画家为代表，注重花鸟画和人物画的写实和技法表现。

需要注意的是，以上分类方式并非相互排斥的，一个作品可能同时符合多种分类。而且，中国画的发展历程中出现了许多独立的个人风格和流派，不同的画家有着自己独特的创作方式和表达方式。因此，中国画的分类只是为了更好地理解和研究，实际上每幅作品都具有独特的艺术性和个性化的特征。

（三）中国画的艺术特点

中国画具有以下几个艺术特点，这些特点在整个中国画发展的历程中得到了体现和发展：

1. 以意境为核心

中国画注重表现画家的意境和情感，强调作品所传递的情感和精神内涵。通过构图、笔墨和色彩等手法，创造出富有诗意和哲理的艺术氛围，给人以思考和感受的空间。

2. 笔墨运用的重要性

中国画以墨、笔为主要工具，强调笔墨的运用和表现力。画家通过不同的笔触、笔法和墨色的运用，表现出不同的形态和质感，创造出丰富的视觉效果和艺术韵味。

3. 线条的表现

中国画注重线条的表现，线条在画面中扮演着重要的角色。通过线条的变化、轻重和流动，表现形象的轮廓、纹理和动态，传达出形象的美感和情感。

4. 平面构图和空间意识

中国画强调平面构图的布局和空间意识的表现。画家通过构图的安排、形象的分布和画面的空间组织，营造出平衡和谐的画面效果，使画面具有艺术的张力和立体感。

5. 色彩的运用

中国画的色彩追求的是意境的表达和情感的传递，强调以墨色为主导，注重色彩的韵味和层次感。常用的色彩有传统的黑、白、灰以及少量的彩色，通过墨色和水墨的深浅变化，表现出画面的明暗和质感。

6. 空灵与含蓄

中国画注重通过留白和虚实相间的手法，创造出虚实结合、空灵含蓄的艺术效果。画家常常通过不画出某些细节或只勾勒轮廓，让观者自行想象和参与其中，达到艺术的审美效果。

7. 意境超越写实

中国画追求意境的表达，强调形式与意境的统一。中国画不追求完全的写实，而是通过抽象、简化和象征等手法，表达出画家的个人情感和思想，追求超越现实的艺术境界。

总的来说，中国画以意境为核心，注重笔墨的运用和线条的表现，强调平面构图和空间意识。通过墨色、线条和构图的运用，创造出独特的艺术效果和情感表达。中国画追求的是内心的感悟和审美体验，强调观者的情感共鸣和思考，具有独特的审美魅力和艺术价值。

（四）中国画赏析

中国画赏析是对中国画作品进行审美和艺术欣赏的过程，涉及对画作的内容、技法、意境和表现等方面进行细致地观察和理解。下面是中国画赏析的几个重要方面：

1. 内容与主题

观赏中国画时，首先要理解作品所表现的内容和主题。作品可能以花鸟、山水、人物等为主题，通过绘画手法和构图来表现画家对主题的思考和情感表达。

2. 笔墨与线条

观赏中国画时，需要留意画家所运用的笔墨和线条。细致观察笔触的用力、干湿的变化、笔画的粗细以及线条的流动和变化，从而体验到画家的技法和表现手法。

3. 结构与构图

中国画的结构与构图对作品的美感和表现力有着重要影响。通过分析画面中的主次关系、对比和平衡，理解画家在构图方面的用心安排，从而感受到画作的整体效果和视觉冲击力。

4. 气韵与意境

中国画强调气韵和意境的表现，观赏时需要关注画作所传递的情感和境界。通过细细品味作品中的笔墨气息、意象的生动与含蓄、画面所营造的氛围和情绪，感受到画家的思想与情感的交融。

5. 色彩与韵味

虽然中国画以墨色为主导，但色彩仍然是画作中不可忽视的因素之一。观赏时需要注意作品中的色调、色彩层次和运用的效果，以及颜料的品质和质感。

6. 传统与创新

中国画赏析还需要关注作品中的传统元素和创新之处。一方面，了解画作所处的历史时期和画派流派的传统特点，对于作品的评价和理解有所帮助。另一方面，寻找画作中可能存在的新意、新表现和创新之处，欣赏画家对传统的发展和突破。

7. 艺术家的风格与个性

每位画家都有其独特的风格和个性，观赏中国画时需要留意画家的创作特点和个人风格。通过观察不同画家的作品，体会他们对艺术的理解和追求，了解他们的艺术个性和贡献。

综上所述，中国画赏析是一种对作品进行细致观察、思考和感受的过程。通过理解作品的内容、技法和意境，欣赏其中的美感和艺术魅力，同时关注传统和创新之处，以及画家的个性和风格，可以深入领略中国画的艺术价值和魅力。

知识拓展

顾恺之与洛神赋图

顾恺之（约290—370年）是中国东晋时期著名的画家，他的代表作之一是《洛神赋图》。

《洛神赋图》是以曹魏文学家曹植创作的《洛神赋》为题材的绘画作品，描述了作者自己与洛神的邂逅和彼此间的思慕爱恋，洛神形象美丽绝伦，人神之恋缥缈迷离，但由于人神不能结合，最后抒发了作者无限的悲伤惆怅之情。

顾恺之以绘画的形式将《洛神赋》中的场景和形象呈现出来。他运用细腻的笔触和精湛的技巧，将女神的容貌、仪态和服饰绘制得栩栩如生。画中的女神身姿婀娜动人，面容姣好，身着华丽的服饰，手托瑶琴，凝神聆听。

除了女神本身，顾恺之还以精湛的山水画技巧描绘了洛水和周围的自然景色。画面中的山川起伏，水波荡漾，林木葱茏，营造出一幅宁静而优美的自然画卷。

《洛神赋图》以其细致入微的描绘和独特的艺术风格，成为中国古代绘画史上的经典之作。它展现了顾恺之卓越的艺术才华和对美的独特见解。这幅画作在当时引起了广泛的赞赏，被誉为东晋绘画的巅峰之作。

然而，值得一提的是，原《洛神赋图》已经失传，现在所见的《洛神赋图》是后人的复制或绘制，无法直接考证与顾恺之本人的关系。尽管如此，这些后人的复制和绘制仍然保留了顾恺之绘画的神韵。

课后练习

1. 下列哪位是中国古代著名的书法家？（　　）

A. 李白　　　　B. 杜甫　　　　C. 王羲之　　　　D. 王维

【答案】C. 王羲之

2. 《洛神赋图》的作者是谁？（　　）

A. 顾恺之　　　B. 吴道子　　　C. 张择端　　　　D. 黄公望

【答案】A. 顾恺之

3. 下列哪位是中国古代著名的草书书法家？（　　）

A. 王羲之　　　B. 欧阳询　　　C. 王献之　　　　D. 张旭

【答案】D. 张旭

4. 中国古代的绘画艺术常以以下哪种题材为主？（　　）

A. 风景画　　　B. 肖像画　　　C. 静物画　　　　D. 抽象画

【答案】A. 风景画

5. 中国最古老的文字是？（ ）

A. 金文　　　　　B. 篆书　　　　　C. 甲骨文　　　　　D. 隶书

【答案】C. 甲骨文

任务四　中国历史文化常识

情景导入

沈阳的导游员小王接到一个导游任务，带领游客参观沈阳故宫，在准备导游词查找资料时，小王发现这样一段文字"沈阳故宫始建于清太祖天命十年（1625年）"，小王不太理解，清太祖是谁？天命又是一种什么纪年方法？为了找到这些问题的答案，他查找资料，学习了中国历史文化常识，为完成好这次导游任务，做了充分的准备。

小王发现的问题你知道答案吗？接下来也让我们一起学习一下中国历史文化常识的相关知识吧。

基础知识

一、中国古代历史发展概述

中国古代历史是一个漫长而丰富多彩的历程，涵盖了数千年的时间跨度。按照朝代的顺序，下面将对各朝代的政治、经济和思想文化进行概述。

（一）夏朝

夏朝是中国历史上的第一个传说中的朝代，据传始于公元前21世纪左右，直至公元前16世纪。由于夏朝的历史时期距今已经相当久远，缺乏具体的历史文献和考古资料来验证其存在和发展情况。因此，对于夏朝的政治、经济和思想文化，我们主要依据历史文献和传说进行概括和总结。

1. 政治

根据传说，夏朝的政治制度是以王朝制为基础，国家的权力和统治集中在夏后氏的手中。夏后氏是夏朝的创始人禹及其后裔，被认为是众多部落的首领，统一了中原地区，并建立了夏朝王朝。夏朝政权稳定，国家的政治权力主要由夏王家族掌握，实行世袭制度。

2. 经济

夏朝的经济以农业为主，农业是当时社会的主要生产方式。农业生产主要以种植谷物为主，如稻谷、小麦等，同时也包括养殖畜牧业。夏朝实行了土地所有制，国家掌握了一部分土地，并对土地进行分配。夏朝的农业技术逐渐发展，农田水利工程得到改进，提高了农业生产的效率。

3. 思想文化

夏朝的思想文化主要通过传说和神话传统进行流传。夏朝的宗教信仰主要是巫觋宗教，人们崇拜天神和地神，并进行各种祭祀活动。夏朝还形成了一些神话传说，如伏羲、女娲等。

夏代的文字尚在探索中，先秦学者经常引证的《夏书》《夏训》，就是当时还保存着的有关夏代的典册。这表明夏代确实有文献记录存在，已经进入有文字可考的历史时期。夏历是我国最早的历法，保存在《大戴礼记》中的《夏小正》就是现存的有关夏历的重要文献。夏代的存在和发展为我国4000多年来的文明发展奠定了基础。

需要指出的是，夏朝的具体政治制度、经济形态和思想文化特征仍有待进一步研究和考证。然而，夏朝作为中国历史上的第一个王朝，对中国历史和文化的发展产生了深远影响，成为中国古代文明的重要起点。

（二）商朝

商朝是中国历史上的第一个有确凿记载的朝代，存在的时间约为公元前1600年至公元前1046年。下面将详细讲解商朝的政治、经济和思想文化概况：

1. 政治

商代是以商王为首的奴隶主贵族专政的国家，王权是奴隶主阶级的总代表。商朝政权以王室为中心，已开始分封诸侯。国家政权的核心是商王，商王作为国家的最高统治者，掌握着政治权力。商朝时期的政治权力相对集中，但也存在一些地方首领和贵族家族的自治权。

商朝政权采用了世袭制，王位继承多为父子相传。王权的稳定性得到一定程度的保障，但也有时会发生内部争斗和权力斗争。为了巩固王权，商朝实行了封建等级制度，将重要官职授予亲信和贵族，确保其对地方的控制。

2. 经济

商朝的经济以农业为主，农业生产是当时社会的主要经济活动。农业主要种植粮食作物，如小麦、稻谷和谷子。商朝人还养殖牛、羊等家畜。农业生产的发展促进了人口的增长和城市的形成。商朝的手工业和商业交流也相对发达。商朝人擅长铸造青铜器，并将青铜器作为贵族阶层的象征。商朝还进行了广泛的商业交流，开展了内外贸易，与邻近地区进行了物品和文化的交换。

3. 思想文化

商朝的思想文化主要表现为宗教和祭祀。商朝人崇拜自然力量和祖先，相信神灵的存在和影响。商朝实行了巫觋宗教，巫师和祭司负责祭祀活动，作为人与神之间的媒介。商朝的祭祀活动包括祭祀祖先、神灵和自然力量，以祈求风调雨顺和国家的繁荣。

商朝的文字系统主要是甲骨文，是通过在龟甲和兽骨上刻写文字而形成的。甲骨文主要用于卜辞和记录祭祀活动。商朝的甲骨文记载了大量的历史、社会、宗教和政治信息，对于研究商朝的历史和文化具有重要意义。

总体而言，商朝是中国古代历史上一个重要的朝代，其政治制度、经济形态和思想文化为后来的朝代奠定了基础。商朝的政权稳定和社会发展为后来的王朝提供了经验和参考，商朝的宗教和祭祀传统也在后来的历史中继续影响和发展。

（三）周朝

周朝是中国历史上一个重要的朝代，其历时长达800多年，分为西周、东周和春秋战国时期。下面将详细讲解周朝的政治、经济和思想文化概况：

1. 政治

西周：西周时期，周朝政权通过分封诸侯，实行分封制。周王作为天子，掌握着中央政权，但各个封地的诸侯也有一定的自治权。周王下设的诸侯国主要是为了维持朝廷统治和实行分封制的政策。

东周：东周时期，中央政权逐渐衰落，周王的实际权力大幅减弱。各个封地的

诸侯趁机扩大自己的权力，许多诸侯国相互争斗，导致东周时期分封制度的瓦解。政权逐渐地从中央向地方分散，诸侯国逐渐独立。

春秋战国时期：春秋战国时期是周朝政权分裂和削弱的时期，各个诸侯国相互争霸，形成了多个大国之间的长期战争状态。周朝政权实际上失去了对诸侯国的控制，只是象征性地继续存在。

2. 经济

农业：周朝经济以农业为主，农业生产是当时社会的主要经济活动。农业生产主要以种植粮食作物为主，如稻谷、小麦、谷子等。周朝发展了一些农业技术，如犁耕和农田水利工程，提高了农业生产的效率。

手工业和商业：周朝时期，手工业和商业交流得到一定的发展。手工业主要包括铁器、青铜器和丝织品的制作，青铜器成为贵族阶层的象征。商业交流主要通过车马和船只进行，商人进行内外贸易和商品交换。

3. 思想文化

儒家思想：春秋战国时期，儒家思想逐渐形成并成为主流思想。孔子是儒家思想的重要代表，他强调道德修养、家庭伦理和社会秩序的重要性，提出了君子之道、仁义礼智等观念，对后来的中国社会和文化产生了深远影响。

道家思想：道家思想在春秋战国也开始兴起，以老子和庄子为代表。道家主张顺应自然，追求无为而治和自由自在的境界，强调个体的内心修养和超越世俗的境界。

墨家思想：墨家是春秋战国时期的一个重要学派，主张兼爱和无攻为主要理念，提倡和平、公正和社会公益。

总体而言，周朝是中国古代历史上的一个重要时期，政治上实行了分封制，经济上以农业为主，手工业和商业交流发展，思想文化上出现了儒家、道家和墨家等思想流派的兴起。周朝的政治制度、经济形态和思想文化对后来的中国历史产生了深远的影响。

（四）秦朝

秦朝是中国历史上第一个专制主义中央集权的大帝国，它的历史时期从公元前221年持续到公元前206年。下面将详细讲解秦朝的政治、经济和思想文化概况：

1. 政治

中央集权：秦朝建立了强大的中央集权政府，由秦始皇统一天下。政府权力高度集中，掌握在皇帝和中央官僚的手中。秦朝实行了郡县制，加强了对地方的行政控制。

管理制度：秦朝实行了一系列重要的管理制度，如统一的法律制度（秦律）、货币制度、度量衡制度和统一的文字（小篆）。这些制度的实施有助于巩固中央集权和统一国家的管理体系。

2. 经济

农业：秦朝的经济以农业为主导，农业生产是国家的基础。秦统一后，命令土地私有者向政府呈报占有土地的数额，政府根据呈报的数额，征收田租。这就意味着私有土地受到统一的封建政权的保护。

商业和贸易：秦朝推动了商业和贸易的发展。修筑了许多道路和运河（灵渠），方便商品的运输和交流。秦朝还实行了统一的货币制度，促进了经济的交流和发展。

工程建设：秦朝进行了大规模的工程建设，如修建了万里长城、都江堰和灵渠等。这些工程不仅加强了国家的防御力量，也促进了经济和贸易的繁荣。

3. 思想文化

法家思想：秦朝采纳法家思想，法家强调以法治国，注重刑罚和奖赏的使用，通过法律手段来维护社会秩序和统一国家。

实用主义思想：秦朝强调实际和实用，追求实用主义和功利主义。这种思想倾向体现在政治、经济和军事等方面，注重实际效果和功绩。

科技和文化：秦朝在冶铁、制瓷等工艺技术上取得了一定的进步，同时也推动了文字统一，统一了小篆字体。然而，在文化艺术方面，秦朝对传统文化持有较为消极的态度，实行焚书坑儒的政策，致使当时的文化受到严重破坏。

秦朝是中国历史上具有重要意义的朝代，其政治集权、经济发展和思想文化对中国历史产生了深远影响。尤其是中央集权制度和管理制度的建立，对后来的中国王朝产生了重要影响，并成为中国历史上其他朝代政治制度的基础。

（五）汉朝

汉朝是中国历史上一个重要的朝代，历时长达四个多世纪，分为西汉和东汉两个时期。下面将详细讲解汉朝的政治、经济和思想文化概况：

1. 政治

西汉：西汉时期，基本上沿袭了秦朝的政治制度，皇帝是国家的最高统治者。西汉时期设立了丞相和太尉等中央官职，实行丞相辅政制，由丞相负责朝政，辅佐皇帝。汉武帝时期，为了加强中央集权，提高皇权，采取了限制丞相权力的措施，他亲自过问一切政务。然而，在西汉晚期，王室的势力逐渐衰弱，权力逐渐落入宦官和外戚手中。

东汉：东汉时期，中央政权逐渐失去实际控制力。朝廷实行了官僚体系，设立了大将军、司隶校尉等官职，但实际权力主要掌握在外戚家族和军阀手中。东汉时期出现了一系列权力斗争和内乱，最终导致了东汉末年的瓦解。

2. 经济

农业：西汉时期农业生产的发展，主要表现在牛耕更加普遍，铁农具更进一步推广，水利工程的大量兴建，耕作技术有了显著的改进。汉初，牲畜比较缺乏，一般农民只得用人力耕作。为了促使耕畜繁殖，汉政府下令禁止宰杀耕牛，规定杀牛、盗牛者受重刑。

铁农具的广泛使用，为兴建水利提供了有利的条件。西汉的水利事业比战国时期有了新的发展。突出的成就是治理黄河和在关中等地兴修了一些较大的水利工程。随着农业生产的发展，农业耕作技术也有提高。汉武帝末，搜粟都尉赵过总结了西北地区抗旱斗争的经验，推广了"代田法"。

手工业和商业：汉朝的手工业和商业交流发展迅速。汉朝人擅长铁器制作、纺织业和陶瓷制作。商业交流主要依靠陆上和水上交通，通过陆路和河流进行商品运输和贸易。"丝绸之路"的开辟也促进了东西方之间的商贸往来。

3. 思想文化

汉初统治者将黄老思想放在正统地位上，对于国家政局稳定，经济迅速复苏具有重要意义。汉武帝时董仲舒提出"罢黜百家，独尊儒术"，儒家思想在汉朝达到了巅峰，成为主流思想。儒家强调仁爱、礼仪、忠诚和孝道等价值观念，对后来的中国社会和文化产生了深远影响。

总体而言，汉朝是中国古代历史上一个重要的朝代，政治上实行了封建制度，经济上以农业为主导，手工业和商业交流发展迅速，思想文化上出现了儒家、道家等思想流派的兴起。汉朝的政治制度、经济形态和思想文化对中国历史产生了深远的影响。

（六）魏晋南北朝

魏晋南北朝是中国历史上的一个时期，大致涵盖了220年到589年。这段时期经历了动荡不安的局势，政治、经济、思想文化等方面发生了许多重要变化。以下是对这一时期各方面的简要描述：

1. 政治

三国时期（220—280年）魏晋南北朝的开端是三国时期，分为魏、蜀、吴三个国家。其中魏最终取得统一，建立了晋朝。西晋（265—316年）由司马炎建立，其时期相对较为稳定，但后来发生了"八王之乱"，导致西晋灭亡。东晋（317—420年）建立在江南，其政权相对较弱，时局动荡，面临外患与内乱。南北朝时期（420—589年）南朝宋、齐、梁，以及北朝北魏、东魏、西魏、北齐、北周五个朝代相继兴起和灭亡，形成南北对峙的局面。

2. 经济

魏晋南北朝时期，土地私有化逐渐加强，豪族地主阶层逐渐崛起，农民失去土地，社会阶层逐渐分化。由于社会动荡，战乱频繁，农业生产受到很大的冲击，导致人口减少、土地荒芜。货币经济逐渐发展，但通货膨胀严重，导致社会贫富差距加大。

3. 思想文化

玄学的兴起：魏晋南北朝时期是中国玄学思想的发展阶段。道家、儒家、佛家的思想相互融合，形成了玄学，强调个体的内在修养和超越尘世的境界。

文学艺术：此时期文学繁荣，以世说新语、文学评论家刘义庆的《世说新语》为代表，魏晋风度独特，强调文人雅趣。

佛教的传播：佛教在魏晋南北朝得到推崇，成为当时社会的主要宗教之一。佛教文化对艺术、文学、哲学等方面产生深远的影响。

士人风度：士人风度的形成，儒家思想逐渐转向儒学，注重修身养性，提倡清高之风。

总体而言，魏晋南北朝时期是中国历史上一个充满变革和思想盛行的时期，对后来的文化发展有着深远的影响。

（七）隋朝

隋朝是中国历史上的一个短暂朝代，存在于581年至618年。下面将详细讲解隋朝的政治、经济和思想文化概况：

1. 政治

中央集权：隋王朝是在魏晋南北朝长期分裂割据以后出现的一个统一的封建王朝。为了巩固统一，加强集权，文帝、炀帝父子在政治上进行了一系列的整顿和改革。三省六部制在隋定型。地方官制沿用齐、周时的州、郡、县三级制。地方官员每年年终到中央汇报工作，称为"朝集"。

统一法律：隋朝统一了法律制度，颁布了《开皇律》，该律法行宽平的原则适应了新王朝建立之初世望宽平、人心思稳的政治需要。但其根本目的是维护封建统治的需要和地主阶级的利益。

2. 经济

农业：隋朝重视农业生产，实行了均田制，通过重新分配土地来平衡地主和农民之间的利益。有利于提高农民生产积极性和扩大耕地面积。同时，推行均田制也可把农民固定在土地上，使之成为国家的佃农，增加了赋税收入。同时，隋朝进行了水利工程建设，如大运河的开凿，促进了农业灌溉和交通运输的发展。

手工业和商业：隋朝的手工业和商业发展较为繁荣。隋朝加强了对手工业的管理和监督，促进了制瓷业、纺织业、造船业、造桥技术等方面的发展。此外，隋朝还修建了大运河，加强了经济交流和贸易发展。

3. 思想文化

儒家思想：隋朝继承了汉朝和魏晋南北朝时期的儒家传统，儒家思想依然是主流思想。隋朝设立了国子监，培养儒学人才，并推行礼乐教育，强调道德修养和仁义道德的重要性。

佛教传播：隋朝是佛教传播的重要时期，佛教在隋朝得到了广泛传播和发展。隋炀帝信奉佛教，大力推崇佛教，修建佛塔和寺庙。

文化艺术：隋朝的文化艺术较为繁荣，隋朝的音乐初期受北方少数民族音乐的影响，宫廷乐歌，也都杂有"胡声"。音乐家有牛弘、郑译、万宝常等。画家著名的有展子虔、董博仁、田僧亮等。当时的绘画仍以道释人物故事为中心，但山水画已逐渐发展成独立的画科。

需要指出的是，隋朝虽然统一了中国，但其政权短暂，经济发展不够稳定。隋朝政治集权和重农抑商的政策，对商业和社会造成了一定的压制，加上隋朝的征战扩张使得国家财政负担过重，最终导致了国家的瓦解。然而，隋朝的政治制度、经济形态和思想文化仍然对后来的中国历史产生了一定影响。

（八）唐朝

唐朝是中国历史上一个繁荣和辉煌的朝代，存在于618年至907年。下面将详细讲解唐朝的政治、经济和思想文化概况：

1. 政治

中央集权：唐朝实行了高度集权的中央政府，皇帝是国家的最高统治者，拥有绝对权力。唐朝中央政权的主要机构仍然是三省六部制。地方实行州、县两级制。同时设立中央最高监察机构御史台，负责中央和地方的监察工作。

科举制度：唐朝推行科举制度，通过考试选拔人才。科举考试包括明经和进士两个阶段，明经考试选拔地方官员，进士考试选拔朝廷官员。科举制度为人才选拔提供了公平的机会，促进了社会流动和政治稳定。

藩镇割据：唐朝后期，由于朝廷的权力逐渐衰弱，藩镇割据现象逐渐出现。大量的军事集团和地方豪强掌握了军事和政治权力，独立于朝廷之外，导致了国家的分裂和动荡。

2. 经济

农业：唐朝的经济以农业为主导，农业生产是国家的基础。唐朝实行了均田制和租庸调制度，鼓励农民开垦荒地，提高农业生产效率。水利工程得到发展，大规模的灌溉工程推动了农业的发展。

商业和贸易：唐朝是一个繁荣的商业时代，商业和贸易发展迅速。随着长安和洛阳等都城的繁荣，商业中心和市场不断涌现，"丝绸之路"和海上"丝绸之路"的贸易也得到了发展。

工艺和制造业：唐朝前期手工业的一些主要部门，技术水平、产品种类和生产规模都超过了前代。纺织业是最发达的一个部门。北方善织绢，江南盛产布。陶瓷业发展到了新水平，唐三彩、青瓷、白瓷等都达到了很高的技术水平。造船业发达，除了官营制造的舟船外，民间私制的舟船也很多。唐时远航印度洋和红海的中国海船，有"海上霸王"之称。

3. 思想文化

儒家思想：唐朝是儒家思想得到广泛传播和发展的时期。唐朝科举考试的主要内容是儒家经典，这推动了儒学在唐代的发展，主要表现为统一儒学的形成，以及儒学由汉学向宋学的转变。《五经正义》编成后，注释儒经必须以此为标准，科举应试亦必须准此答卷，不许自由发挥。唐朝设立国子监，培养儒学人才，儒家文化成为士人的主要学问。

佛教和道教：唐朝是佛教和道教传播的黄金时期。佛教在唐朝得到广泛传播，寺庙建设和佛教艺术繁荣发展。同时，道教也在唐朝得到一定的推崇和发展。

文学和艺术：唐朝是中国文学和艺术的鼎盛时期，出现了许多杰出的文学家和艺术家。唐诗是中国古代文学的巅峰之作，著名的诗人有杜甫、李白等。唐朝的绘画、音乐和舞蹈也得到了繁荣和发展。

总体而言，唐朝是中国历史上一个繁荣和辉煌的时期，政治上实行了中央集权，经济上以农业为主导，商业和贸易繁荣，思想文化上儒家、佛教、道教等思想得到广泛传播和发展。唐朝的政治制度、经济形态和思想文化对后来的中国历史产生了深远的影响。

（九）宋朝

宋朝是中国历史上一个重要的朝代，存在于960年至1279年，分为北宋和南宋两个时期。下面将详细讲解宋朝的政治、经济和思想文化概况：

1. 政治

中央集权：宋朝实行了中央集权的政治体制，皇帝是最高统治者，掌握着政治权力。中央政府设立了尚书省、六部和三司等机构，以及地方行政区域路、州、县等，加强了中央对地方的控制。通过科举制度选拔官员，推行文官至上的政策，选拔了大批文臣，促进了社会阶层流动。北宋冗官、冗兵、冗费问题严重，为后来的灭亡埋下了隐患。

2. 经济

农业：宋朝的经济以农业为主导，农业生产是国家的基础。农业技术得到一定的进步，如水稻品种改良、田地扩张和灌溉工程的发展。但由于税收制度的改革，加重了农民的负担。

商业和贸易：宋朝是中国历史上商业和贸易发展最为繁荣的时期之一。城市的繁荣和商业中心的兴起推动了商业活动的发展，形成了繁荣的市场和商业网络。同时，海上丝绸之路的发展也促进了海外贸易。

工艺和制造业：宋朝的工艺和制造业相对发达。陶瓷、织锦、漆器等手工业制造技术水平较高。冶铁业得到一定的发展，铸造业和造船业也取得了进步。

3. 思想文化

儒家思想：宋朝是儒家思想的主流时期，儒家思想在政治、教育和社会道德方面发挥了重要作用。程朱理学兴起，强调经世致用和道德修养，注重礼仪、仁爱和忠诚等价值观。

佛教和道教：宋朝继承了唐朝的佛教和道教传统，佛教和道教在社会和文化中仍然具有一定的影响力。佛教在宋朝得到了一定的保护和发展，建立了许多佛寺和佛塔。

文学和艺术：宋朝是中国文学和艺术的鼎盛时期。文人墨客活跃于文坛，出现了许多杰出的文学家和艺术家，如苏东坡、辛弃疾等。宋代诗词、散文、戏曲等文学形式得到了重要发展。

总体而言，宋朝是中国历史上一个政治相对稳定、经济繁荣和文化兴盛的时期。政治上实行了中央集权和官僚体制，经济上农业和商业取得显著进展，思想文化上儒家、佛教和道教共同发展。宋朝的政治制度、经济形态和思想文化对后来的中国历史产生了深远的影响。

（十）元朝

元朝是中国历史上一个独特的朝代，存在于1271年至1368年，由蒙古帝国统治。下面将详细讲解元朝的政治、经济和思想文化概况：

1. 政治

中央集权：元朝的中央与地方行政机构基本仿汉法，以加强中央集权，防止地方分裂为前提。以中书省总理全国政务，中书省最高长官为中书令，副职依次有右、左丞相，平章政事四员，右、左丞各一，参知政事二员。枢密院掌管军事，其长官为院使。御史台司黜陟监察，最高长官为御史大夫二员。地方行政机构是行中书省，简称行省，长官为丞相。

蒙古统治者与汉族官员：元朝实行了分封制度，蒙古贵族被封为王公，管理地方。然而，元朝也重用了大量的汉族官员，以确保统治的稳定和地方治理。汉族官

员与蒙古贵族之间存在一定的政治斗争和矛盾。

四等人制：元朝统治者为了维护蒙古贵族的特权，对各民族进行分化，让先被征服地区的人比后被征服地区的人地位高一些，人为地制造民族等级。元世祖时，明令把全国人分为四等：第一等是蒙古人；第二等是色目人（指西北地区各族及中亚、东欧来中国的人）；第三等是汉人（指原来金统治下的汉族和女真、契丹、渤海、高丽等族及较早被蒙古征服的四川、云南两省的人）；第四等是南人（指原南宋统治下的汉族和其他民族）。这四等人在政治待遇、法律地位、经济负担以及其他权利义务上都有种种不平等的规定。

西征与南征：元朝进行了多次西征和南征，扩张领土至中亚和南方地区。这些征战带来了一定程度的财富和人口，但也加重了军事和行政的负担。

2. 经济

农业：元朝的经济以农业为基础，农业生产是国家的主要经济活动。元朝在农业方面继续了前朝的政策，如保护农民权益，提倡耕地开垦和农田水利建设，以提高农业生产力。

商业和贸易：元朝是一个商业繁荣的时期，商业和贸易发展迅速。元朝实行了统一的货币制度，促进了商品交换和商业往来。同时，元朝建立了蒙古帝国的丝绸之路，加强了东西方贸易的联系。

工艺和制造业：元朝的手工业和制造业也有一定的发展。元朝的陶瓷、纺织、矿冶等工业在当时具有重要地位，印刷业相当普及。王祯发明的木活字印刷术和转轮排字架。套色印刷术的发明，比欧洲早一百多年。

3. 思想文化

藏传佛教的兴盛：元朝统治者信奉藏传佛教，使得藏传佛教在元朝得到了兴盛。元朝的皇帝和贵族大力支持佛教寺庙的建设，促进了佛教文化的传播和发展。

文学和艺术：元朝文学和艺术呈现出多样化的特点。元朝出现了著名的元曲和散曲，关汉卿、白朴、郑光祖、马致远被称为"元曲四大家"。元朝的绘画、雕塑和建筑等艺术形式也取得了一定的成就，著名画家有赵孟頫、黄公望、王蒙等。

尽管元朝的政权是少数民族统治，但元朝在政治、经济和文化方面都取得了一定的成就。元朝实行了中央集权，发展了农业和商业，促进了经济的繁荣。思想文化上，元朝推崇藏传佛教，同时也保留了汉族文化传统。元朝的政治制度、经济模式和思想文化对中国历史产生了一定的影响。

（十一）明朝

明朝是中国历史上一个重要的朝代，存在于1368年至1644年。下面将详细讲解明朝的政治、经济和思想文化概况：

1. 政治

中央集权：明朝专制主义中央集权进一步加强。明太祖朱元璋废丞相，秦朝以来实行了一千余年的丞相制度从此废除，明成祖时设内阁。并设监察机构都察院，加强对地方官员的监督和控制。

官僚体制：明朝采用了科举制度，通过科举考试选拔官员。科举考试包括乡试、会试和殿试，选拔了一大批文官。明朝的官僚体制相对稳定，官员选拔更加公平，为社会阶层流动提供了机会。

海禁政策：明朝实行了海禁政策，限制了海外贸易和对外扩张。明朝认为内政稳定比海外贸易更重要，因此采取了严格的对外封闭政策，限制私人海外贸易，以保护国内经济和安全。

2. 经济

农业：明朝实行了一系列农田水利和灌溉工程，提高了农业生产力。另外，明朝还推行按田征赋、按丁征役制度，鼓励农民进行农业生产，加强了对农民的管理和保护。

商业和贸易：明朝是中国历史上商业和贸易发展最为繁荣的时期之一。随着城市的繁荣和市场的扩大，商业活动蓬勃发展。明朝恢复了海上"丝绸之路"，促进了与东南亚、南亚和西亚的贸易往来。

工艺和制造业：明朝的工艺和制造业取得了一定的成就。棉纺织、制瓷业、矿冶业、制造业和造船业等发展最为迅速。明初造船业曾居世界首列。永乐时郑和下西洋所用船只，展示了当时中国高超的造船工艺。

3. 思想文化

儒家思想：明朝继续推崇儒家思想，强调礼仪、仁爱和忠诚等传统价值观。明朝设置国子监和书院，培养儒学人才，儒家文化在社会和教育中占据重要地位。

文学和艺术：明朝是中国文学和艺术的繁荣时期。明代小说已达到很高的艺术境界，当时出现了大量以历史、神怪、公案、言情和市民日常生活为题材的长篇章

回小说和短篇的话本和拟话本，如《封神演义》《列国志传》《北宋志传》《英烈传》《海刚峰先生居官公案传》《石点头》《西湖二集》《二言两拍》《醉醒石》等，特别是《三国演义》《水浒传》《西游记》堪称不朽巨著。

明初书法，有所谓的"三宋二沈"。"三宋"是指苏州府长洲县的宋克、宋璲；其中以宋克最著名。"二沈"是指松江府华亭县的沈度、沈粲兄弟；沈度擅长楷书，最得成祖赏识；沈粲长于行草。

总体而言，明朝是中国历史上一个政治相对稳定、经济繁荣和文化兴盛的时期。政治上实行了中央集权和官僚体制，经济上农业和商业取得显著进展，思想文化上儒家思想和文学艺术达到了巅峰。明朝的政治制度、经济模式和思想文化对后来的中国历史产生了深远的影响。

（十二）清朝

清朝是中国历史上最后一个封建王朝，存在于1644年至1912年。下面将详细讲解清朝的政治、经济和思想文化概况：

1. 政治

中央集权：清朝专制主义中央集权达到顶峰。中央设立军机处辅佐皇帝处理政务，由品级较低的官员担任，相当于皇帝的秘书班子。皇权掌握在皇帝一人之手。

八旗制度：八旗最初源于满洲（女真）人的狩猎组织，是清代旗人的社会生活军事组织形式，也是清代的根本制度。八旗制度与清政权相始终，它既是清王取胜的重要因素之一，也使清王朝最终向衰败没落之路。

2. 经济

农业：由于清政府采取了较为得力的措施，及至康熙年间，许多地方的残破局面得到了改观。如摞荒严重的两淮地区，至康熙中期已是"无尺寸之荒芜"。清代人口的增长从一侧面也曲折地反映出了当时农业经济的发展。水利方面，治理黄河，修筑江、浙的海塘等。注意精耕细作，粮食的单位面积产量有显著提高。采用"摊丁入亩"的征收丁银办法，从此，中国封建社会长期以人为科征根据的丁役制基本上被废除，农民对封建国家的人身依附关系愈益松弛化。

商业和贸易：清朝是中国历史上商业和贸易发展较为活跃的时期。随着市场的扩大和商业中心的繁荣，商业活动蓬勃发展。出现了实力强大的商帮，如浙商、徽商、闽商等。清朝通过海禁政策限制了海外贸易，严重阻碍了正常贸易的发展，也阻碍了中国资本主义萌芽的进一步发展。

工艺和制造业：清朝的手工业和制造业取得了一定的成就。陶瓷、棉织业、铁器制造等工艺制造水平较高。清朝的瓷器、丝绸和茶叶等产品在海外贸易中占有重要地位。

3. 思想文化

儒家思想：清朝继续推崇儒家思想，儒家思想在政治、教育和社会道德方面发挥了重要作用。清朝建立了书院和进士科举制度，儒家文化在社会和教育中占据重要地位。

文学和艺术：清朝是中国文学和艺术的重要时期。清代文学注重描述社会生活和个人情感，出现了许多著名的作家和作品，如曹雪芹的《红楼梦》，吴敬梓的《儒林外史》，沈复《浮生六记》，蒲松龄的《聊斋志异》等。清代的绘画、雕塑和建筑等艺术形式也取得了一定的成就。

尽管清朝政权是少数民族统治，但清朝在政治、经济和文化方面都取得了一定的成就。然而，清朝后期面临着政治腐败、社会动荡和外国侵略等问题，最终导致了清朝的瓦解和1911年辛亥革命的爆发。

二、中国古代历史小常识

（一）天文与历法

1. 天干、地支

天干：天干有十，分别是：甲、乙、丙、丁、戊、己、庚、辛、壬、癸。

地支：地支是指十二地支，分别是：子、丑、寅、卯、辰、巳、午、未、申、酉、戌、亥。

天干与地支结合，组成了60甲子纪年的系统。每个甲子周期是60年，由天干和地支的组合表示。例如，甲子年、乙丑年、丙寅年等。这种纪年方式广泛应用于历法、历书和古代文献中。

纪年：地支与天干结合，组成了60甲子纪年的系统。与天干一起，地支代表了一个完整的纪年周期。地支的年份与天干结合，例如，子年、丑年、寅年等。

纪月：干支纪月时，每个地支对应二十四节气自某节气（非中气）至下一个节气，以交节时间决定起始的一个月期间，不是农历某月初一至月底。60个月合5年

一个周期；一个周期完了重复使用，周而复始，循环下去，例如，丙寅月、丁卯月等。

纪日：干支纪日，60日大致合2个月一个周期；一个周期完了重复使用，周而复始，循环下去。例如，甲子日、庚寅日等。

纪时：干支纪时，60时辰合5日一个周期；一个周期完了重复使用，周而复始，循环下去。例如，丙子时、乙丑时等。

天干和地支是中国古代历法中重要的时间单位，用于纪年、纪月、纪日和纪时。它们不仅在历法、命理学和占卜中发挥作用，也在文学、历史和文化传统中扮演重要角色。

2. 时辰和生肖

时辰：古代将一昼夜分为十二时辰，即：子、丑、寅、卯、辰、巳、午、未、申、酉、戌、亥。每一时辰相当于现代的两个小时。古人根据中国十二生肖中的动物的出没时间来命名各个时辰。子时23~1点，丑时1~3点，寅时3~5点，卯时5~7点，辰时7~9点，巳时9~11点，午时11~13点，未时13~15点，申时15~17点，酉时17~19点，戌时19~21点，亥时21~23点。

生肖：又称属相，是由十一种源于自然界的动物即鼠、牛、虎、兔、蛇、马、羊、猴、鸡、狗、猪以及传说中的龙所组成。起源于战国，东汉时已有明确记载。12生肖对应12地支进行纪年，即子鼠、丑牛、寅虎、卯兔、辰龙、巳蛇、午马、未羊、申猴、酉鸡、戌狗、亥猪，使人们方便记忆自己出生之年。

3. 二十四节气

"二十四节气"是中国人通过观察太阳周年运动，认知一年中时令、气候、物候等方面变化规律所形成的知识体系和社会实践。"二十四节气"指导着传统农业生产和日常生活，是中国传统历法体系及其相关实践活动的重要组成部分。2016年11月，联合国教科文组织保护非物质文化遗产政府间委员会第十一届常会将中国申报的"二十四节气——中国人通过观察太阳周年运动而形成的时间知识体系及其实践"列入联合国教科文组织人类非物质文化遗产代表作名录。

二十四节气起源于黄河流域，是我国农历的重要组成部分。到秦汉年间，二十四节气已完全确立。二十四节气歌：春雨惊春清谷天，夏满芒夏暑相连，秋处露秋寒霜降，冬雪雪冬小大寒。具体如下：立春、雨水、惊蛰、春分、清明、谷雨、立夏、小满、芒种、夏至、小暑、大暑、立秋、处暑、白露、秋分、寒露、霜降、立冬、小雪、大雪、冬至、小寒、大寒。

二十四节气反映了中国古代农业文化对季节变化的敏感和农民生活的安排。它不仅用于农事活动的安排，也被广泛应用于民俗习惯、节日庆典、医学养生等方面。二十四节气对于人们了解自然环境、传承传统文化具有重要的意义。

（二）帝王的称号

1. 谥号

谥号是古人死后的一种特殊名号，中国古代帝王后妃、文武百官以及鸿儒耆宿或有忠勇义烈行为的人死后，朝廷或私家会给他一个特殊称号——谥号，褒贬善恶具有道德评判的功能。帝王的谥号，由礼官议上；臣下的谥号，由朝廷赐予。

（1）谥号的起源

谥号制度形成于西周，周王室和春秋战国各国广泛施行谥法制度，直至秦始皇认为谥号有"子议父、臣议君"的嫌疑，因此把它废除了。直到西汉建立之后又恢复了谥号制度。

（2）谥号的分类

一般来说，谥号可以分类为褒的美谥，怜的平谥，贬的恶谥三种，也有分为上谥、中谥、下谥的说法。通过谥号的字我们可以辨别历史上的皇帝是不是好皇帝。

褒义谥号：用于表彰帝王的功绩和贡献，如文、武、昭、敬、庄、烈等。这些谥号用来称颂帝王的才德和治理能力。

贬义谥号：用于批评和惩罚帝王的过失和不德行为，如暴、炀、昏、厉等。这些谥号用来批评和警示后世。

中性谥号：中性谥号既不是褒义也不是贬义，主要用于普通的皇帝，如怀、闵、哀、悼等。

谥号的作用可见一斑，可以褒贬善恶，其中有褒扬的，比如，民无能名曰神（如宋神宗），经天纬地曰文（如汉文帝），克定祸乱曰武（如汉武帝），博闻多能曰宪（如唐宪宗），等等；有批评的，比如，乱而不损曰灵（如周灵王），好内远礼曰炀（如隋炀帝），动祭乱常曰幽（如周幽王），等等；有表示同情的，比如，恭仁短折曰哀（如汉哀帝），在国逢难曰愍（如晋愍帝），年中早夭曰悼（如周悼王），短折不成曰殇（如汉殇帝），等等。谥号的使用和传承，不仅是历史文化的体现，

也对后世起到榜样和警示的作用。

2. 庙号

庙号是古代中国帝王的一种称号，用于追尊已故的帝王，并供奉于帝王的祠庙。庙号通常在帝王去世后由后世的皇帝或特定机构授予，目的是供奉祭祀和尊崇已故的帝王。下面将详细讲解庙号的含义和用途：

（1）庙号的来源

庙号最早起源于古代的祭祀仪式，用于供奉祭祀已故的帝王。后来，庙号逐渐成为帝王的特定尊号，由后世的皇帝或特定机构授予，用于追尊和纪念已故的帝王。

（2）庙号的组成

中国古代帝王死后在太庙里奉祀时追尊的名号，起源于商代，如太甲为太宗、太戊为中宗、武丁为高宗。庙号按照"祖有功而宗有德"的标准，开国君主一般是祖，继嗣君主有治国才能者为宗。除了秦始皇时期，庙号被废止过，历朝历代都沿用，和谥号最显著的区别是庙号只属于君主。

（3）庙号的用途

祭祀供奉：庙号用于供奉祭祀已故的帝王，被写在神庙中的神龛或神位上。帝王的祭祀仪式往往由后世的皇帝主持，目的是向已故的帝王表示敬意和尊崇。

纪念追思：庙号的使用和传承，有助于后世对已故的帝王进行纪念和追思。帝王的庙号被列入正史和史书中，成为对其统治时期的重要标志。

形成历史记载：庙号的记载成为史书中对帝王统治时期的重要依据之一，有助于后世对历史事件和帝王事迹的研究和理解。

彰显帝王地位：庙号作为尊号，彰显帝王的地位和尊贵。它表达了对帝王的特殊崇敬和崇高评价。

（4）庙号举例

明成祖朱棣原先的庙号叫作太宗，在嘉靖皇帝时候被改为成祖，以此赞扬明成祖开创了小宗继承大统的先河（本来帝统属于建文帝一脉）。嘉靖皇帝本人的庙号是世宗，因为他也是藩王宗室继承大统的开创者（明武宗正德皇帝死后无子，嘉靖皇帝是他的堂弟）。

清朝入关的第一位皇帝是顺治，因此他的庙号是世祖；而康熙大帝由于做皇帝时的成绩太过出类拔萃，庙号被尊为圣祖。

3. 年号

年号是古代中国帝王制定，用于标志皇帝在位期间的年份。每当新皇帝即位时，会根据自己的理念、治绩或其他重要事件，赐予一个新的年号来纪年。下面将详细讲解年号的含义和用途：

（1）年号的来源

年号和前面的谥号和庙号相比，起源则最晚，是汉武帝时候创建用来纪年的一种名号，此后的皇帝登基，一般会下诏书从第一年的年中，或者第二年开始改元，并且更换年号。

（2）年号的命名

年号通常由皇帝亲自决定，并根据其理念、治绩、政策或特定事件来命名。年号往往由两个或更多汉字组成，这些字通常表达皇帝的愿景、政策方向、对国家状况的评价或表达对吉祥、祥瑞的期许。

（3）年号的举例

通常大一统时期，年号相对都有规律可循，而类似东晋十六国、南北朝、五代十国这样的分裂时期，政权众多，各有各的年号，非常混乱。帝王选取年号通常都有一定的寓意，或者带有鲜明的政治色彩。

汉武帝一次打猎时候捕获了一只一角兽，因此改元为"元狩"，一方面为了纪念这次打猎活动，另一方面昭示着要对匈奴展开大规模的军事行动（狩，有对外征伐之意）。

光武帝刘秀从登基开始，年号定为"建武"，由于当时天下割据政权众多，代表着他开始马不停蹄用武力统一天下的意思。

女皇帝武则天是使用年号最多的皇帝，用过的著名年号有："天授"（刚登基时候的年号）、"长寿"（表达自己期望长寿的愿望），"万岁通天"（纪念洛阳新明堂建成）、"长安"（纪念自己从洛阳返回长安大明宫）。

总之，年号的使用和传承，不仅是历史文化的体现，也是研究和理解历史事件、政治和社会变迁的重要依据。年号的命名反映了君主的理念、政策和治绩，对国家和民众具有重要意义。年号的记载成为对君主统治时期的重要参考资料，帮助后世了解和研究历史事件和政权变迁。

4. 尊号

尊号是为皇帝加的全由尊崇褒美之词组成的特殊称号。或生前所授，或死后追加。追加者亦可视为谥号。尊号一般认为产生于唐代。实际早在秦统一中国之初，李斯等人就曾为当时的秦王政上尊号曰"秦皇"。不过这时的尊号一词的含义与唐代以后的不甚相同。尊号开始时，字数尚少，如唐高祖李渊的尊号为"神光大圣大光孝皇帝"。越到后来，尊号越长，如清乾隆皇帝全部称号为"高宗法天隆运、至诚先觉、体元立极、敷文奋武、钦明孝慈、神圣纯皇帝"，除了庙号"高宗"二字外，其尊号竟有二十余字之多。徽号一般都是褒义词，而且是一连串的褒义词，如慈禧为"慈禧端佑康颐昭豫庄诚寿恭钦献崇熙圣母皇太后"。

尊号由大臣们议定后上奏，经皇帝批准并向全国臣民公开发布。其政治上的用意是对在位皇帝进行歌功颂德，赞美他的文治武功等业绩。

总之，尊号是古代中国帝王的特殊标志，用于表示君主的身份和尊崇。尊号的使用和传承有助于区分和确认君主的身份，凸显君主的权威和尊严。尊号在封印文书、仪式典礼、文化传承和印章使用等方面具有重要作用，成为历史记忆和文化传承的重要组成部分。

5. 陵号

帝王的陵号是指古代中国帝王逝世后，被后世用于指称其陵墓的一种特殊称号，用于指称和纪念帝王的陵墓。陵号的使用和传承有助于保留和传承帝王的历史地位和记忆，标志着陵墓的特殊身份和象征意义。陵号的命名与陵墓所在地点、地貌、自然景观等相关，为后世的考古和研究提供重要参考资料。陵号的使用和记载成为史书中对帝王陵墓的重要依据之一，帮助后世了解和研究帝王的历史地位和统治时期。

西汉一朝，陵号命名基本是地名。文帝霸陵在灞水边，景帝阳陵在弋阳县，武帝茂陵在茂乡，宣帝杜陵在杜县，元帝渭陵在渭城县，成帝延陵在延陵亭部等等。其他朝代像西晋一般称"×阳陵"，东晋称"×平陵"，赵宋称"永×陵"，几个北族政权如元魏、辽、金有数帝同一陵号的，而元朝没有陵号。

（三）古代官制与选拔制度

1. 中央官制

古代中国的中央官制是指在中央政府中的官员组织架构和选拔制度。这一制度在中国历史上经历了多次变革和发展，下面将详细讲解封建社会古代中央官制的演

变和特点:

秦汉时期:从总体上看,秦汉时期中央政府机构,基本上实行三公九卿制度。三公即丞相、太尉、御史大夫。丞相:百官之长,辅助皇帝治理天下,所谓"掌丞天子助理万机"。太尉:协助皇帝总领全国军事。御史大夫:副丞相,掌监察及主兰台收藏的图籍秘书,并协助丞相处理政务。三公之下设有九卿:奉常:掌管祭祀及宗庙礼仪。汉景帝六年更名为太常。郎中令:掌管宫廷警卫,统领皇帝的谋议大夫及宿卫侍从人员。汉武帝太初元年更名为光禄勋。卫尉:掌管宫门警卫,统领卫士守卫皇宫。太仆:掌管宫廷车马及全国马政。廷尉:掌管刑狱即司法。典客:掌管少数民族及诸侯来朝等事务;为礼宾外交之职。汉景帝时曾更名为大行令,汉武帝时又称大鸿胪。宗正:掌管皇族事务。治粟内史:掌管财政事务,包括谷货钱帛及赋税之事。汉景帝时曾更名为大农令,汉武帝时又更名为大司农。少府:掌管皇帝私人财政和宫廷服御诸物,包括山海池泽之税。

魏晋南北朝时期:在魏晋南北朝时期,中央官制发生最大的变化是三省出现。三省即尚书、门下、中书。三省逐渐发展成为皇帝之下的最高政权机构。三省制度的真正确立是在隋,完备于唐朝。三省出现是我国封建社会国家制度的重要发展。对隋以后历代封建统治机构都有深远影响。三省长官互相牵制,有利于维护以皇帝为中心的封建专制主义统治。因此,可以说,三省的出现,是中国封建社会国家统治机构的重大改革。

隋唐时期:隋朝确立了"三省六部"制,唐朝"三省六部制"进一步完善。三省包括中书、尚书、门下省。六部包括吏部、户部、礼部、兵部、刑部、工部。三省六部制的形成是从秦汉以来,中央政府机构长期发展演变的结果,它标志着封建中央集权制度更加完备,这一机构体系为以后历代封建官僚体制的发展奠定了基础。

宋元明清时期:宋代在中央实行"二府三司"制。"二府"指中书门下和枢密院。"三司"指盐铁司、度支司、户部司。元代中央实行一省六部、六院、一台制。中央最高权力核心是皇帝。明朝明太祖撤销中书省,提高六部的权力,明成祖设内阁。军机处是清代最重要的中央最高决策机构,是清代起作用最大、最长的中央决策机构。

2. 地方官制

古代中国的地方官制是指在地方行政管理中的官员组织架构和选拔制度。地方官制的发展与中央官制相辅相成,旨在实现地方的治理和管理。下面将详细讲解古

代地方官制的演变和特点：

秦汉时期：从春秋战国时期开始的地方郡县制度，在秦国得到普遍推行。秦初分天下为三十六郡，后来增加到四十余郡。郡设郡守、郡尉、监察史。郡守掌管全郡事务；郡尉辅助郡守，掌管一郡的军事；监察史掌管一郡监察。郡下设县，万户以上的县置县令，万户以下的县置县长。县长或县令为一县的最高行政长官，为郡守所节制。下设置县尉，辅助县令掌管一县的军事；另设县丞，辅助县令或县长掌管一县司法。县下设若干乡，乡设三老、啬夫、游徼。三老掌教化百姓，啬夫掌司法、税收，游徼掌管地方治安。乡下设里，里有里正。里下有亭，亭置亭长。之下还有什、伍等基层组织。西汉初年，郡国并行。一方面实行郡县制，另一方面又分封异姓诸侯王国和同姓诸侯王国。

魏晋南北朝时期：这时的地方行政机构基本是州、郡、县三级。州设刺史，郡设守，县设县令。但由于这一时期是动乱时期，所以地方制度变化很大。魏晋南北朝时期，地方行政制度比较混乱，没有形成整齐划一的制度，但大体来说仍旧是州、郡、县三级。

隋唐时期：隋唐时在地方设州、县两级制。唐代的州分上、中、下三级，十万户以上为州，二万户以上为中州，二万户以下为下州。县也分上、中、下三等六千户以上为上县，三千户至六千户为中县，三千户以下为下县。州的长官称刺史，副职有别驾、长吏、司马。县的长官为县令，下设丞、主簿、尉。唐还在边疆少数民族地区设置都护府。

宋元明清时期：宋代地方行政机构分为三级：路、州（军、府、监）、县。元代地方实行行省制，行省之下，一般设置路、府、州、县。明朝地方设置省、府、县。清朝地方设置省、府（州）、县。

3. 中国古代官制选拔

中国古代的官制选拔制度是指在古代中国官员选拔中所采用的制度和方式。古代中国历史上有多种不同的选拔制度，其中最具代表性的是科举制度。下面将详细讲解中国古代官制选拔的发展和特点：

世卿世禄制：世卿世禄制，是古代的一种选官制度。世卿就是天子或诸侯国君之下的贵族，世世代代、父死子继，连任卿这样的高官。禄是官吏所得的享受财物。世禄就是官吏们世世代代、父死子继，享有所封的土地及其赋税收入，世袭卿位和禄田的制度在古代曾十分盛行。

察举制：察举制，是汉武帝时期确立的古代选拔官吏的一种制度。察举制与以前先秦时期的世卿世禄制和从隋唐时建立的科举制不同，它的主要特征是由地方长官在辖区内随时考察、选取人才并推荐给上级或中央，经过试用考核再任命官职。

征辟制：征辟是汉代选拔官吏制度的一种形式。所谓"征辟"，就是征召名望显赫的人士出来做官，皇帝征召称"征"，官府征召称"辟"。征是指皇帝下诏聘召，有时也称为特诏或特征。辟是指公卿或州郡征调某人为掾属，汉时人也称为辟召、辟除。辟召制在东汉尤为盛行，公卿以能招致贤才为高，而俊才名士也以有所依凭为重。在汉代的选官制度中，征辟作为一种自上而下选任官吏的制度，地位仅次于察举。

科举制度：科举制度，就是通过考试办法选择人才，开科取士，由国家统一设科，定期考试后授予官职。隋朝是科举制创立的初期，到唐朝时科举制度日趋完备，特别是明清时期，科举制发展到鼎盛时期。科举制度的实行，扩大了中小地主参与政权的途径，它使选拔官吏的权力完全集中在中央政府手里，这对于加强封建国家的统治力量起了重要作用。因此，隋代创立的科举制度一直为后来的历代封建王朝所沿用，成为封建社会中后期主要的官吏选拔制度。

总体而言，古代中国的官制选拔制度在历史的演变中不断发展和完善，各种制度在不同时期具有重要的意义和作用。这些制度的实施旨在选拔优秀的人才，为国家和社会的发展提供合适的官员。然而，这些制度也面临一些问题和挑战，如贵族特权、权力干预等。这些问题在历史的变迁中逐渐得到了修正和改进。

知识拓展

与二十四节气有关的美食

二十四节气是中国传统农历中的重要时间划分，与季节变化和气候有关。在每个节气中，人们会根据当时的天气和自然环境选择相应的食材，并创作出丰富多样的美食。以下是与二十四节气相关的一些美食：

立春：在立春之际，人们喜欢食用一些温补食物，如春饼、炖鱼、饺子等。

雨水：雨水节气是春季开始降雨的时期，此时人们会食用一些湿润的食物，如莴苣、蒜苗、鲜笋等。

惊蛰：在惊蛰之际，春意渐浓，人们会食用一些新鲜的蔬菜，如嫩豆腐、青椒等。

春分：春分时节，天气渐暖，人们会食用一些清淡的食物，如酸辣汤、小鱼豆腐汤等。

清明：清明节气是祭祖的重要时刻，人们会准备一些传统的祭祀食物，如青团、寿桃等。

谷雨：谷雨时节，春天的作物开始成熟，人们会食用一些谷物和青菜，如小米粥、炒苦菜等。

立夏：立夏节气是夏季的开始，人们会食用一些清热解暑的食物，如绿豆汤、凉面等。

小满：小满时节，天气逐渐炎热，人们会食用一些具有清热消暑作用的食物，如绿豆糕、西瓜等。

芒种：芒种是夏季农作物成熟的时节，人们会食用一些新鲜的水果和蔬菜，如葡萄、荔枝、苦瓜等。

夏至：夏至是一年中白天最长的时期，人们会食用一些清凉的食物，如凉拌黄瓜、藕汁等。

小暑：小暑节气天气炎热，人们会选择一些清热降火的食物，如凉皮、草莓等。

大暑：大暑时节炎热高温，人们会食用一些清热解暑的食物，如凉粉、绿豆汤等。

立秋：立秋节气意味着秋季的开始，人们会食用一些丰收的水果和蔬菜，如柿子、香梨、苹果等。

处暑：处暑时节，天气逐渐转凉，人们会食用一些润燥滋阴的食物，如银耳汤、莲子羹等。

白露：白露节气是秋季的中期，人们会食用一些丰收的谷物和蔬菜，如粟米、茄子、菠菜等。

秋分：秋分时节，天气凉爽，人们会食用一些清爽的食物，如苹果派、秋葵等。

寒露：寒露节气意味着天气逐渐寒冷，人们会食用一些温热食物，如热狗、热汤等。

霜降：霜降时节，天气更加寒冷，人们会食用一些温暖身体的食物，如炖鸡汤、羊肉串等。

立冬：立冬节气是冬季的开始，人们会食用一些暖身的食物，如热乌冬面、酸辣火锅等。

小雪：小雪时节，天气逐渐寒冷，人们会食用一些温暖的食物，如红糖姜茶、炖鱼等。

大雪：大雪节气意味着冬季的深入，人们会食用一些暖胃的食物，如热炒冬菇、糖炒栗子等。

冬至：冬至是一年中白天最短的时刻，人们会食用一些补益身体的食物，如汤圆、饺子等。

小寒：小寒节气天气寒冷，人们会选择一些温暖身体的食物，如热炒山药、糖炖银耳等。

大寒：大寒时节，天气寒冷，人们会食用一些保暖的食物，如热红豆汤、糖炖蹄。

课后练习

1. 哪个朝代被认为是中国历史上的第一个朝代？（　　）
   A. 夏朝　　　　B. 商朝　　　　C. 周朝　　　　D. 秦朝

   【答案】A. 夏朝

2. 哪个朝代统一了中国并建立了中央集权制度？（　　）
   A. 春秋时期　　B. 秦朝　　　　C. 唐朝　　　　D. 宋朝

   【答案】B. 秦朝

3. 唐代选拔人才的方式是？（　　）
   A. 科举制　　　B. 世卿世禄制　C. 察举制　　　D. 征辟制

   【答案】A. 科举制

4. 下列属于庙号的是（　　）
   A. 宋太祖　　　B. 隋炀帝　　　C. 汉武帝　　　D. 鲁哀公

   【答案】A. 宋太祖

5. 二十四节气中雨水后面的节气是（　　）
   A. 惊蛰　　　　B. 立春　　　　C. 春分　　　　D. 清明

   【答案】A. 惊蛰

模块二：

中国文学知识

学习目标

一、知识目标

1. 了解中国古典和近当代文学重要知识、重要文化名人及作品。

2. 了解与旅游相关的诗词名篇。

3. 熟悉名胜古迹中的著名楹联。

4. 掌握中国汉字的起源、发展与格律知识。

二、能力目标

能够根据所学知识理解与旅游相关的诗词、楹联。

三、素质目标（含思政目标）

1. 提高学生的历史文化素养。

2. 通过了解中国灿烂辉煌的历史文化成果，使同学们树立对本民族文化的自信心和自豪感，坚定弘扬中华优秀传统文化的使命。

重点难点

1. 掌握汉字起源发展与诗词格律。

2. 掌握旅游相关的诗词、楹联。

任务一　中国古典文学与现当代文学

情景导入

我国拥有丰富的旅游资源，这些旅游资源有很多被诗人写进了诗词里。随着千百年的口口相传，字里行间的诗情画意深入人心，诗句也就成了有力的旅游宣传语。例如提起杭州，人们总会想起"欲把西湖比西子，淡妆浓抹总相宜"；游至南京，会想起"南朝四百八十寺，多少楼台烟雨中"；漫步扬州，则会想起"天下三分明月夜，二分无赖是扬州"……

旅行，是发现美、遇见美的过程，善用诗词能够极大提高导游词的人文内涵，提升导游讲解水平，通过绚烂的诗词、楹联等内容，弘扬中华优秀传统文化。

基础知识

一、中国古典文学

我们通常把中国文学分为古典文学、现代文学与当代文学。其中古典文学以唐宋诗词及四大名著为代表，现代文学以鲁迅小说为代表，当代文学以具有独立思想的中国自由文学为标志。

中国文学一般是指以汉民族文学为主干部分的各民族文学的共同体。我国的文学有数千年悠久历史，以特殊的内容、形式和风格构成了自己的特色，有自己的审美理想，有自己的起支配作用的思想文化传统和理论批判体系。它以优秀的历史、多样的形式、众多的中国作家、丰富的作品、独特的风格、鲜明的个性、诱人的魅力而成为世界文学宝库中光彩夺目的瑰宝。

文学一词，最早见于《论语·先进》篇："德行：颜渊、闵子骞、冉伯牛、仲弓。言语：宰我、子贡。政事：冉有、季路。文学：子游、子夏。"朱熹集注："弟子因孔子之言，记此十人，而并目其所长，分为四科。孔子教人各因其材，於此可

见。"当时孔子按才能把学生分成四类：德行、言语、政事、文学，后世称为"孔门四科"。这里广义来看文学可以解释为学问。狭义的说法，文学可以被看成5世纪南朝刘宋文帝所定立的四学：儒学、玄学、史学、文学。

古典文学分为诗和文，文又分为韵文和散文，中国的抒情诗和散文在世界上都是最早也是较发达的。

（一）先秦两汉文学

1. 《诗经》

《诗经》是我国第一部诗歌总集。成书于春秋时期，创作年代为西周初年至春秋中叶500年间的作品，共305篇，代表了2500多年以前诗歌创作的最高成就。《诗经》里的作品都是合乐的唱词，分为"风""雅""颂"三大部分。风是乐调，国风就是各国地方音乐的意思，共160篇。《风》《雅》是反映周朝政治衰乱时期社会生活的作品，又称"变风""变雅"。雅分"大雅""小雅"，是周王朝直接统治地区的音乐，共105篇。《颂》是祭祀时的乐曲，有《周颂》《鲁颂》《商颂》三部分，共40篇。

2. 先秦散文

及至春秋战国时期，社会发生急剧变化，这一时期，在中国文学史上占有重要地位的即是先秦散文。百花齐放、百家争鸣的文化氛围促进了文学的繁荣，也迎来了中国文化光辉灿烂的时代。

先秦散文可分为历史散文和诸子散文。概括来论，历史散文多为叙事，诸子散文多是说理。

历史散文有《春秋》《左传》《战国策》《国语》等。其中《春秋》是孔子编订的战国最早的一部编年史，记叙了从鲁隐公元年（前722年）至哀公十四年（前481年）这242年间的各国大事。《左传》又名《春秋左氏传》，是注释《春秋》的书籍（因《春秋》言简意深，难以理解，故人们纷纷对《春秋》加上注释，以方便理解。最著名的数"春秋三传"，即《左传》《公羊传》《谷梁传》）。《战国策》亦称《国策》，传为战国时期各国史官或策士辑录。西汉时，经刘向整理，编为33篇。主要记叙了当时谋臣、策士游说各国或相互辩论时所提出的政治主张和斗争策略。其间有传记、故事、论辩、书信，反映了当时各国间尖锐而复杂的政治斗争，是先秦继《春秋》《左传》之后又一部著名历史散文。在艺术创作上，较之《左传》又有发展，常在复杂的政治事件中生动描绘人物言行，刻画出不少栩栩如生的人物形象和写出不少情节曲折的故事。如《冯谖客孟尝君》《触詟说赵太后》《苏秦始将连横说秦》等均为脍炙人口的名篇。此书尤重语言艺术，大量运用了夸张、比喻、排比等艺术手法，并杂以寓言故事，呈现出一种"敷张扬厉""辩丽恣肆"的鲜明特色。《国语》共21卷，据说为左丘明所作。这部书有重点地记叙了各国历史中若干事件。文字朴实平易，特点在长于记言，同时也善于描写人物神态。

诸子散文指的是战国时期各个学派的著作，反映着不同学派的思想倾向、政治主张和哲学观点。春秋战国时期，"百家竞作，九流并起。"各种思想流派的代表人物纷纷著书立说，宣传自己的社会政治主张。先秦诸子散文最初是语录式的问答体，如《论语》《墨子》等。到了《孟子》，虽仍有类似《论语》的形式，但渗入了更多的议论。再进到《荀子》《庄子》《韩非子》，问答体才演进到完整的议论文。

3. 楚辞

辞赋是中国古代文学样式之一。辞因产生于战国楚地而称楚辞；赋则为铺陈之意。两者都兼有韵文和散文的性质，是一种半诗半文的独特文体。结构宏大，辞藻华丽，讲究文采、韵律，常用夸张、铺陈的手法。

《楚辞》是战国时代以屈原为代表的楚国人创作的文学作品。汉成帝时，刘向将屈原、宋玉、景差以及西汉贾谊、淮南小山、东方朔、严忌、王褒等和自己的辞赋汇为一集，共16篇，定名为《楚辞》。《楚辞》中以屈原作品最多，质量最高，他的《离骚》是楚辞的代表作，后人故又称楚辞这种文体为"骚体"。《离骚》表现了诗人眷念祖国和热爱人民的胸怀，闪耀着震撼人心的理想主义光芒。《离骚》艺术上有着极高成就。首先，整部作品都具有强烈的浪漫主义色彩；其次，《离骚》最重要的艺术特色还在于诗人的笔锋下，大量出现神话传说、历史人物、日月风云、山川流沙等，构成了一幅异常雄奇壮丽的完整图画。此外，《离骚》诗句形式错落有致，还设有主客问答和大段描写，大多四句一章，字数不等，形成了错落中见整齐，整齐中又富有变化的特点，对后世辞赋产生了巨大影响。

屈原除了《离骚》外，还有许多优秀作品，如《九章》《九歌》《天问》等。

4. 汉赋

汉赋其主要特点是铺陈写物，不歌而诵，是中国古代特有的一种文学体裁。汉赋代表作家在汉初主要有贾谊、枚乘。贾谊（前201—前169年），洛阳人。代表作

有《鵩鸟赋》《吊屈原赋》。贾谊继承了屈原骚体赋风格。他的《吊屈原赋》即是拿屈原的遭遇来比自己。《鵩鸟赋》抒发了他怀才不遇的不平情绪和不妥协精神。

汉武帝和汉成帝时代，是汉赋的全盛时期，代表作家有司马相如、扬雄等。司马相如（前179—前118年），成都人。代表作有《子虚赋》《上林赋》《长门赋》《美人赋》《大人赋》等。扬雄（前53—公元18年），成都人。他生活在汉成帝时代。代表作有《甘泉赋》《羽猎赋》《长杨赋》《河东赋》等。东汉末年，赋逐渐衰落，有代表性的作品是张衡的《二京赋》《归田赋》。

5. 汉乐府

"乐府"是汉武帝时设立的一个官署，负责收集编纂各地民间音乐、整理改编与创作音乐、进行演唱及演奏等。汉乐府指由汉朝乐府机关所收集、整理的诗歌。这些诗，原本在民间流传，经由乐府保存下来汉代叫作"歌诗"，魏晋时始称"乐府"或"汉乐府"。后世文人仿此形式所作的诗，亦称"乐府诗"。《陌上桑》和《孔雀东南飞》都是汉乐府代表作，后者是我国古代最长的叙事诗，是乐府诗发展史上的高峰之作。《孔雀东南飞》与《木兰诗》合称"乐府双璧"。汉代《孔雀东南飞》、北朝《木兰诗》和唐代韦庄《秦妇吟》并称"乐府三绝"。此外，《长歌行》中的"少壮不努力，老大徒伤悲"也是千古流传的名句。

（二）魏晋南北朝文学

东汉末年以"三曹"和"建安七子"为代表的"建安文学"在古代文学史上占有重要地位。"三曹"指的是曹操与其子曹丕、曹植，"七子"指的是汉末作家孔融、陈琳、王粲、徐干、阮瑀、应场、刘桢。建安时期，各种文体都得到了发展，尤其是诗歌方面打破了汉代四百年沉寂的局面。五言诗从这时开始兴盛，七言诗在这时也奠定了基础。历代文学评论家都把建安时期看作文学创作的黄金时代。

作为"建安文学"的代表性人物，曹操首创新局面。他的抒情诗抒发了自己的政治理想和抱负，表现了他一统天下的雄心壮志。代表作有《短歌行》《龟虽寿》《观沧海》等。

曹丕的诗作中，比较出色的是一些描写男女爱情和离愁别恨之作，对七言诗的创作有较大贡献，其代表作《燕歌行》是我国现存最早的文人创作的完整七言诗。曹丕的《典论·论文》开文学批评风气，是我国文学史上第一篇文学批评著作。

建安作家中，最受推崇的当数曹植。曹植的主要贡献虽在诗歌方面，但其散文和辞赋也不乏佳作。他的《与杨祖德书》《与吴季重书》颇能表现自己的性格。《求自试表》和《求通亲亲表》字里行间都流露出愤愤不平和渴望自由的心情。曹植的辞赋抛弃了汉赋那种堆砌辞藻的积习，用华美而不艰涩的文字抒发真情实感，代表作《洛神赋》《鹞雀赋》等。

建安七子则以王粲的文学成就最高，代表作有《七哀诗》《从军诗》。除了诗以外，王粲还善于作赋，代表作有《登楼赋》等。

从西晋建立到东晋灭亡的一百多年间，产生了左思、刘琨、郭璞、陶渊明等一批优秀的诗人。其中以陶渊明成就最高，代表作有《归去来兮辞》《桃花源记》《归园田居》《五柳先生传》《饮酒》等。

南朝时诗歌"永明体"出现，标志着诗歌过渡到严守格律的近体诗，散文也出现了追求对偶工整、音节和谐、大量用典的文体——骈体文，又称骈文，四六文。南朝刘勰著有我国第一部文学理论专著《文心雕龙》。昭明太子萧统主编了《文选》，将文学独立出来，是我国现存最早的诗文总集。南朝民歌代表有《子夜歌》和《西洲曲》，北朝民歌代表有《敕勒歌》和《木兰诗》。

（三）唐宋文学

1. 唐诗

唐代是我国古典诗歌发展的全盛时期，唐诗也是我国最优秀的文学遗产之一。

唐初诗歌由于仍沿南朝诗歌的惯性，显得柔靡纤弱，毫无生气。直到"初唐四杰"的出现才开始转变了这种风气。他们才华横溢，不满现状，通过自己的诗作抒发愤激不平之情和壮烈的怀抱，拓宽了诗歌题材。如杨炯的《从军行》：

烽火照西京，心中自不平。牙璋辞凤阙，铁骑绕龙城。
雪暗凋旗画，风多杂鼓声。宁为百夫长，胜作一书生。

王勃的代表作有《滕王阁序》和《送杜少府之任蜀州》。

"初唐四杰"而后是陈子昂，他的《登幽州台歌》："前不见古人，后不见来者；念天地之悠悠，独怆然而涕下。"苍凉辽阔，哀而不伤，被认为是怀古诗的绝唱。

唐诗鼎盛时期，涌现了李白、杜甫、白居易、韩愈、柳宗元等世界闻名的大诗人。

唐诗的题材非常广泛，在创作方法上，既有现实主义的流派，也有浪漫主义的流派，同时又有这两种创作方法相结合的典范作品问世，形成了我国古典诗歌的优秀传统。

唐诗的形式是多种多样的。古体诗，基本上有五言和七言两种。而近体诗也有两种，一种叫作绝句，一种叫作律诗。绝句和律诗又各有五言和七言之不同。所以唐诗的基本形式可以总结为以下六种：五言古体诗、七言古体诗、五言绝句、七言绝句、五言律诗、七言律诗。古体诗对音韵格律的要求比较宽：一首之中，句数可多可少，篇章可长可短，韵脚可以转换。近体诗对音韵格律的要求比较严：一首诗的句数有限定，绝句四句，律诗八句，每句中用字的平仄，有一定的规律，韵脚不能转换；律诗还要求中间四句成为对仗。古体诗的风格是前代流传下来的，所以又叫古风。近体诗有较为严格的格律规定，所以人们又称它为格律诗。

李白被誉为"诗仙"，留下《蜀道难》《望庐山瀑布》《将进酒》《行路难》《静夜思》等不朽作品。

杜甫被誉为"诗圣"，其作品深刻记录了安史之乱前后唐代社会状况，表达了对百姓疾苦的深切同情，代表作有"三吏三别"：《新安吏》《石壕吏》《潼关吏》《新婚别》《无家别》《垂老别》，另有《春望》《绝句》《春夜喜雨》《登高》《闻官军收河南河北》等。

李贺被誉为"诗鬼"，他留下了"黑云压城城欲摧""雄鸡一声天下白""天若有情天亦老"等千古佳句。

王维被誉为"诗佛"，他的诗作风格，清新淡远、自然脱俗，创造出一种"诗中有画，画中有诗"（《东坡题跋·书摩诘蓝田烟雨图》）"诗中有禅"的意境，代表作有《送元二使安西》《九月九日忆山东兄弟》。王维还开创了文人画先河。

崔颢的《黄鹤楼》被誉为"唐代七言律诗第一"。

白居易发起"新乐府"运动，著有《新乐府》《卖炭翁》《长恨歌》等。

孟郊、刘禹锡、张继等人的山水诗、边塞诗也具有一定代表性。

唐代散文方面，韩愈、柳宗元发起了反对骈文的古文运动。韩愈著有《师说》。唐代传奇小说继承和发展了魏晋志怪小说，代表有《李娃传》《柳毅传》《莺莺传》。

2. 宋词

词是我国古代诗歌的一种。它始于梁代，形成于唐代而极盛于宋代。唐代诗人如白居易、刘禹锡等人写的词，具有朴素自然的风格，洋溢着浓厚的生活气息。

以崇尚浓辞艳句而驰名的温庭筠和五代"花间派"，在词发展史上有一定的位置。

南唐后主李煜被俘虏之后的词作，开拓一个新的艺术境界，给后世词人以强烈的感染。

到了宋代，通过柳永和苏轼在创作上的重大突破，词在形式上和内容上得到了巨人的发展。西蜀赵崇祚编成第一部词集《花间集》。

宋词，大体上可分为婉约派和豪放派。婉约派词作语言风格和顺婉转、柔美含蓄，多写离情别绪、个人际遇，讲究音韵格调，结构深细缜密，风格清婉绚丽。像柳永的"今宵酒醒何处？杨柳岸，晓风残月"；晏殊的"无可奈何花落去，似曾相识燕归来"；晏几道的"舞低杨柳楼心月，歌尽桃花扇底风"等。豪放词作是从苏轼开始的。苏词创作视野较为广阔，喜用诗文手法、句法来写词，善于运用典故，不受音律束缚，气势恢宏雄放。作为豪放派的始创者，苏轼突破了词必香软的樊篱，对词的革新是多方面的。山川胜迹、农舍风光、优游放怀、报国壮志，在他手里都成为词的题材，使词从花间月下走向了广阔的社会生活。

词大致可分小令（58字以内）、中调（59~90字）和长调（91字以上，最长的词达240字）。一首词，有的只有一段，称为单调；有的分两段，称双调；有的分三段或四段，称三叠或四叠。

词有词牌。词牌的产生大体有以下几种情况：沿用古代乐府诗题或乐曲名称，如《六州歌头》；取名人诗词句中几个字，如《西江月》；据某一历史人物或典故，如《念奴娇》；还有名家自制的词牌。词发展到后来逐渐和音乐分离，而成为一种独立的文体。

宋词代表作有柳永的《望海潮》，王安石的《桂枝香·金陵怀古》，苏轼的《水调歌头·明月几时有》，李清照的《如梦令·昨夜雨疏风骤》，辛弃疾的《永遇乐·京口北固亭怀古》和岳飞的《满江红》等。

宋代散文也有极高的成就，欧阳修的《醉翁亭记》、王安石的《游褒禅山记》、苏轼的《前赤壁赋》、范仲淹的《岳阳楼记》及周敦颐的《爱莲说》是代表作品。

3. 唐宋八大家

唐宋八大家，又称唐宋古文八大家，是唐韩愈、柳宗元和宋苏轼、苏洵、苏辙、

欧阳修、王安石、曾巩八位散文家的合称。其中韩愈、柳宗元是唐代古文运动的领袖，欧阳修、三苏等四人是宋代古文运动的核心人物，王安石、曾巩是临川文学的代表人物。他们先后掀起的古文革新浪潮，使诗文发展的陈旧面貌焕然一新。

八大家中苏家父子兄弟有三人，所以人们将其合称为"三苏"，分别为苏洵、苏轼、苏辙，又有"一门三学士"之美誉。

（四）元明清文学

1. 元曲

元曲是元代艺术成就最高的文学形式，又分为散曲和杂剧，杂剧是戏曲，散曲是诗歌。元曲原本是民间流传的"街市小令"或"村坊小调"，经文人的收集整理和加工，逐渐形成了这一文学形式。

杂剧的成就和影响远远超过散曲，涌现出元曲四大家——关汉卿、王实甫、白朴、马致远。元曲不朽名篇包括关汉卿的《窦娥冤》《拜月亭》，白朴的《墙头马上》《梧桐雨》，马致远的《汉宫秋》，纪君祥的《赵氏孤儿》，王实甫的《西厢记》，郑光祖的《倩女离魂》，以及《天净沙·秋思》《山坡羊·潼关怀古》《卖花声·怀古》等不朽名篇。

2. 明清小说

明清是中国小说史上的繁荣时期。明代文人创作的小说主要有白话短篇小说和长篇小说两大类。明代的长篇小说按题材和思想内容，又可概分为五类，即讲史小说、神魔小说、世情小说、英雄传奇小说和公案小说等。

长篇小说以《三国演义》《水浒传》《西游记》《金瓶梅》为代表，现存最早的明人辑印的话本集是《清平山堂话本》。短篇小说则以"三言"（《喻世明言》《警世通言》和《醒世恒言》）和"二拍"（《初刻拍案惊奇》《二刻拍案惊奇》）为代表，部分作品揭露了封建统治阶级的罪恶和黑暗政治，写出了人民的苦难。另有些拟话本描写了小商人和手工业者的生活和思想，带有明显的时代特点。

拟话本承袭了宋元话本的传统，一般都具有较强的故事性，情节生动曲折，感情色彩鲜明。它的艺术手法更加成熟，特别是心理描写和细节描写更加趋于丰富细腻。比较优秀的作品有《杜十娘怒沉百宝箱》《玉堂春落难逢夫》等。除"三言""二拍"之外，明代的拟话本小说集还有《石点头》《醉醒石》《西湖二集》等。明代的文言小说，是沿着唐宋传奇的线索发展而来的。较著名的文言短篇小说集有：

瞿佑的《剪灯新话》、李昌祺的《剪灯馀话》、邵景瞻的《觅灯因话》等。明人的文言短篇小说在写法上模仿唐宋传奇，缺乏创作新意，因而成就不高，其影响远不及白话短篇小说。

清初至乾隆时期是清小说发展的全盛时期，《聊斋志异》和《红楼梦》，分别把文言小说和白话小说的创作推向顶峰。另外，还有《儒林外史》《三侠五义》《聊斋志异》等优秀作品。

（五）近代文学

鸦片战争爆发后，中国逐渐沦为半殖民地半封建社会。这一时期的文学发生了重要变化，被称为近代文学，是一个向新文学过渡的阶段。

诗文领域，龚自珍是首开文学新风气的人物，魏源、林则徐等也写了许多富于时代色彩和历史意义的作品。

太平天国领袖们的诗文，在"弃伪存真"文化纲领指导下，批判封建主义的陈词滥调，提倡朴实明朗的文风，直接为革命斗争服务。戊戌变法前后，改良主义运动代表人物梁启超力倡"诗界革命""文界革命"，并推誉黄遵宪"我手写我口"的新派诗；散文风格源于龚自珍，打破了传统古文的格局，追求平易畅达，被称为"新文体"。梁启超的《少年中国说》等说理文章，气势磅礴，铺张淋漓，具有鼓舞人心的力量。辛亥革命时期，诗人柳亚子、陈去病、苏曼殊等人的作品洋溢着充沛的爱国主义和民主主义精神。同时，以守旧复古为特征的传统诗文，仍活跃一时，诗歌方面先后有"宋诗运动"和"同光体"诗派，古文则产生了梅曾亮等名家，号称"桐城派"中兴。曾国藩原受桐城派影响，又重经世之学，追随者不少，也称"湘乡派"。

在梁启超"小说界革命"的倡导之下，近代谴责小说得以盛行，代表作有李宝嘉的《官场现形记》、吴沃尧的《二十年目睹之怪现状》、曾朴的《孽海花》、刘鹗的《老残游记》，被称为"清末四大谴责小说"。这些作品突出暴露了封建官场的黑暗腐朽，广泛宣传了社会改良，在内容和题材上较古代小说有明显的开拓，有的还吸收了西方小说的技法，但艺术成就一般不高。辛亥革命后出现的"鸳鸯蝴蝶派"小说和"黑幕小说"，思想和艺术价值都不高。

林纾等人用古文翻译的外国小说，在当时有着相当广泛的影响，开拓了我国小说界的视野。

近代戏曲的成就，主要反映在一大批地方戏曲趋于定型成熟，京剧则成为影响深广的全国性剧种。在外国文化影响下，话剧开始在我国兴起，辛亥革命前后出现的话剧团体在宣传革命方面发挥了一定的作用。

（六）中国古典文学成就

《诗经》是我国最早的一部诗歌总集。

《山海经》是我国最早最富有神话色彩的一部地理志，作者无法考证。

《穆天子传》是我国最早的一部历史小说，作者无法考证。

《吕氏春秋》是我国最早的哲理散文总集，是秦国宰相吕不韦及其门客所著。

《新书》是我国最早的一部政论文总集，作者是西汉杰出的思想家、文学家、政治家贾谊。

《世说新语》是我国最早的笔记体小说集，作者是南北朝宋的著名文学家刘义庆。

《搜神记》是我国第一部志怪小说，作者是东晋文学家、史学家干宝。

《国语》是我国第一部国别体史书，作者据《史记》记载是左丘明，据考证应为后人伪作。

《史记》是我国第一部纪传体通史，作者是西汉著名史学家、文学家、思想家司马迁。

《资治通鉴》是我国第一部编年体通史，作者是北宋史学家司马光。

《燕歌行》是第一首完整的七言诗，作者是三国时魏文帝曹丕。

《孔雀东南飞》是我国第一首优秀的长篇叙事诗，作者已无法考证。

《离骚》是我国第一首长篇抒情诗，作者是战国时楚国诗人屈原。

《论语》是我国第一部语录体散文，作者是孔丘的弟子及再传弟子。

《春秋》是我国第一部私人编撰的史书，作者是春秋时期著名的思想家、教育家孔丘。

《汉书》是我国第一部纪传体断代史，作者是东汉文学家、史学家班固。

《文心雕龙》是我国最早的一部文学批评专著，作者是南北朝梁代文学理论批评家刘勰。

《诗品》是我国最早的一部品评诗歌的专著，作者是南北朝梁代文学理论批评家钟嵘。

《文选》(《昭明文选》)是我国现存最早的一部文章总集,作者是南北朝梁代的萧统。

《徐霞客游记》是我国一部价值最高的游记体地理学著作,作者是明代杰出的旅行家、地理学家、散文家徐弘祖。

《西厢记》是我国艺术成就最高的杂剧,号称"天下夺魁",作者是元代著名戏剧家王实甫。

《原君》是我国最早的一篇具有民主思想的政论文,作者是明末清初杰出的思想家、文学家黄宗羲。

《三国演义》是我国第一部优秀长篇历史小说,作者是明代著名的通俗小说家罗贯中。

《水浒传》是我国第一部描写农民革命斗争的小说,作者是明代著名小说家施耐庵。

《西游记》是我国第一部长篇神话小说,作者是明代小说家吴承恩。

《金瓶梅》是我国第一部以家庭为写作题材的小说,作者是明代小说家兰陵笑笑生(笔名)。

《梦溪笔谈》是我国第一部用笔记文体写成的综合性学术专著,作者是北宋科学家、政治家沈括。

《聊斋志异》是我国第一部优秀的文言短篇小说集,作者是清代著名小说家蒲松龄。

《儒林外史》是我国第一部优秀的长篇讽刺小说,作者是清代伟大的小说家吴敬梓。

《红楼梦》是我国艺术成就最高的早期白话小说,作者是清代小说家曹雪芹。

《官场现形记》是我国第一部谴责小说,作者是清代的谴责小说家李宝嘉。

屈原是我国第一个伟大的诗人,作品收录在《楚辞》里。

许穆夫人是我国第一个女诗人,作品有《载驰》《泉水》《竹竿》。

班昭是我国第一个女史学家,将其兄班固的《汉书》续成。

李清照是我国第一个女词人,作品收在《李清照集》里。

李白是盛唐时期最伟大的浪漫主义诗人,被誉为"诗仙",作品收在《李太白全集》里。

杜甫是盛唐时期最伟大的现实主义诗人,被誉为"诗圣",作品收在《杜工部集》里。

白居易是中唐时期最伟大的现实主义诗人,作品收在《白氏长庆集》里。

杨万里是我国历史上写诗最多的诗人,一生作诗两万多首,作品收录于《诚斋集》。

关汉卿可以称得上是我国最伟大的戏剧家,代表作元杂剧《窦娥冤》。

谢灵运是我国第一位大量创作山水诗的文学家。

《西洲曲》《木兰诗》则分别代表了南朝和北朝民歌的最高成就。

二、现当代文学

(一)现代文学

现代文学是指1917年至1949年[①]在中国版图内产生的文学现象和文学创作的总和。中国现代文学在传统文学和外国文学的合力影响下,产生了最具影响力的四大文体——诗歌、小说、散文和戏剧。

1. 诗歌与散文

最先开启现代文学之门的是五四文学革命的先驱者胡适,1917年他率先在《新青年》发表白话诗。1920年胡适出版中国新诗史上第一部白话诗集《尝试集》。1921年郭沫若出版了中国新诗史第二部新诗集《女神》,传达出五四时期狂飙突进与个性解放的时代精神,是中国新诗真正的奠基之作。1921年1月在北京成立的文学研究会,标志着现代中国有了专门的文学社团。6月在日本东京,另一个具有代表性的文学社团——创造社成立。

20世纪20年代中期,中国新诗出现多种诗派与流向:以蒋光慈、殷夫为代表的,趋向于革命现实主义的"普罗"诗派;以闻一多、徐志摩、林徽因、朱湘等为主要成员,追求浪漫主义诗风的"新月诗派";以李金发、穆木天为代表的"象征诗派"。在散文方面,虽与传统散文有着直接的联系,但朱自清、冰心、鲁迅、周作人、林语堂等人的散文仍表现出较为鲜明的时代特征。本时期的重要作家作品有:

---

① 1917年胡适在《新青年》上发表《文学改良刍议》和《白话诗八首》,是中国现代文学史的起点。见朱栋霖、丁帆、朱晓进.中国现代文学(1917—1997)(上).北京:高等教育出版社,1999.

殷夫的《别了，哥哥》，闻一多的《死水》，徐志摩的《再别康桥》和《雪花的快乐》，李金发的《弃妇》，朱自清的《荷塘月色》和《背影》，冰心的《往事》和《寄小读者》，鲁迅的散文集《野草》等。

1930年，为与国民党争夺宣传阵地，中国左翼作家联盟（左联）在上海成立，旗帜人物是鲁迅。在左联的领导下，还出现了中国新文学史上第一个革命诗歌社团——中国诗歌会。

1931年九一八事变后，民族矛盾空前激化，救亡图存成为全民族第一要务，以民族与阶级解放为主题的现实主义诗歌成为主流。艾青的《雪落在中国的土地上》和《我爱这土地》，田间的《给战斗者》，臧克家的《老马》等都是这方面的代表作。与此同时，那些生活在上海、南京等国统区大都市里的青年知识分子，借鉴西方现代主义的表现技巧，先后以《现代》和《新诗》杂志为阵地，形成了中国式的现代诗派。戴望舒的《雨巷》，卞之琳的《断章》都是该派代表作。散文方面，以鲁迅的杂文、周作人和林语堂的小品文为主要代表。

在抗战后期和解放战争时期，现代文学出现了两大时空：国统区和解放区。国统区诗歌继续沿着现实主义和现代主义两条路子前行，前者有以艾青、胡风、牛汉、阿垅为代表的"七月诗派"，代表性作家作品有：艾青的《向太阳》、牛汉的《鄂尔多斯草原》、阿垅的《孤岛》等。后者有以穆旦、郑敏、陈敬容、袁可嘉等传承现代派风的"九叶"诗人群，其代表作有：穆旦的《赞美》和《春》，郑敏的《金黄的稻束》，陈敬容的《铸炼》。解放区诗歌在毛泽东《在延安文艺座谈会上的讲话》指引下转向为工农兵服务，主要传承民歌传统，代表性作家作品有：李季的《王贵与李香香》，阮章竞的《漳河水》。本时期散文创作以反映抗战现实的报告文学为主，如大型的报告文学集《中国的一日》，夏衍的《包身工》，宋之的的《一九三六年春在太原》；艺术性散文也有重要收获，如茅盾的《风景谈》和《白杨礼赞》，梁实秋的《雅舍小品》等。

2. 戏剧戏曲

现代戏剧主要是在西洋话剧的影响下产生的。最早接受话剧形式的曾孝谷、李叔同等人于1907年在日本东京创立了"春柳社"，并先后演出了《茶花女》第三幕和五幕剧《黑奴吁天录》。五四时期是话剧创作的尝试期，胡适的《终身大事》，田汉的《获虎之夜》和《南归》，郭沫若的《三个叛逆的女性》都是当时有较大影响

的话剧作品。

抗战前期是现代话剧创作的繁荣期，曹禺的《雷雨》《日出》《原野》和《北京人》，创造了中国现代戏剧文学的制高点。稍后又有夏衍的《上海屋檐下》和众多的抗战戏剧，成为这一时期戏剧繁荣的标志。

抗战后期和解放战争时期，以郭沫若的《屈原》为代表的一批历史剧，以陈白尘的《升官图》为代表的政治讽刺剧，成为国统区话剧创作的重头戏；以贺敬之等人执笔的《白毛女》为代表的新歌剧，还有陕甘宁边区对传统京剧的改编，上演的《逼上梁山》和《三打祝家庄》等新剧目，成为解放区戏剧戏曲改革与创新的典范之作。

3. 小说

现代小说也是在西洋小说和中国古典小说的共同影响下产生的。1918年鲁迅在《新青年》杂志上发表的第一篇白话小说《狂人日记》，成为中国现代小说的开端。稍后出现的"文学研究会"和"创造社"，成为五四时期孕育现实主义和浪漫主义小说的两大重要文学社团。本时期的重要作家作品有：鲁迅的小说集《呐喊》和《彷徨》，其中的《阿Q正传》《祝福》《药》《故乡》和《孤独者》都是经典之作；还有郁达夫的小说集《沉沦》，许地山的小说集《缀网劳蛛》，以及叶圣陶、王统照和庐隐等人的作品。

"左联"的成立促进了小说创作的进一步发展。抗战前期现实主义小说创作仍是主流，巴金的《家》，茅盾的《子夜》和《林家铺子》，老舍的《骆驼祥子》，沈从文的《边城》，以及叶紫和东北作家群等创作的小说，都真实地再现了民族与阶级矛盾日趋激烈的社会现实。抗战后期及解放战争时期，国统区仍延续现实主义主流传统，张天翼的《华威先生》、沙汀的《淘金记》、艾芜的《山野》、茅盾的《腐蚀》、老舍的《四世同堂》、巴金的《寒夜》等，从各个不同的侧面揭露了反动统治的黑暗腐朽。还有钱锺书的《围城》，张爱玲的《倾城之恋》和《金锁记》等。解放区所创作的小说也属于现实主义，作家努力深入生活，与人民群众逐步结合，他们创作的中长篇小说，反映了中国共产党领导下的广大农村天翻地覆的变革，着力刻画了工农兵新人的形象，著名的有丁玲的《太阳照在桑干河上》、周立波的《暴风骤雨》、赵树理的《小二黑结婚》《李有才板话》、孙犁的小说集《白洋淀纪事》等。

（二）当代文学

当代文学是指 1949 年中华人民共和国成立至今在中国版图内产生的文学现象和文学创作的总和。中华人民共和国成立前夕的 1949 年 7 月，中华全国文学艺术工作者代表大会在北平召开，长期被分离在国统区和解放区的文学工作者终于在这次会议上会师。会议正式确立了毛泽东《在延安文艺座谈会上的讲话》所提出的"文艺为工农兵服务"为新中国文艺的方向。这次大会一般被文学史家们称为"当代文学的伟大开端"。当代文学史一般按照新中国成立初十七年文学、"文革"时期的文学和改革开放后的新时期来分。

1. 诗歌与散文

新中国成立初十七年的诗歌和散文创作，其基本主题是歌颂新生的共和国和社会主义建设的新生活，当时影响较大且艺术水准较高的作家作品有：艾青的《礁石》，闻捷的《天山牧歌》（诗集），郭小川的《望星空》，贺敬之的《雷锋之歌》等诗歌创作；杨朔的《荔枝蜜》和《茶花赋》，秦牧的《土地》和《社稷坛抒情》，刘白羽的《长江三日》，吴伯箫的《菜园小记》，魏巍的《谁是最可爱的人》等散文作品。

"文革"也有部分未公开发表的诗歌创作，如穆旦的《冬天》。

新时期之初当代诗坛迎来了诗歌创作的黄金时期，具有现代主义特质的"朦胧诗派"应运而生，产出了一大批优秀作家作品，如舒婷的《祖国啊，我亲爱的祖国》和《致橡树》，北岛的《回答》和《迷途》，顾城的《我是一个任性的孩子》，梁小斌的《雪白的墙》等；巴金的反思性散文集《随想录》在当时引起较大反响。20 世纪 80 年代后期至 90 年代，诗坛上出现了以西川、王家新、欧阳江河为代表的"知识分子写作"，以及以于坚、伊沙为代表的"民间写作"，还有史铁生的散文《我与地坛》等；"学者散文"是八九十年代散文创作的一个主要现象，如张中行的《负暄琐话》、余秋雨的《文化苦旅》《文明的碎片》等是其代表。

进入 21 世纪后，以郑小琼、罗德远、卢卫平等为代表的"打工诗人群"的诗作和众多的网络诗歌渐成主流，但现代诗歌日渐式微的趋势已相当明显。

2. 戏剧戏曲

新中国成立初十七年在话剧创作上也有不小收获。老舍的《龙须沟》和《茶馆》，田汉的《关汉卿》，沈西蒙等人的《霓虹灯下的哨兵》，还有歌剧《洪湖赤卫

队》《江姐》，改编戏曲《十五贯》《李慧娘》，新编历史剧《海瑞罢官》等都是这一时期最有影响的作品。

"文革"时期戏剧方面的主要收获是革命现代京剧，如《红灯记》《沙家浜》《智取威虎山》等八个样板戏。

新时期戏剧创作仍以话剧为主，可以分为三类：第一类是具有写实倾向的再现型剧作，如李龙云的《小井胡同》，刘锦云的《狗儿爷涅槃》，何冀平的《天下第一楼》；第二类是具有现代主义特质的表现型戏剧，如贾鸿源等人的《屋外有热流》，陶骏等人的《魔方》；第三类是再现与表现兼容戏剧，如陈子度等人的《桑树坪纪事》，李龙云的《洒满月光的荒原》。新时期戏曲方面主要表现在传统戏曲的现代化探索上，代表性作家作品有：魏明伦的荒诞川剧《潘金莲》，陈亚先的新编历史京剧《曹操与杨修》。

3. 小说

小说是当代文学四大文体（诗歌、散文、戏剧、小说）中成就最为显著的。在十七年文学中小说创作是成就最高的文学样式，其中有革命历史题材小说：杜鹏程的《保卫延安》，杨沫的《青春之歌》，曲波的《林海雪原》；农村题材小说赵树理的《三里湾》，柳青的《创业史》，周立波的《山乡巨变》；工业题材小说艾芜的《百炼成钢》；商业题材周而复的《上海的早晨》。

"文革"时期小说创作也可圈可点之作，如浩然的两部长篇小说《艳阳天》和《金光大道》。

新时期是当代小说创作的又一个繁荣期。从 20 世纪 80 年代初的"伤痕文学"，到稍后的"反思文学"和"寻根文学"，再到 20 世纪 90 年代的消费型文学，都孕育出不少优秀小说作品，如王蒙的《春之声》，茹志鹃的《剪辑错了的故事》，韩少功的《爸爸爸》，张贤亮的《绿化树》和《男人的一半是女人》，王安忆的《叔叔的故事》，张承志的《心灵史》，陈忠实的《白鹿原》，贾平凹的《废都》和《高老庄》，张炜的《九月寓言》，余华的《许三观卖血记》，刘静的《父母爱情》等。

进入 21 世纪后的小说主要有三类：第一类是底层写作（也叫无产阶级写作），如尤凤伟、李佩甫的长篇小说《泥鳅》和《城与灯》，陈应松的《太平狗》；第二类是青春写作，如韩寒的《三重门》，郭敬明的《幻城》；第三类是网络写作，如《此间的少年》《成都，今夜请将我遗忘》等。此外，麦家的《暗算》《解密》等小说，被拍摄成电视剧后大受欢迎。莫言的长篇小说《蛙》获得2012年度的诺贝尔文学奖，是中国文学史上的重大突破。

知识拓展

"豪放派"与"婉约派"

宋朝词家辈出，这里我们介绍两种风格迥异的流派。一派叫作"婉约派"，以柳永为代表；一派叫作"豪放派"，以苏轼为代表。

柳永，原名三变，字耆卿，福建崇安人。北宋名噪一时的词人。他在宋词的发展上有重大贡献——成功地运用铺叙的手法，大大提高了词的艺术表现能力。

苏轼（1037—1101），字子瞻，自号东坡居士。四川眉山人。唐宋八大家之一，诗词也很出色。他对宋词的发展比柳永更大——把词的内容扩展到反映生活的各个方面，从而替词坛开辟了广阔的园地。

柳、苏在仕途上都历尽坎坷，但词风却迥然不同。柳善于写别情，善于捕捉冷落的秋景来点染离情别意，格调凄清婉约。苏一扫当时绮艳柔靡之风，笔力纵横，气势磅礴，开豪迈奔放的词风。据载：东坡在玉堂（翰林院），有幕士善讴。因问："我词比柳词何如？"对曰"柳郎中词，只好十七八女孩儿，执红牙拍板，唱'杨柳岸晓风残月'；学士词，须关西大汉，执铁板，唱'大江东去'。"公为之绝倒。这个故事很能说明柳词和苏词的不同风格。现在，我们对柳永的《雨霖铃》、苏轼的《念奴娇·赤壁怀古》这两首代表作试作一简要分析。

《雨霖铃》写别离之情，从开头未别时冷落的秋景写起，到最后以从此难期再见结束。全首或景中见情，或以情带景，层层深入，尽情铺展，充分表达了和爱人难以割舍的离情，并把仕途上失意、不得已离京远行的抑郁心情和失去爱情慰藉的痛苦交织在一起，情调缠绵而伤感。

《赤壁怀古》里的写景，着墨不多，却成功地表现出气势雄伟的"江山如画"景象。通过怀古，塑造出一个"雄姿英发"的英雄形象——这在文人词中还是第一次出现。结合写景和怀古，抒发了作者渴望为国家建功立业的胸怀。由于不能主宰自己的命运，词的结语流露了消极思想，但仍掩盖不住追求理想的豪迈心情。全词三部分内容环环相扣，联系非常紧密。

柳永的《八声甘州》《夜半乐》等作品，也都体现了婉约的风格；苏轼的《密州出猎》《水调歌头》，又展现了豪放的词风。继承柳永的有秦观、周邦彦等。著名女词人李清照则是婉约派的另一杰出代表。她的《声声慢》，反映了她遭到浩劫之后在孤苦伶仃的日子里煎熬的情景，凄楚悲凉。继承苏轼的有黄庭坚、晁补之、贺铸等。爱国词人辛弃疾突出地发扬了苏词豪放的风格。他的《永遇乐·京口北固亭怀古》，慷慨悲歌，抒发了老当益壮的强烈战斗意志。

从思想内容看，婉约派在离愁别恨中委婉地表达了对现实的不满，同时也有一些作品显得庸俗无聊；豪放派在积极进取中抒发了远大的理想，有时也在字里行间发出消极的感叹。但是，瑕不掩瑜，他们的许多辞章都是我国文学史上的宝贵财富，值得我们今天借鉴。

课后练习

1. 被称为"诗圣"的诗人是（　　）。

A. 杜甫　　　　B. 礼拜　　　　C. 王维　　　　D. 白居易

【答案】A

2. 王维是中国（　　）的重要代表人物之一。

A. 边塞诗　　　B. 婉约派　　　C. 豪放派　　　D. 山水田园诗

【答案】D

3. 《定风波》这首词的作者是北宋著名文学家（　　）。

A. 司马光　　　B. 王安石　　　C. 苏轼　　　　D. 沈括

【答案】C

4. 《望海潮》一词的作者是（　　）。

A. 苏轼　　　　B. 李清照　　　C. 辛弃疾　　　D. 柳永

【答案】D

5. 我国第一部诗歌总集是（　　）。

A.《山海经》　　　　　　　　B.《孔雀东南飞》

C.《诗经》　　　　　　　　　D.《离骚》

【答案】C

6. 关汉卿是我国最伟大的戏剧家,他的代表作是(　　)。

A.《西厢记》　　　　　　　　B.《牡丹亭》

C.《窦娥冤》　　　　　　　　D.《拜月亭》

【答案】C

任务二　汉字起源与演变

情景导入

河南导游小李将要带领一队研学团参观中国文字博物馆,这座博物馆就位于甲骨文的故乡河南省安阳市,它是经国务院批准建设的集文物保护、陈列展示和科学研究为一体的国家级博物馆,是中华汉字文化的科普中心,全国科普教育基地,爱国主义教育基地。接到任务后,小李赶紧准备,把有关中国文字的相关知识找来学习,又对展览中陈列的展品进行了详细的了解,查找资料,充分准备。最终圆满完成了此次研学导游任务,获得了同学们的一致好评。

接下来就让我们一起学习中国汉字的起源与发展。

基础知识

汉字是世界上最古老的文字之一,也是世界上唯一从古代一直演变而来没有间断过的文字形式。

汉字和汉字文化是中华文化的重要组成部分,又是中华历史和文化的书面记录。在世界表意和表音的两大文字体系中,汉字属于表意文字系统,是一种表意兼具表音的文字。

一、汉字起源

远古先民曾通过结绳、结珠、讯木、堆土等方法来记事和交流,后又发明了契刻的方法。伴随着中华文明的发展,汉字得到产生、成熟并一直在完善之中,是世

界上历史悠久、使用最广泛的文字之一,从比较成熟的甲骨文算起,已有3000多年的历史。

关于汉字的起源,仓颉造字的传说在中国历史上流传很广。相传仓颉是黄帝的史官,他受鸟兽脚印的启发,模仿着画出一些图画,而后逐渐得到认可进而形成文字。

主流观点认为,世界上所有的自源文字都起源于图画,如古埃及的圣书字、古代苏美尔人的楔形文字以及中国商代的甲骨文,都起源于图画。其发展方向有两个:一个发展为现代绘画艺术,一个用来记事或传递信息,后者是文字的前身。

二、汉字演变

从商代甲骨文到现在所使用的楷书字,汉字的形体经历了一个漫长的演变过程。大致可以分为六个阶段:商代的甲骨文、周代的金文、战国文字、秦代的小篆、汉代的隶书、魏晋至今的楷书(包括行书与草书)。

(一)甲骨文

甲骨文,主要指刻写在龟甲兽骨上的文字。商朝人崇尚鬼神,事无巨细都要用甲骨卜问吉凶。每次占卜的内容有时连同应验的结果都刻在龟甲和兽骨上,称为卜辞。殷商王朝灭亡之后,这些特殊的文字长期埋没于殷商古都安阳的地下,直到1899年,王懿荣在偶然的机会中发现了甲骨文,引起世界轰动,因而他被誉为"甲骨文之父"。

甲骨文是我们今天所能见到的较早的汉字。从字形来看,虽然已成体系,但还不规范。象形、表意字比较多,形声字只占很小一部分。有不少字依然保留着很强的图画性,比如牛、羊、车、马等,都是如此。许多字形结构还不确定,有的正反没有区别;有的笔画可多可少;有的偏旁部首位置可以互换。这些现象说明,甲骨文时代汉字的结构还处于变化活跃的阶段,是汉字发展早期特征的体现。

(二)金文

金文又称钟鼎文,是古代铸(少数是刻)在青铜器物上的文字。始于夏商时代,盛于周代,一直延续至秦汉。我们现在所说的金文,主要是指代表金文鼎盛时期的西周金文,以大盂鼎、毛公鼎、史墙盘等青铜器铭文为代表。西周金文除了极少数族徽性质的文字还保留着比甲骨文更原始、图画性更强的形态外,大多数字形的直观表意性减弱，书写符号性增强。其次，字形结构趋向稳定，偏旁部首混用的现象大为减少，比如甲骨文中的"牧"字，偏旁可以是牛、羊、马，西周金文中则固定为牛，淘汰了其他两种。偏旁部首的位置也逐渐固定下来，异字同形等现象大为减少。从字形结构来说，形声字开始大量增加。

（三）战国文字

战国时期，各诸侯国征战频繁，政治经济文化差异较大，书写文字的材料众多，文字的种类也非常丰富，字体字形相差较大。有用毛笔写在竹木简上的简册文字，有写在丝织品上的帛书文字，还有写在玉石片上的盟书，铸（或刻）在金属器物上的铭文，刻在石头上的石刻文字，以及各种印章上的玺印文字等。

从字形来看，战国文字虽然是上承甲骨文、金文发展而来，但是最突出的特点是形体各异，同一个字不仅在不同的地区结构字形有差异，即使在同一地区也往往有所不同，体现出文字书写随意性过大，很多字体无规律可循的特点。

（四）小篆

秦始皇统一六国之后，鉴于各国文字差异，文化阻隔，实行"书同文"的政策，推行小篆为标准字体。这些举措的推行，结束了长期以来各国文字结构不同、形体杂乱的局面，极大地促进了古代中国统一的政治、经济、社会、文化的发展。

小篆是古文字形的终结，主要特点是固定了偏旁部首的位置和写法，固定了每个字的笔画数，基本上做到了定型化。其次是书写形式整齐划一，笔画不论横竖曲直，一律用粗细均匀的线条。古文字中的象形表意字就被进一步抽象化、线条化、规整化，更加符号化。同时，汉字整个构形系统得到进一步的完善与加强，为后来今文字（隶书、楷书）的发展奠定了良好的基础。

（五）隶书

隶书历史上也称佐书、八分，是以点、横、掠、波磔等点画结构取代篆书的线条结构的一种字体。

隶书在演变过程中，其构形和笔势形态也有很大变化。在初创阶段，因从篆书发展而来，大多还带有浓厚的篆书意味，点画用笔的特点也不很突出，尤其是波磔不明显。后来经过长期发展，不断加工、改造和美化，隶书才从根本上改变了篆书的构形和笔势，成为一种独具特色的新字体。

（六）楷书

楷书也叫真书、正书，产生于汉末，盛行于魏晋南北朝，一直沿用至今。楷书是由隶书经过长期演变发展而成的。"楷"即楷模的意思，即楷书可以作为书写的楷模。

（七）草书

草书是指在隶书基础上演变出来的一种结构简省、笔画连绵的书体，形成于汉代，是为书写便捷而出现的一种字体。

初期的草书，打破隶书方整规矩严谨，是一种草率、潦草的写法，称为"章草"。汉末，章草进一步"草化"，脱去隶书笔画行迹，上下字之间笔势牵连相通，偏旁部首也做了简化和互借，称为"今草"。到了唐代，今草写得更加放纵，笔势连绵环绕，字形奇变百出，发展出以张旭、怀素为代表的"狂草"。

到了现代，草书实在难以辨认，渐渐失去了文字的使用价值，只作为汉字特有的一种书法艺术表现出审美价值。

草书形成后随着汉文化的向外流传而影响到东南亚地区，日语中的平假名便是以汉字的草书形式为蓝本创作的。

（八）行书

行书是楷书与草书之间的一种字体，是为了弥补楷书的书写速度太慢和草书的难于辨认而产生。其中，楷法多于草法的叫"行楷"，草法多于楷法的叫"行草"。行书具有较高的使用价值，具有与楷书同等重要的作用。人们在日常书写中，一般都使用行书。

东晋王羲之所书《兰亭集序》有着"天下第一行书"的美誉。唐代颜真卿所书《祭侄文稿》，古人评之为"天下第二行书"。而苏轼的《黄州寒食帖》则被称为"天下第三行书"。

（九）宋体

宋体又称明体，是中国书法与雕版印刷相结合后出现的一种字体。宋体兼具传统书法的魅力和木刻艺术的韵味。

宋体由于占据版面较小，还能保持不错的清晰度，成为古代印刷首选字体。随着汉文化的传播而影响广泛，时至今日，宋体成为汉字印刷使用最广泛的字体。

三、汉字结构

（一）六书

六书，首见于《周礼》，汉代学者把汉字的构成和使用方式归纳成六种类型，总称六书。普遍采取的是许慎的名称、班固的次序，是最早的关于汉字构造的系统理论。当有了六书系统以后，人们再造新字时，都以该系统为依据。许慎在《说文解字》中提出了六书的概念：象形、指事、会意、形声、转注、假借。一般认为，前四种为汉字的造字规则，后两种是汉字的使用法。

汉字的产生和发展，是逐步规范化的过程。汉字实现了笔画的线条化、字形的符号化和结构的规范化，不断从繁到简、从难到易。

（二）汉字简化

汉字从甲骨文到金文再到小篆、隶书、魏晋唐楷，一直是在一个简化的过程。纵观汉字发展和演变的过程，字形的趋简与趋繁是相互交错、间而有之的。在历史上，繁与简多是通过社会用字的自然选择来进行调剂和寻找平衡。从汉字发展演变阶段来考察，从商代甲骨文到西周金文，繁简相当，变化不大；从周代金文到战国文字，简略多于繁；从战国文字到秦篆，繁略多于简；从秦篆到汉隶，简明显多于繁；由汉隶到唐楷，繁又略多于简。现今人们所认为的汉字简化主要指的是近代时期汉字的简化。

1. 清代时期汉字简化运动

清代时期汉字简化运动主要是太平天国时期的汉字简化和"百日维新"中汉字简化的主张。

近代汉字简化运动，源于太平天国。为了提升识字率，在太平天国玉玺及官方文件都书简体。其中，最有名的字是将"国"里的"或"改成"玉"，不过太平天国灭亡后，文字简化运动也停止了。

清朝末年，维新运动主要人物如康有为、梁启超、谭嗣同等皆主张文字拼音化，但是维新运动只有百日，加上拼音化后同音字的问题，拼音化运动也胎死腹中。

2. 民国时期汉字简化运动

五四运动后，伴随着新文化运动，很多知识分子提出简化文字，提升国民识字率以提高知识水平。1922年钱玄同在北洋政府国语统一筹备会提出《减省汉字笔画

方案》，还提出汉字拼音化，不过由于中国字同音字很多，拼音化行不通，于是废止。

1935年春，上海文化界发起大规模汉字简化运动，当时称为"手头字运动"。意即一般人怎么写，书就怎么印，使得文字比较容易写、容易认，更能普及大众。同年8月，国民政府公告第一批简化字324个。但是，立刻遭到国民党元老戴季陶等的反对。结果，于1936年2月废止使用。

3. 新中国汉字简化运动

1949年，中华人民共和国成立，1952年2月成立中国文字改革研究委员会，收集民间及民国以来主张汉字简化学者的建议，1954年底提出"汉字简化方案"草案，1955年2月公布于《人民日报》上，7月，国务院成立"汉字简化方案审定委员会"，于1956年1月28日通过简化字515字及简化偏旁54个。

1964年，国务院又公告了《简化字总表》，共2236字，这就是简体字。

1986年，国家语言文字工作委员会重新发表简化字总表，而且和文化部教育部同时发表《关于简化字的联合通知》，一致表示：汉字的形体在一个时期内应当保持稳定，以利应用。至此，大陆汉字简化运动暂时告一段落。

2000年12月，人大常委会通过了《国家通用语言文字法》，并定于2001年1月1日生效。国务院以法律形式确定普通话和规范汉字作为国家通用的语言文字地位，同时对方言、繁体字和异体字作为文化遗产加以保护，并允许在一定领域和特定地区内长期存在，但不能在普通话播音和电影中夹杂滥用。

汉字的简化包含两个方面的内容：一是简化字形，二是削减常用字的字数。前者采用各种方式（例如简化偏旁部首、取原字形的某一部分或轮廓、重造新字等），将一部分常用字的形体进行改造，使字的结构简单、笔画减少而便于书写，所涉及的主要是"形"的问题。后者则选留某些字同时废弃某些字，是对字的记词职能进行调整或归并，所涉及的主要是"义"的问题如果只是字形的简化，问题就比较简单，只需要认识一般相应的繁体字就行。如果既涉及字形又涉及字义，问题就没有这么简单。比如明代的万历皇帝，如果用繁体字应该写作"萬曆"而不是"萬歷"，因为表示经历的"歷"和表示历法的"曆"，不仅字形不同，字义也有差异，简化字统一简化为"历"。具体到景点中出现的古代特定称谓，要特别注意区别。

知识拓展

汉字之美

汉字与表音的拼音文字相异的一个突出方面是具有独特的形态美。希腊字母、拉丁字母、斯拉夫字母、阿拉伯字母、朝鲜字母等等,用几十个字母,排列组合成各自的文字。汉字则在方块形内以一种潜藏着的审美理想,精巧建构,不仅使汉字成为记录语言的符号,而且使这符号本身具有独特的形态美,而且汉字中又含有深层的意蕴美。书法家又对汉字种种美进行卓越的创造,一字可以有千种意态,一字可以传达万种风情,一代有一代创造,一家有一家的创造。

汉字有形象意境之美。构成汉字符号的物质形式是字形,汉字的字形是以象形为基础的。现在能看到的最早的较成熟的汉字是甲骨文。甲骨文已具备"六书",以象形字最为突出。这表现在两方面:一是所占比例很高,近百分之八十;二是许多象形字近于绘画。在甲骨文中,人体的眉、目、耳、手是象形,动物的牛、羊、虎、鹿是象形,植物的木、禾、米、黍是象形,自然的山、水、云、电是象形,事物的舟、车、井、田是象形,如此等等,不烦列举,"画成其物、随体诘诎",是共同的特点,创造了生动的汉字形象美。甲骨文中其他"三体",也是以象形为基础的。会意字,往往是两个或两个以上的象形符号组成,形符亦由象形汉字从甲骨文而演变为金文,继而为篆书、隶书、行草、楷书,原先甲骨文的象形意味渐为减少,到楷书已基本上看不出汉字的象形来了。其中隶变是一个历史的转折,而楷书又是一变,先前汉字的象形面目已难认清,成了不象形的象形字。美学家宗白华说:"中国字在起始的时候是象形的,这种形象化的意境在后来'孳乳浸多'的'字体'里仍然潜存着,显示着形象里面的骨、筋、肉、血,以至动作的关联。后来从象形到谐声,形声相益,更丰富了'字'的形象意境,象江字、河字,令人仿佛目睹水流,耳闻汩汩的水声。"(《艺境》)宗先生的深刻,不仅在于揭示了象形字的形象,而且进一层显现了形声字(占汉字绝大比例)的形象意境美,那种在视觉形象与听觉形象的联觉之中表现出来的美!汉字,独体的"文",合体的"字",将天地万物的生命形象、韵律、音响摄取,融铸成形象意境,可感,生动,丰富!汉字是将文字符号与艺术符号共载一体之内,始终结伴而行,形成了与其他纯粹表音文字不同

的二重组合。

结构的多样和谐美，作为汉民族思维载体的汉字又反映出我们民族独特的审美思维，其结构是多样和谐的美。其一，齐整与参差相结合的美。从甲骨文开始，汉字不管象什么形，或大或小，都是用一个方块形来作为基本框架，这种特征决定了几千年来汉字始终是方块字。然而，汉字简至一画，繁至数十画，因此几乎各个汉字内部均有一番细密的策划，包含着变化的参差美。其二，部分与部分间的和谐美。汉字在笔画的基础上构成偏旁、部首等，然后有机地组成汉字。象形者摹示实物，在随体诘诎中显示其和谐。指事者，会意者，形声者，则是象形部分与指示符号、象形部分与象形部分、象形部分与声旁的密切缔结，部分与部分在指向同一意义上有机地统一起来。其三，整体上一与多的秩序美。数以万计的汉字显示其内部结构的秩序美，基本上由"六书"条贯之。这些都表明了汉字结构的美是多样的而又和谐的。

汉字潜隐着深层意蕴之美。汉字独特的形态美也体现了我们民族认识世界的抽象概括能力，在结构的美中还含有深层的意蕴美。这种意蕴美包含形式美、结构美、生命美、流动美。汉字结构精神，这种深层意蕴美是与中国古代哲学、美学中的"人本位"相契合沟通的。以"人"和"人生"为本位的思想、性格与我们的民族紧密相连，而鲜明地反映、渗透在哲学、美学中，又反映、渗透于汉字的结构形状中。在汉字的结构形状中，古代取象于天地间万物，从中感知到自然之美，而且与自然保持一种微妙的关系。在甲骨文中，"虎"有虎形，"鹿"有鹿形，"鱼"有鱼形，"鸟"有鸟形，各示其特征及美，虎之斑纹，鹿之双角，鱼之乐水，鸟之丰羽，反映出各自的自然美。然而古人又把人与万物相联系，发现人与万物间确有某种内在的同形同构的关系，从而在汉字中又"人化"之。

数千年的书法家对于汉字的种种美质又进行了热情卓越的创造。他们将汉字构成血肉灵魂共具的生命形象，表达自己的审美理想，启示生活的内容和意义。这种汉字的书写美是别的拼音文字所无法企及的。

模块二：中国文学知识

课后练习

1. 中国最早的文字是（ ）。
   A. 甲骨文　　　B. 大篆　　　C. 金文　　　D. 石鼓文
   【答案】A

2. 秦始皇统一六国后，施行"书同文"的政策，推行（ ）为标准字体。
   A. 大篆　　　B. 小篆　　　C. 隶书　　　D. 楷书
   【答案】B

3. 楷书产生的朝代是（ ）。
   A. 秦末　　　B. 汉末　　　C. 魏晋南北朝　　　D. 唐初
   【答案】B

4. 汉字印刷使用最广泛的字体是（ ）。
   A. 行书　　　B. 宋体　　　C. 楷书　　　D. 隶书
   【答案】B

5. 被称为"甲骨文之父"的是（ ）。
   A. 郭沫若　　　B. 王懿荣　　　C. 刘鹗　　　D. 王国维
   【答案】B

任务三　古诗词格律与楹联常识

情景导入

导游员小王接到一个导游任务，带领游客到四川成都参观"杜甫草堂"，它是在杜甫流寓成都时的故居遗址上建立起来的纪念性建筑，蜚声全球的著名文学圣地。接到任务后，小张赶紧准备，把有关杜甫的生平以及他的作品又重新复习了一遍，又对草堂具体位置和内部陈设进行了详细的了解，查找资料，准备充分。最终圆满完成了此次导游任务，获得了游客的一致好评。

导游员小王认真钻研的精神值得我们学习，下面就让我们共同了解一下中国诗词格律和楹联常识。

基础知识

一、诗词常识

（一）古代诗歌基础知识

1. 古代诗歌的起源与演变

我国古代诗歌有悠久的历史，可资凭信的最早的诗歌，就是收集在《诗经》里的300多首诗。

（1）四言诗

《诗经》中的作品，大部分是四字一句的，诗文中每一个字叫作一言，四字一句的诗就叫作四言诗。因此，四言诗是我国诗歌最早出现的形式之一。

《诗经》中另有一部分作品，句子长短不一，这种形式的诗，习惯上称为杂言诗。在《诗经》出现大约300年后流行于楚国的楚辞，也是字数长短不一的杂言诗。杂言诗这种形式，由于句式能自由安排，一直为后代的诗人采用。

四言诗到了汉代，写的人就日渐稀少，代之而起的是五言诗。这是由于随着时代的发展，社会生活日渐丰富，语言词汇也日益增多，诗人用四言形式写作，在词汇运用以及意思表达上受到局限，这就促使诗人突破四言诗形式，创造了五言诗代替四言诗，从而使诗歌的容量有了很大提高，可以用来表达更为复杂的意思。但是四言诗并没有完全绝迹，从汉魏六朝一直到唐宋，也还有人写四言诗，但数量不多。

（2）五言诗

五言诗句在《诗经》中已经出现，如《召南·行露》篇的后两章，其中五言句子占多数。但这还不是完整的五言诗。西汉到东汉时一些无作者姓名的五言诗，应该算是最早的完整的五言诗，比如《古诗十九首》等。

五言诗从西汉时期出现后，逐步为诗歌作者所接受，代替了四言诗的地位。自汉末建安时期到魏晋南北朝，五言诗成为诗歌作者通用的体裁，产生了不少优秀的作品。五言诗最短的只有两句、三句，而以四句、六句、八句的比较常见，十句以上的也为数不少。从韵律来看，隔句用韵的居多数，其中有用平声韵的，有用仄声韵的，也有平声韵和仄声韵夹杂运用的，形式不拘。

（3）七言诗

与五言诗具有同等地位的是七言诗。七言古诗在古代诗歌中，是形式最活泼、体裁最多样、句法和韵脚的处理最自由，而且抒情叙事最富有表现力的一种形式。

关于七言诗的起源，前人说法不一，有的认为起源于楚辞，理由是楚辞某些句子中的语气词"兮""只"等省去后，就成了七言诗。有的人认为起源于民间歌谣，理由是西汉年间流传的歌谣有的是七字一句的。

现存最早的完全成熟的七言诗，是三国时魏文帝曹丕的两首《燕歌行》。曹丕虽然作了这两首七言诗，但当时的诗人们仍然只注重写五言诗。到南朝宋时，七言诗的写作才逐渐受到关注。鲍照是我国第一个大量写七言诗的人，代表作《行路难》十八首中就有著名的纯七言诗。与鲍照同时的谢惠连和谢庄，也都写过一些七言诗。自此，七言诗这种形式就已奠定基础。从南北朝梁代起，已开始出现七言近体诗的雏形，发展至唐代，终于正式形成了近体诗七言绝句和七言律诗。直到后代，七言古诗和七言近体诗都是诗人使用的主要形式之一。

2. 古代诗歌的种类和格律常识

中国古代的诗歌可分为古体诗和近体诗两大类。

（1）古体诗

古体诗又称"古诗""古风"，是指同近体诗相区别的不受格律限制的古代诗歌。古体诗产生较早，其名则始于唐代近体诗成熟时。唐代以后的一些仿效古体形式而写的诗歌，也称为"古诗"或"古体诗"。

古体诗与近体诗是从格律的角度来划分的，一般是指唐代近体诗产生之前的诗歌，但古代谣谚、诗经、楚辞和乐府诗等，因各有特点、另立门类，并不包括在"古体诗"的范围内。

古体诗除了押韵以外，不受任何格律限制，写作时比较自由。它在体制上有下面几个特点。

第一，句数、字数不限。古体诗每句的字数没有限制，三言、四言、五言、六言、七言、杂言都可以。一般按诗句的字数分类，四字一句的称为四言古诗，简称"四古"；五字一句的称五言古诗，简称"五古"；七字一句的称七言古诗，简称

"七古"。句子字数不整齐的古诗，称杂言古诗。纯三言、六言的古体诗并不多见。

再就组成一首诗的句数来看，每首古体诗的句数也是没有限制的，作者可以根据内容需要自行安排长短，短则三四句，长则数十句、上百句不等。最长的古体诗是《孔雀东南飞》，共有357句。既然句数不限，诗人就可以自由地组织篇幅，充分地进行叙事、议论和抒情。

第二，用韵比较自由。古体诗既可押平声韵，也可押仄声韵，还可以两者交替使用。可以句句押韵，也可以隔句押韵，甚至三句、四句押韵。有的古体诗从头至尾一韵到底，也有的中间换韵，有的换韵有规律，有的则无规律可循。韵脚字有选用同一韵部字的，也有使用相邻韵部字的。古体诗还允许韵脚重复，这些都表明古体诗的用韵比较自由，没有什么限制。

第三，不讲究平仄。古体诗在平仄上没有特殊规定。

第四，不用对仗。古体诗一般不用对仗，即使偶尔出现对仗，也不是格律的要求，而只是修辞的需要。如用对仗，也不规定位置。对仗也不避重字。如李白的《月下独酌》中，"我歌月徘徊，我舞影零乱。醒时同交欢，醉后各分散"几句，出现在诗的后部，且"我"字重复。

（2）近体诗

近体诗又称今体诗，是相对于古体诗而言的。近体诗在篇章、句式、字数、平仄、对仗、音律等方面都有严格规定，因此又被称为格律诗。

古体诗发展到南朝齐梁时代，诗体发生了变化，随着四声的发现，在诗歌创作中开始讲究平仄，即在一句之内，平仄相间，两句之中，平仄相对，这就是所谓"永明体"的基本格式。永明体除了声律要求外，还注重辞藻和对仗。

到唐代，正式形成了以讲究平仄和对仗为特点的近体诗。近体诗在体制上有不同于古体诗的显著特点。从形式上看，近体诗包括律诗、绝句、长律三大类。从句式上看，分五言、七言两大类。

所谓律诗，就是每首八句，在押韵、平仄、对仗等方面有严格规定的近体诗。每句五个字的叫五言律诗，每句七个字的叫七言律诗。而每首四句的近体诗就称为绝句。每句五个字的叫五言绝句，每句七个字的叫七言绝句。十句以上的格律诗叫长律，或叫排律。律诗的八行可分为四联，有专门的名称：首联、颔联、颈联、尾联。一联中上句叫出句，下句叫对句。

除了形式和句式外，近体诗在平仄、对仗和押韵三方面也表现出与古体诗显著的不同。

第一，讲究平仄。

近体诗讲究平仄，就是说在一句之中平声与仄声相间，在一联之中平声与仄声相对，两联之间平声与仄声相粘，使平声和仄声在诗句中变换使用，从而造成音律的抑扬顿挫、和谐优美。

律诗要讲究"对"和"粘"。"对"是指一联之内，出句与对句的平仄要对立，如果出句用的是平声字，那么对句在同一位置上必须用仄声字，即，平对仄，仄对平。"粘"是指两联之间，后一联出句第二字的平仄与前一联对句第二字的平仄要相一致，即平粘平，仄粘仄。如果违反了规定，则是"失对""失粘"，为诗家大忌。

第二，要求对仗。

所谓对仗，是指在诗文之中，上句与下句的字面与音节两两相对。对仗是近体诗的体制要求。律诗的对仗一般是在颔、颈两联，也有一些律诗，首联就对仗，如王湾的《次北固山下》等；尾联用对仗的不多，如杜甫的《闻官军收河南河北》。

对仗的上下句在句法结构上应该相同，也就是说，主谓结构对主谓结构，述宾结构对述宾结构，偏正结构对偏正结构，等等。

必须是词类相同的词才能构成对仗，即名词对名词，动词对动词，形容词对形容词，虚词对虚词等。其中名词内的划分非常细致，分成天文、地理、时令、宫室、饮食、衣饰、草木、人事、鸟兽鱼虫等小类，对仗时要特别注意。互为对仗的两句之中，用字也很严格，不能重复使用同一个字，尤其要避免同字相对。

对仗主要有下列几种形式。

①工对。是指对仗工稳妥帖，完全符合标准的对句。不仅句法结构、词类要相同，遇到名词还要顾及小类。工对的句意不能重复，否则就称为"合掌"，乃诗家之大忌。比如晚唐韦庄《夜雪泛舟游南溪》的颔联："两岸严风吹玉树，一滩明月晒银沙。"就是标准的工对。

②宽对。是指要求不甚严格的对仗，只要词类相同、句法结构大致一样即可，并不要求小类一定相同。比如李白《登金陵凤凰台》中的颈联："三山半落青天外，二水中分白鹭洲。""青天"与"白鹭"小类不同，"青天外"与"白鹭洲"句法结

构也不相同，但两句仍然是对仗。

③流水对。是指一联中出句与对句的句意相连，构成一个完整意思的对仗形式。比如李商隐《马嵬》中的颈联："此日六军同驻马，当时七夕笑牵牛。"上下句互为因果，构成一个完整意思。

④借对。是指用于对仗的词语，字面能对而词意不能对，或者字的谐音能对而词义和字面不能对的对仗形式，又叫"假对"。李商隐《马嵬》诗的颈联中，以名词"牵牛"对动名词"驻马"，字面能对而词意不能对，就是用的借对方式。

至于字面不能对而借谐音来对的例子，如刘长卿《新安奉送穆谕德》中的"事直皇天在，归迟白发生"就是借"皇"为"黄"，与"白"相对。

第三，押韵严格。

押韵，是指诗歌中每句或者隔句的最后一个字应该属于同一个韵部（古人将同韵的字归入一部，叫韵部），使之产生声音回环的和谐感，这是诗歌的重要特征。

近体诗押韵有下面几点要求：

①只押平声韵，并且要一韵到底，中途不得换韵。

②押韵字的位置固定在对句的末尾，即律诗的二、四、六、八句，绝句的二四句。首句可入韵，也可不入韵。在通常情况下，五律首句不入韵，七律首句多数用韵。如果首句不入韵，这一句的尾字一般都用仄声，不用韵的第三、五、七句的尾字，都必须用仄声字。

③必须押同一韵部的字，不能出韵。但如果是首句入韵，可以借用邻韵的字作首句的韵脚字，称为"借韵"。

（二）古代词基础知识

词，是一种依照乐谱曲调来填词的诗歌体裁，它萌芽于隋，兴起于唐，成熟于晚唐、五代，大盛于两宋。

1. 词的形式特点

（1）词的名称

词原本是音乐文学，是为配合乐曲而填写的歌词，所以全称为曲子词，简称为词。按曲子的节奏填词，很难都用整齐的五言、七言来填，因为曲子总有长短快慢，所以除有极少数的例外，一首词中句子总是长短参差的，故词又称长短句。词还有乐府、歌曲、乐章等名称，也都可以看出它与音乐的关系。较为晚出的诗余之称，将词说成是诗的余绪（贬低词的说法），或以为词是由诗增减字数、改变形式而演化成的，只着眼于诗词语句篇章的异同而没有考虑音乐对词的产生所起的决定性作用，因而是不太符合实际的。

（2）词调

词除句有长短外，还有一些体裁特点是有别于诗的。首先是每首词都有词调，也叫词牌。所谓词调就是词写作时所依据的曲调乐谱的名称。词在初起时，词调往往就是题目，名称与所咏的内容一致，比如白居易的《忆江南》；后来继作时，因为名称与所咏的内容不一致，又另加题目或小序（当然也可以不加），词调便只有曲调与格律的意义了。一个词调，调名往往不止一个，如《木兰花》又名《玉楼春》，《蝶恋花》又名《凤栖梧》《鹊踏枝》等。其中一个是本名，其他是别名；别名多的，可多至七八个，原因各有不同。

词调中有些特殊用字也必须介绍一下。带"子"字的，如《采桑子》《卜算子》等，"子"就是曲子的省称。带"令"字的，就是令曲或小令；一般是字少调短的词，可能起于唐代的酒令，比如《如梦令》等。带"引"字、"近"字的，则属中调，一般比小令要长而比长调要短（不足100字），比如《青门引》《好事近》等。带"慢"字的，是慢曲子，即慢词，大部分是长调，比如《声声慢》等。

例如《菩萨蛮》，据说是由于唐代大中初年，女蛮国进贡的人梳着高髻、戴着金冠、满身璎珞（璎珞是身上佩挂的珠宝），像菩萨，《菩萨蛮》因此得名。当时教坊因此谱成《菩萨蛮》曲。据说唐玄宗爱唱《菩萨蛮》词，可见是当时风行一时的曲子。《西江月》《卜算子》《风入松》《蝶恋花》等，都是属于这一类来自民间的曲调。

再如《忆秦娥》，因为依照这个格式写出的最初一首词开头两句是"箫声咽，秦娥梦断秦楼月"，所以词牌就叫《忆秦娥》，又叫《秦楼月》。《忆江南》本名《望江南》，又名《谢秋娘》，但因白居易有一首咏"江南好"的词，最后一句是"能不忆江南"，所以词牌又叫《忆江南》。《如梦令》原名《忆仙姿》，改名《如梦令》，这是因为后唐庄宗所写的《忆仙姿》中有"如梦，如梦，残月落花烟重"等句。

《念奴娇》又叫《大江东去》，这是由于苏轼有一首《念奴娇》，第一句是"大江东去"。又叫《酹江月》，因为苏轼这首词最后三个字是"酹江月"。

(3) 词的分片

词的分片，也是与诗明显不同的地方。词除很少数小令是不分段的单片词称单调外，绝大多数都分为两段称双调。一段叫一"片"，片也就是"遍"，是音乐已奏了一遍的意思。乐曲的休止或终结叫"阕"，所以片又叫阕。双调词通常称第一段为上片或上阕、前阕，第二段为下片或下阕、后阕。上下片的句式，有的相同，有的不同。长调慢词中有少数是分三段，甚至四段的，称"三叠""四叠"。三叠的词中，又有一种是"双拽头"的，即一叠与二叠字句全同，而比三叠来得短，好像前两叠是第三叠的双头，比如周邦彦《瑞龙吟》。四叠词极少，今仅见吴文英《莺啼序》一调，共240字，是最长的词调。片与片虽各成段落，但在处理上片下片的关系方面也有讲究。下片的起句叫"换头"，在做法上又称"过片"。过片，不要断了曲意，需要承上接下，也就是说曲之意脉不能断。

(4) 词的押韵

词的押韵与诗的情况也不一样。词的韵位，大都是其所合的音乐的停顿处。不同曲调音乐节奏不同，不同词调的韵位也有区别，有疏有密，变化极多，有时一首词中韵还可分出主要和次要来。这样的押韵法，是诗中所未有的。当然，词的用韵，从合并韵部、通押上去声来看，又比诗的用韵要宽些。

2. 词的发展流变

(1) 萌芽——隋至中唐

词最初起源于民间，文人词在初唐、盛唐几乎是凤毛麟角。到中唐白居易、刘禹锡时代，词才算略有一席之地，但所作多半是《忆江南》之类的小令，作者填词，也只是偶尔为之。

(2) 发展——晚唐、五代

到晚唐温庭筠、韦庄，词的创作出现了重大的飞跃。有了一批专长于填词的作家，词的体裁形式和表现技巧也完全成熟了。以他们为代表的花间派词人的作品基本上都是为娼妓和教坊乐工而创作的，爱情相思、离愁别恨，几乎成了这些词的唯一主题，词的语言风格也以绮靡艳丽为主。

五代词人中还有三位大词家：南唐中主李璟、后主李煜以及冯延巳，他们的大多数词作反映的是宫廷贵族风流逸乐的生活，与花间派的题材、风格相近，但在艺术境界上有明显的提高。特别是南唐亡国以后，李煜所作之词，大多伤悼身世遭遇，寄托故国哀思，以淳朴的白描手法来抒发内心真实而深切的感受，风格哀婉，一扫花间风格，把词境推向了唐五代词的最高峰。

(3) 鼎盛——南宋、北宋

北宋前期的词是唐五代词的延续，虽然题材范围略有扩大，但基本上仍不出爱情、相思、离别、游宴、赏景等范围，多数作者仍然以词为诗文余事。

柳永是北宋第一个致全力于词作的文人，他创作了不少慢词，提高了词体的表现能力，扩大了词的题材领域，这是对词发展史的一大贡献。他的词在当时流传颇广，所谓"凡有井水饮处，皆能歌柳词"。

苏轼以其非凡的天才放笔挥洒，怀古、记游、述梦、咏物、感慨人生，以及描写农村风物等，都被他写入词。诗与词的界限被冲破，词的传统婉约风格被改变，词的题材内容得到了很大解放，开始被用来反映更广阔、更丰富的现实生活及感受。这对词的传统是一次巨大的变革和冲击，但在当时招来了一些讥议，正统词人批评他的词是"长短句中诗也""不协音律"，只是宋室南渡以后，他的影响才显现出来。

当时被认为是词的正宗的代表人物是周邦彦。他精于音律，又善辞章，写出了很多保持传统风格，迎合上自宫廷贵族、下至市侩妓女各阶层口味的音律优美的词曲。虽然思想内容比较贫乏，但他十分注意锻造词句、严整格律，艺术技巧很高，被人称之为格律派，后世誉为"词家之冠"，影响直到明、清。李清照是这个时期的最后一位天才的女词人，她的词清新婉约，尤其是南渡后感叹身世不幸之作，有很强的艺术感染力。

宋室南渡后，由于国土大半沦丧，一些有爱国思想的文人愤慨痛心，他们要表达内心的不平，除著文赋诗外，词体也逐渐成为他们的选择。苏轼的豪放词风，到此时得到了极大的发扬。代表词人有张孝祥、陆游、辛弃疾、陈亮，还有南宋后期的刘克庄等。其中最突出的当然是辛弃疾。他与苏轼并称"苏辛"，成为宋词豪放派的代表，可以说是宋词中成就最高的真正的集大成者。他不但存词数量最多（600多首），题材风格也最为多样；他不仅能用词直接记述重大史实，也能写出合乎传统婉约风格的作品来，如《摸鱼儿》（更能消几番风雨），还能作《祝英台近》（宝钗分）一类"昵狎温柔"之词，他的农村词更是活泼清新，生机盎然。他在苏轼"以诗为词"的基础上，更进一步"以文为词"，将口语、虚词、典故通通纳入

词中，词的疆域在辛弃疾手中得到了最大限度的开拓。

慷慨悲歌和忧国情怀只是南宋词坛闪光的一面，还有一些词人，在专心制曲填词中寄托自己的生活情趣，竭力追求词的声律格调上的严谨与完美，词因此而明显地趋向典雅化。代表人物是姜夔、吴文英、蒋捷、周密等人，他们的词作着意抒发一己之情怀志趣，哀而不伤，怨而不怒，精致典雅，被称作雅词。

（4）衰落——元代以后

元代以后，词这一体裁趋于衰落，后来词人多模仿前贤而缺乏创新，虽创作不绝，但无论思想还是艺术成就都难与前人比肩了。仅在清代有过短暂的复兴，出现了纳兰性德等一批较有成就的词人。

二、楹联常识

楹联，又叫对联、对子、楹帖、联语，是我国特有的一种体制短小、文字精练、历史悠久、雅俗共赏的传统文学形式，一般悬挂在室内或者贴在门上。许多名胜古迹建筑，一般都有对联点缀其中，反映其人情风物，见证其历史遗迹，成为这些名胜古迹不可或缺的组成部分。下面我们简要介绍一些有关楹联的基础知识。

（一）起源与发展

1. 起源——从先秦到唐代

楹联的历史是相当久远的。根据东汉应劭《风俗通义》记载，上古时有神荼与郁垒兄弟二人，在度朔山上桃树下检查百鬼，将为害人间的恶鬼捉去饲虎。所以每年除夕，民间就装扮桃人，以求平安。后来，就逐渐演变成在门上挂桃符来镇邪驱灾。桃符上，先是画神荼与郁垒的画像，后又以驱邪祈福的话语代替画像。

2. 萌芽——五代

五代时，人们开始在桃符上题写联语，这样，原来驱魔除鬼的字牌，就变成一种用来表达某种主题思想的特殊文体。因为多用于春节，表达人们除旧迎新的喜悦与期盼，所以被称为春联。

我国对联发展史上的第一副对联，根据《宋史·西蜀孟氏》记载，是后蜀之主孟昶所撰："新年纳余庆，嘉节号长春。"语言通俗、吉祥喜庆，一直到今天，春联仍然沿袭着这样的特点。

3. 发展——宋元时期

到宋代，对联的应用范围逐渐扩大。不仅在春节，友人之间的日常交际也经常用到对联，建筑物上张贴楹联也成为习惯。著名的文人苏轼、王安石和朱熹等都写过不少楹联。其中，苏轼题黄鹤楼的一副对联，对仗工整，气势恢宏，一直流传至今："爽气西来，云雾扫开天地憾；大江东去，波涛洗尽古今愁。"

4. 鼎盛——明清时期

明代和清代，是楹联发展的鼎盛期。上自君王将相，下至普通文人，皆好联语。明太祖朱元璋，不仅命令公卿士人家门上必贴春联，而且亲撰联语。他赐予中山王徐达一副对联："破虏平蛮，功贯古今人第一；出将入相，才兼文武事无双。"颇具帝王气概。皇帝的提倡有很大的促进作用，后来解缙、祝允明、文徵明、唐伯虎等江南才子，又把对联创作推向了一个新的高潮。

清代出现了郑燮、纪昀、何绍基、梁章钜、彭玉麟等一批撰联高手，在对联的数量、质量和种类上，也都超过了前代。在体例上，继承前人的诗、词格调，曾国藩等人又大力推广了文章格调，为对联的发展开辟了另一条道路。而梁章钜的《楹联丛话》(《楹联续话》《巧对录》等)，专门从事对联及相关资料的收集与整理研究，对对联的发展产生了较大的影响。

（二）对联的种类

最早对对联进行系统分类的，是清代学者梁章钜。他在《楹联丛话》中将对联分为十类：①故事；②应制；③庙祀；④廨宇；⑤胜迹；⑥格言；⑦佳话；⑧挽词；⑨集句；⑩杂缀。

在前无古人的情况下，梁章钜能够归纳排列出这十个门类，是难能可贵的。但是由于各种因素的限制，这种分类法有不尽完善的地方，比如分类标准不统一，门类名称不规范等。实际上，按照不同的标准可以将对联分为不同的种类。既可以从对联的思想内容和修辞特点出发，又可以从写作方式上着眼。我们按应用范围将对联进行分类。

1. 春联

春联，又叫春帖，是春节时贴的对联，是对联中出现最早、应用范围最泛的一种类型，内容主要是表现人们辞旧迎新的愉悦心情和积极向上的奋发精神。春联，一般都贴在门上，多有横批。

2. 门联

门联，又叫门帖、门对，是主要反映门第特征和行业性质的对联。有的是雕刻、嵌缀在门两旁的永久性对联，有的是在开张或举行庆典时张贴。比如曲阜孔府门联："与国咸休，安富尊荣公府第；同天业老，文章道德圣人家。"又比如过去旅馆常有这样的门联："未晚先投宿；鸡鸣早看天。"

3. 喜联

喜联，是婚嫁时的专用对联，又叫婚联。多贴在门旁及箱柜等处。内容多为百年好合、白头偕老等喜庆祝愿的吉利话。如："柳暗花明春正半；珠联璧合影成双。"

4. 寿联

寿联，是为年长者祝寿专用的对联。内容多是称颂长者功德业绩，祝其健康长寿。在寿联中，有一些自己写的"自寿联"，多为愤世嫉俗、言志抒怀之作，往往能反映撰者的真实感情与平生志趣。如郑板桥六十自寿联："常如作客，何问康宁；但使囊有余钱，瓮有余酿，釜有余粮。取数页赏心旧纸，放浪吟哦；兴要阔，皮要顽，五官灵动胜千官，过到六旬犹少；定欲成仙，空生烦恼；只令耳无俗声，眼无俗物，胸无俗事。将几枝随意新花，纵横穿插；睡得迟，起得早，一日清闲似两日，算来百岁已多。"

5. 挽联

挽联，是哀悼死者、治丧祭祀时专用的对联，由古代的挽词演变而来。内容大多为评价逝者功业、褒扬其情操，寄托生者之哀思。感情深挚，文辞恳切。如叶剑英挽叶挺联："三十年戎幕同胞，六载别离成永诀；五千里云天在望，一腔热血为招魂。"

6. 交际联

交际联，是人们专门用作酬赠交谊的一类对联。多应用于社会名流以及文人学者之间，作品往往有较高的艺术性。如郑板桥赠焦山长老联："花开花落僧贫富；云去云来客往还。"

7. 堂联

堂联是人们用于美化厅堂居室的一种装饰联，往往寄寓主人与作者的情趣、志向与抱负，立意高雅、格调不凡。如徐霞客自题"梅花堂"联："春随香草千年艳；

人与梅花一样清。"

8. 名胜古迹联

悬挂、嵌缀或雕刻在山水名胜和历史名人、历史遗迹纪念地的对联。如河南汤阴岳王家庙联:"凛凛正气;悠悠苍天。"

9. 文艺作品联

出现在文艺作品中的对联。如李苦禅题画竹联:"未出土时便有节;及凌云处尚虚心。"

10. 杂类

不属于以上九类的对联,比如灯联、谜联、宣传联等,可归入杂类。如一副谜联:"君子之交淡如;醉翁之意不在。"上下联分别隐"水""酒"二字。

(三)对联的格律要求

对联最大的特点是对仗,所谓对仗就是指对联的上句与下句无论字面还是音节都要两两相对。

1. 出句与对句字数相等

无论长短,出句与对句字数必须相等,是对联的首要条件。

2. 出句与对句词性相同

对联的对仗,要求上下联相对的词或词组,在词性上必须一致。比如温州"文信国祠联":"花外子规燕市冷;柳边精卫浙江潮。"

都是同类词相对,即名词(花、子规、燕市)对名词(柳、精卫、浙江),方位词(外)对方位词(边),形容词(冷)对形容词(潮)。

3. 出句与对句结构相应

对联的上联与下联,在句法结构上应该保持一致。也就是说,主谓结构对主谓结构,动宾结构对动宾结构,并列结构对并列结构,复句对复句。

如济南大明湖小沧浪园联:"四面荷花三面柳;一城山色半城湖。"分开来看,是偏正对偏正("四面荷花"对"一城山色","三面柳"对"半城湖"),总体上是并列结构对并列结构。

4. 出句与对句节奏相同

对联的上联和下联,节奏要求一致。比如杭州西湖孤山寺联:"不雨山常润;无云水自阴。"上下联都是二一三拍节奏。

5. 出句与对句平仄相谐

古代汉语声调分平上去入四声，四声又可分为两大类：平声与仄声。现代汉语中仄声包括上声、去声，平声包括阴平、阳平。对联一般要求一联之中平仄相间，一般是两个音节一转换；上下联之间基本上平仄相对。这使得整个联节奏分明，声调和谐，形成一种起伏跌宕、抑扬顿挫的声律美。一般情况下上联末字用仄声，下联末字用平声，使人读起来顺畅、深长、有余味。

比如安庆大观亭联：

秋色满东南，自赤壁以来，与客泛舟无此乐；
平仄仄平平　仄仄仄仄平　仄仄仄平平仄仄
大江流日夜，问青莲而后，举杯邀月竟何人？
仄平平仄仄　仄平平平仄　仄平平仄仄平平

6. 出句与对句内容相关

对联的上联与下联之间必须有一定的联系，否则，文字对仗再工整，也只能是毫不相干的两句话，不能称之为对联。比如有一个笑话，讲一个富人家的孩子非常顽劣，一天，先生出了个上联："门前绿水流将去。"富人孩子对曰："屋里青山跳出来。"对句令人捧腹，就是因为上下联之间缺少有机联系。

按照上下联之间的内容关系，可以分为正对、反对和串对。

正对，指出句与对句在内容、主题上是同义并列的，从不同的角度表现主题，互相补充。如桂林独秀峰联："一支铁笔千钧重；四字丹书万丈长。"

反对，指出句与对句在内容上正好相反或相对，对比鲜明，变化强烈，往往能给人留下非常深刻的印象。如杭州岳坟前铁槛对联："青山有幸埋忠骨；白铁无辜铸佞臣。"

串对，指出句与对句之间有递进、转折、条件、因果等某种关系，上下联在内容上是连贯的，在语气上是衔接的。如唐寅所撰联："一失足成千古笑；再回头是百年身。"

我们从逻辑关系上，把对联上下句之间的关系，分为并列关系和其他关系（递进、转折、条件、因果等），其中正对和反对属并列关系，串对则属其他关系。

模块二：中国文学知识

（四）对联的格式

一副完整的对联，除上下联之外，还应配有横额。横额又叫横批、横幅、横联等，贴（悬）于对联上方的中间位置，以四字者为多。横额是对联重要的组成部分。横额与对联的关系，主要有以下几种。

（1）对联写意，横额题名。许多名胜古迹联都是这种形式，对联写名胜，横额点出景物名称。

（2）对联画龙，横额点睛。通常是对联写形式、外在的东西，横额点出实质和意义。

（3）联额互补，相辅相成。对联与横额在内容与意义上互相补充。

对联的上下联应竖写，上联在右，下联在左，不用标点符号。如果是长联，一行写不完，可以另起行写，一般从两边向中间书写，最后一行要空几格，形成"门"字形，称为"龙门写法"。字体以楷、隶、篆、行为主。有时在正文之外有题跋、落款，说明作者、撰写时间、缘起与背景等。如西湖平湖秋月亭联的书写形式：

```
把 莫        白 最 凭
酒 辜        蘋 好 栏
对 负        秋 是 看
琼 天        老 红 云
楼 心        　 蓼 影
玉 月        　 花 波
宇 到        　 疏 光
```

横额的写法，旧时都是自右向左横书，现在也有自左向右写的。

（五）对联的领词

领词是在对联中引出一串排比句与骈文句，使联语衔接自然、层次分明，造成节奏的起伏变化，使音律和谐婉转的语词。领词有一个字、两个字、三个字不等。例如：清代江湘岚的扬州二十四桥联："胜地据淮南，看云影当空，与水平分秋一色；扁舟过桥下，闻箫声何处，有风吹到月三更。"其中"看""闻"是两个领词，领起下两句，读的时候，在领词后应该有一个短暂的停顿。

常见的领词包括：

一字的领词正、看、问、怅、爱、怕、想、料、算、待、凭、嗟、念、将、奈、对、叹、数、似、更、况、怎、若、方、已、应、尽、早、莫、渐、对、须等。

两字的领词看他、对此、休说、那堪、问他、看来、何须、何况、况是、未省、只是、无怪、何必、将次等。

三字的领词倒不如、最堪怜、只赢得、最无端、更能消、又却是、再休提、便怎的、复何数、岂徒览、讵怎料、消受得、莫辜负等。

（六）对联的断句

对联都是没有标点符号的，要正确地诵读和理解，必须正确地断句。要断好句首先要有一定的古汉语基础，熟悉古汉语语法与常用词的用法；其次，掌握一些对联知识也能帮助我们断句。

1. 掌握长联短句多、长句少的特点

难以断句的多是长联，而长联中一般多用短句，其中往往大量使用三言、四言、七言的排比句、骈文句，铺陈描述，抒发感慨。对偶句式也是长联中常用的。

2. 注意对联中的领词

对联中一些领词后面往往带有一组排比句或对偶句，抓住领词，就能看清楚后面的句式。

3. 利用反复词

有些对联有反复词，可以根据反复词的位置来判别断句。

4. 上下联互相参照断句

对联上下联语法结构与节奏相似，因此遇到联某句不好断时，可参照另一联相应的一句，有利找出句读。

知识拓展

对联趣谈

相传朱元璋建立大明王朝后，非常喜欢热闹的场面，认为这预示着老百姓生活越来越好。因此对宋代时兴起的大户人家在除夕时贴上的桃符习俗很感兴趣，就想着该如何把这个传统习俗发扬光大。

明朝第一个春节很快就到了，除夕前朱元璋颁下御旨，要求金陵的公卿士庶门上须贴上用红纸写的春联一副，来迎接这个春节。皇上的圣旨一下有谁敢不听，家家户户在除夕夜都贴上了春联。

年初一早晨，朱元璋微服私访，开始逐一检查和欣赏每家每户的春联。朱元璋看到了很多写得不错的对联，因此心里很是高兴。但没走多远，他刚刚很高兴的心情被一扫而空，原来竟然有一家人没有在门上贴上对联。

朱元璋很是生气，就让侍从去问清楚情况。侍从回来后告诉朱元璋说："这是一家从事杀猪和劁猪营生的师傅，他大字不识一个，再加上过年特别忙，还没有来得及请人帮写。"

朱元璋听后气就消了，马上命人去拿来笔墨纸砚侍候，为屠户家书写了一副春联："双手劈开生死路，一刀割断是非根。"朱元璋写完后让侍从把对联交给了屠夫。

朱元璋给屠户写春联的事，很快就在全国传开了。不但"双手劈开生死路，一刀割断是非根"这副春联成为经典，被广为流传，而且让全国的老百姓都知道了皇帝很重视春联。从此，每年过年时，家家户户都会贴出一副春联，这种习俗一直延续至今。

课后练习

1. "两岸严风吹玉树，一滩明月晒银沙"采用的对仗手法是（　　）。
   A. 借对　　　B. 宽对　　　C. 邻对　　　D. 工对
   【答案】D

2. 哀悼死者、治丧祭祀时专用的对联叫（　　）。
   A. 门联　　　B. 堂联　　　C. 挽联　　　D. 寿联
   【答案】C

3. 从体裁上来说，王勃的《送杜少府之任蜀州》属于（　　）。
   A. 古体诗　　B. 词　　　　C. 绝句　　　D. 律诗
   【答案】D

4. 《成都武侯祠联》上下联之间内容的关系属于（　　）。
   A. 正对　　　B. 反对　　　C. 串对　　　D. 流水对
   【答案】B

模块三：

中国建筑文化

学习目标

一、知识目标

1. 了解中国古代建筑的发展历程、基本特征、古代建筑的等级。

2. 了解屋脊兽的名称及寓意。

3. 了解中国长城建筑发展历程。

4. 了解长城的建筑特色。

5. 掌握长城主要构造、用途及其历史意义。

6. 掌握中国古代丧葬方式、陵寝制度和著名陵墓。

7. 掌握中国古代城池的结构布局、基础设施、严密的防御体系等情况。

二、能力目标

1. 能运用所学古代宫殿建筑知识为游客介绍故宫的布局、屋顶类型以及屋脊兽的名称和寓意。

2. 能用所学知识为游客介绍故宫的建筑布局、特色及主要建筑。

3. 能运用所学知识为游客介绍长城景观。

4. 能够利用中国古代的陵寝制度相关知识向游客介绍陵寝的建筑格局。

5. 能够结合所学知识为游客介绍古城的结构布局、基础设施、严密的防御体系等情况。

三、素质目标（含思政目标）

1. 培养学生具备初步欣赏中国古建筑风格的能力。

2. 培养学生对祖国优秀古建筑的喜爱之情。

3. 通过学习中国古建筑常识，了解中国悠久的古建筑文化，激发同学们探究中国优秀建筑文化的热情。

重点难点

1. 古建筑的主要构成部分、等级、分类、主要特点；
2. 历代长城的原因和界限；
3. 中国古代丧葬方式、陵寝制度和著名陵墓；
4. 中国古代城池的结构布局、基础设施、严密的防御体系。

任务一　中国古代城市规划与城防建筑

情景导入

梁思成（1901—1972），广东新会人，生于日本东京，毕生致力于中国古代建筑的研究和保护，是建筑历史学家、建筑教育家和建筑师。从1937年起，他和妻子林徽因等人先后踏遍中国15省200多个县，测绘和拍摄2000多件唐、宋、辽、金、元、明、清各代保留下来的古建筑遗物，包括天津蓟州区辽代建筑独乐寺观音阁、宝坻辽代建筑广济寺、河北正定辽代建筑隆兴寺、山西应县辽代木塔、大同辽代寺庙群华严寺和善化寺、河北赵县隋朝建造的赵州桥等，并将这些重大考察结果写成文章在国外发表，引起国际上对这些文物的重视，为梁思成日后注释《营造法式》和编写《中国建筑史》奠定了良好的基础。中国古典建筑文化博大精深，梁思成曾以北京故宫为蓝本研究中国古典建筑。

作为导游员，我们要能从文化的角度去欣赏并讲解中国的建筑资源，下面就让我们来共同学习吧。

基础知识

一、中国古代建筑的历史沿革

从原始社会至汉代是中国古建筑体系的形成时期。在原始社会早期，原始人群曾利用天然崖洞作为居住处所，或构木为巢。到了原始社会晚期，在北方，我们的祖先在利用黄土层为壁体的土穴上，用木架和草泥建造简单的穴居或浅穴居，以后逐步发展到地面上。南方出现了干栏式木构建筑。进入阶级社会以后，在商代，已经有了较成熟的夯土技术，建造了规模相当大的宫室和陵墓。西周及春秋时期、统治阶级营造很多以宫市为中心的城市。原来简单的木构架，经商周以来的不断改进，已成为中国建筑的主要结构方式。瓦的出现与使用，解决了屋顶防水问题，是中国古建筑的一个重要进步。战国时期，城市规模比以前扩大、高台建筑更为发达，并出现了砖和彩画。秦汉时期，木构架结构技术已日渐完善，其主要结构方法抬梁式和穿斗式已发展成熟，高台建筑仍然盛行，多层建筑逐步增加。石料的使用逐步增多，东汉时出现了全部石造的建筑物、如石祠、石阙和石墓。秦汉时期还修建了空前规模的宫殿、陵墓、万里长城、驰道和水利工程。

魏晋南北朝时期是中国古建筑体系的发展时期。在建筑材料方面，砖瓦的产量和质量有所提高，金属材料被用作装饰。在技术方面，大量木塔的建造，显示了木结构技术的提高；砖结构被大规模地应用到地面建筑，河南登封嵩岳寺塔的建造标志着砖结构技术的巨大进步；石工的雕琢技术也达到了很高的水平。大量兴建佛教建筑，出现了许多寺、塔、石窟和精美的雕塑与壁画。

隋唐时期是中国古建筑体系的成熟时期。隋朝建造了规划严整的大兴城，开凿了南北大运河，修建了世界上最早的敞肩券大石桥——安济桥。唐朝的城市布局和建筑风格规模宏大，气魄雄浑。其长安城在隋大兴城的基础上继续经营，成为当时世界上最大的城市。在建筑材料方面，砖的应用逐步增多，砖墓、砖塔的数量增加；琉璃的烧制比南北朝进步，使用范围也更为广泛。在建筑技术方面，也取得很大进展，木构架的做法已经相当正确地运用了材料性能，出现了以"材"为木构架设计的标准，从而使构件的比例形式逐步趋向定型化，并出现了专门掌握绳墨绘制图样和施工的都料匠。建筑与雕刻装饰进一步融合、提高，创造出了统一和谐的风格。唐朝的住宅，根据主人不同的等级，其门厅的大小、间数、架数以及装饰、色彩等都有严格的规定，体现了中国封建社会严格的等级制度。这一时期遗存下来的殿堂、陵墓、石窟、塔、桥及城市宫殿的遗址，无论布局或造型都具有较高的艺术和技术水平，雕塑和壁画尤为精美，是中国封建社会前期建筑的高峰。我国现存最早的木结构建筑的实物仅有唐代的五台山南禅寺大殿、佛光寺东大殿和芮城县广仁王庙正殿。其建筑特点是，单体建筑的屋顶坡度平缓，出檐深远，斗拱比例较大，柱子较粗壮，多用板门和直棂窗，风格庄重朴实。

宋朝是中国古建筑体系的大转变时期。宋朝建筑的规模一般比唐朝小，但比唐朝建筑更为秀丽、绚烂而富于变化，出现了各种复杂形式的殿阁楼台。建筑装饰绚丽而多彩。流行仿木构建筑形式的砖石塔和墓葬，创造了很多华丽精美的作品。建筑构件的标准化在唐代的基础上不断发展，各工种的操作方法和工料的估算都有较严格的规定，并且出现了总结这些经验的建筑文献《营造法式》。《营造法式》是北宋政府为了管理宫室、坛庙、官署、府第等建筑工程，于北宋崇宁二年（1103年）颁行的，是各种建筑的设计、结构、用料和施工的"规范"。现存宋代的建筑有山西太原晋祠圣母殿、福建泉州清净寺、河北正定隆兴寺和浙江宁波保国寺等。其建筑特征是，屋顶的坡度增大，出檐不如前代深远，重要建筑门窗多采用菱化槅扇，建筑风格渐趋柔和。

元朝是中国古建筑体系的又一发展时期。元大都按照汉族传统都城的布局建造，是自唐长安城以来又一个规模巨大、规划完整的都城。元代城市进一步发展了各行各业的作坊、店铺和戏台、酒楼等娱乐性建筑。从西藏到大都建造了很多藏传佛教寺院和塔，大都、新疆、云南及东南地区的一些城市陆续兴建伊斯兰教礼拜寺。藏传佛教和伊斯兰教的建筑艺术逐步影响到全国各地。中亚各族的工匠也为工艺美术带来了许多外来因素，使汉族工匠在宋、金传统上创造的宫殿、寺、塔和雕塑等表现出若干新的趋势。现存元代的建筑有山西芮城永乐宫、洪洞广胜寺等。使用辽代所创的"减柱法"已成为大小建筑的共同特点，梁架结构又有了新的创造，许多大构件多用自然弯材稍加砍削而成，形成当时建筑结构的主要特征。

明清时期是中国古建筑体系的最后一个高峰时期。明朝由于制砖手工业的发展，砖的生产大量增长，明代大部分城墙和一部分规模巨大的长城都用砖包砌，地方建

筑也大量使用砖瓦。琉璃瓦的生产，无论数量或质量都超过了任何朝代。官式建筑已经高度标准化、定型化。清朝于1723年颁布了《工部工程做法则例》，统一了官式建筑的模数和用料标准，简化了构造方法。民间建筑的类型与数量增多，质量也有所提高。各民族的建筑也有了发展，地方特色更加显著。皇家和私人的园林在传统基础上有了很大的发展，在明末出现了一部总结造园经验的著作——《园冶》，并留下了许多优秀作品。北京明清故宫和沈阳故宫是明清宫殿建筑群的实例，与前代相比变化较大；明清建筑出檐较浅。斗拱比例缩小，"减柱法"除小型建筑外重要建筑中已不采用。

二、传统思想在古代建筑中的体现

传统思想对古代建筑有很深刻的影响。主要体现在以下几个方面。

（一）敬天祀祖

万物由天而生、中国古代帝王皆自命天子，且标榜"受命于天"。人类由祖宗面发展，所以对天、对祖先必须进行祭祀，这样可以得到上天的恩施，得到祖先神灵的荫庇。在这种思想的指导下，历朝历代封建帝王建起了祭天、祭祖、祭社稷的坛庙建筑。如明清北京城建有太庙、社稷坛、天坛、地坛、日坛、月坛等建筑。

（二）皇权至上

皇权至上是中国古代专制主义中央集权制度的重要内涵。皇权至上是一种中央决策方式，主要特征是皇帝个人专断独裁，集国家最高权力于一身，从决策到行使军、政、财大权都具有独断性和随意性。

中国封建社会历代统治者把皇权看成是至高无上的，而皇宫就是皇权的象征，因此在皇宫的设计上，充分体现出皇权至上的思想。北京明清故宫是我国现存最大、最完整的宫殿建筑群，它的总体规划和建筑形制最大限度地体现了皇权至上的思想。

（三）以中为尊

我国古代崇拜"中"的意识与古代人们对北极星的崇拜有关。北极星位于地球地轴的北端，因地球自转，而北极星又处于天球转动的轴上，所以相对其他恒星静止不动。而满天星斗都拱卫着它，以它为中心永无休止地运动，古人认为它就是神圣的天之中心。由此，逐渐产生了"以中为尊"的天理之道。在这种"以中为尊"的思想主导下，我国古代建筑亦处处体现出"以中为尊"，中轴线几乎成为我国古建筑群体现神权和皇权的凝固线。古代北京城市建设中最突出的成就，是北京以宫城为中心的向心式格局和自永定门到钟楼长7.8千米的城市中轴线，这是世界城市建设历史上最杰出的城市设计范例之一。

（四）阴阳五行

"阴阳五行"学说是"阴阳"和"五行"两说的合流。这一学说在我国传统思想上产生过深远的影响，也必然渗透到我国古代建筑设计思想中。北京四合院的布局非常生动真实地反映了阴阳五行系统在中国古代建筑中的应用。按文王八卦方位图的解释，北为坎卦所主，为水，南为离卦所主，为日。背后有水流动意为通泰，南有日引申为光照门棚，兴旺家族。故四合院大院北面为正房。院子的中轴线贯穿其中，坐北朝南，是院中体积最大的房屋，家中老人、前辈等为尊者都居住在北面正房。

三、中国古代建筑的构件及等级

（一）台基

称基座，系高出地面的建筑物底座，用以承托建筑物，并使其防潮、防腐，同时可弥补中国古建筑单体建筑不甚高大雄伟的欠缺。大致有以下四种。

1. 普通台基

用素土或灰土或碎砖三合土夯筑而成，约高30厘米，常用于小式建筑。

2. 较高级台基

较普通台基高，常在台基上边建汉白玉栏杆，用于大式建筑或宫殿建筑中的次要建筑。

3. 更高级台基

即须弥座，又名金刚座。"须弥"是古印度神话中的山名，相传位于世界中心，系宇宙间最高的山，日月星辰出没其间，三界诸天也依傍它层层建立。须弥座用作佛像或神龛的台基，用以显示佛的崇高伟大。中国古建筑采用须弥座表示建筑的级别。一般用砖或石砌成，上有凹凸线脚和纹饰，台上建有汉白玉栏杆，常用于宫殿和著名寺院中的主要殿堂建筑。

4. 最高级台基

由几个须弥座相叠而成，从而使建筑物显得更为宏伟高大，常用于最高级建筑，

如故宫三大殿，即耸立在最高级台基上。

总之，台基根据材料（汉白玉、普通石头、土）、层数（三层、二层、一层）和结构（须弥座、普通座）的不同来区分等级。材料越好、层数越高的台基级别就越高；须弥座台基级别高于普通座台基。

（二）木头圆柱

常用松木或楠木制成的圆柱形木头。置于石头（有时是铜器）为底的台上。多根木头圆柱，用于支撑屋面檩条，形成梁架。在建筑中承重的柱子，金色的级别最高，其次为红色，再次是黑色。

（三）开间

四根木头圆柱围成的空间称为"间"。建筑的迎面间数称为"开间"，或称"面阔"。建筑的纵深间数称"进深"。中国古代以奇数为吉祥数字，所以平面组合中绝大多数的开间为单数；而且开间越多，等级越高。北京故宫太和殿，北京太庙大殿开间为11间。

（四）大梁（即横梁）

架于木头圆柱上的一根最主要的木头，以形成屋脊。常用松木、楠木或杉木制成。是中国传统木结构建筑中骨架的主件之一。

（五）斗拱

是中国古代建筑独特的构件。方形木块叫斗，弓形短木叫拱，斜置长木叫昂，总称斗拱。一般置于柱头和额枋（又称阑头，俗称看枋，位于两檐柱之间，用于承托斗拱）、屋面之间，用来支撑荷载梁架、挑出屋檐，兼具装饰作用。由斗形木块、弓形短木、斜置长木组成，纵横交错层叠，逐层向外挑出，形成上大下小的托座。斗拱始于战国时期，汉代普遍使用，在唐朝发展成熟后便规定民间不得使用。

（六）彩绘

彩绘具有装饰、标志、保护、象征等多方面的作用。油漆颜料中含有铜，不仅可以防潮、防风化剥蚀，而且还可以防虫蚁。色彩的使用是有限制的，明清时期规定朱、黄为至尊至贵之色。清朝规定，皇宫正殿门为红色；一品至三品官员府第门为红色；四品以下官员府第门为黑色。

彩绘原是为木结构防潮、防腐、防蛀，后来才突出其装饰性，宋代以后彩画已成为宫殿不可缺少的装饰艺术。可分为三个等级。

1. 和玺彩画

是等级最高的彩画。其主要特点：中间的画面由各种不同的龙或凤的图案组成，间补以花卉图案，并且沥粉贴金，金碧辉煌，十分壮丽。

2. 旋子彩画

等级次于和玺彩画。画面用简化形式的涡卷瓣旋花，有时也可画龙凤，可以贴金粉，也可以不贴金粉。一般用于宫殿次要建筑或寺庙建筑中。

3. 苏式彩画

等级低于前两种。画面为山水、人物故事、花鸟鱼虫等，主要用于园林和住宅，给人以活泼、优雅、情趣之感。

明代规定，庶民民居不得饰彩画。

（七）屋顶（古称屋盖）

"大屋顶"和飞腾的挑檐是我国古代建筑最具特色的外观特征。自汉代以来，我国古代工匠设计了庑殿、歇山、攒尖、悬山、硬山、卷棚等多种屋顶形式和重檐屋顶结构，并利用各种屋顶形式的组合创作出了丰富的形象。

中国传统屋顶有以下几种。

根据重檐屋顶的等级高于单檐屋顶的原则，官式建筑屋顶形式级别从高到低依次为重檐庑殿、重檐歇山、单檐庑殿、单檐歇山、攒尖、悬山、硬山、卷棚。

1. 庑殿顶

四面斜坡，有一条正脊和四条斜脊，屋面稍有弧度，又称四阿顶。庑殿顶又有单檐和重檐之分。官式建筑中重檐庑殿顶规格最高，如故宫太和殿。

2. 歇山顶

由一条正脊、四条垂脊、四条戗脊组成。又称九脊顶。歇山顶两侧形成的三角形墙面，叫作山花。歇山顶也有单檐与重檐之分。重檐歇山顶等级仅次于重檐庑殿顶，多用于规格很高的殿堂，如故宫保和殿、天安门等。

3. 攒尖顶

平面为圆形或多边形，上为锥形的屋顶，没有正脊，有若干屋脊交于上端。一般亭、阁、塔常用此式屋顶。

4. 悬山顶

屋面双坡，两侧伸出山墙之外。屋面上有一条正脊和四条垂脊，又称挑山顶。

5. 硬山顶

屋面双坡，两侧山墙同屋面齐平，或略高于屋面。高出的山墙称风火墙，其主要作用是防止火灾发生时火势顺房蔓延。

6. 卷棚顶

屋面双坡，没有明显的正脊，即前后坡相接处不用脊而砌成弧形曲面。颇具曲线所独有的阴柔之美。

7. 盝顶

梁架结构多用四柱，加上枋子抹角或扒梁，形成四角或八角形屋面。顶部是在平顶的屋顶四周加上一圈外檐。

（八）山墙

即房子两侧上部成山尖形的墙面。常见的山墙还有风火山墙，其特点是两侧山墙高出屋面，随屋顶的斜坡面而呈阶梯形。

（九）藻井

中国传统建筑中天花板上的一种装饰，名为"藻井"，含有五行以水克火，预防火灾之意。一般都在寺庙佛龛上方或宫殿的宝座上方。是平顶的凹进部分，有方格形、六角形、八角形或圆形，上有雕刻或彩绘，常见的有"双龙戏珠"。

四、中国古代建筑的基本特征

（一）中国古建筑以木材、砖瓦为主要建筑材料，以木构架结构为主要结构方式

中国古建筑以木材、砖瓦为主要建筑材料，以木构架结构为主要的结构方式。此结构方式，由立柱、横梁、顺檩等主要构件建造而成，各个构件之间的结点以榫卯相吻合，构成富有弹性的框架。中国古代木构架有抬梁、穿斗、井干三种不同的结构方式。

抬梁式是在立柱上架梁，梁上又抬梁，所以称为"抬梁式"。

殿、坛庙、寺院等大型建筑物中常采用这种结构方式。穿斗式是用穿枋把一排排的柱子穿连起来成为排架，然后用枋、檩斗接而成，故称作穿斗式。多用于民居和较小的建筑物。井干式是用木材交叉堆叠而成的，因其所围成的空间似井而得名。这种结构比较原始简单，现在除少数森林地区外已很少使用。还有一种抬梁式与穿

斗式相结合的混合式。

木构架结构有很多优点，首先，承重与围护结构分工明确，屋顶重量由木构架来承担，外墙起遮挡阳光、隔热防寒的作用，内墙起分割室内空间的作用。由于墙壁不承重，这种结构赋予建筑物以极大的灵活性。其次，有利于防震、抗震，木构架结构很类似今天的框架结构，由于木材具有的特性，而构架的结构所用斗拱和榫卯又都有若干伸缩余地，因此在一定限度内可减少由地震对这种构架所引起的危害。"墙倒屋不塌"形象地表达了这种结构的特点。

（二）中国古代建筑的平面布局具有一种简明的组织规律

就是以"间"为单位构成单座建筑，再以单座建筑组成庭院，进而以庭院为单元，组成各种形式的组群。就单体建筑而言，以长方形平面最为普遍。此外，还有圆形、正方形、十字形等几何形状平面。就整体而言，重要建筑大都采用均衡对称的方式，以庭院为单元，沿着纵轴线与横轴线进行设计，借助于建筑群体的有机组合和烘托，使主体建筑显得格外宏伟壮丽。民居及风景园林则采用了"因天时，就地利"的灵活布局方式。

（三）中国古代建筑造型优美

尤以屋顶造型最为突出，主要有庑殿、歇山、悬山、硬山、攒尖、卷棚等形式。

庑殿顶也好，歇山顶也好，都是大屋顶，显得稳重协调。屋顶中直线和曲线巧妙地组合，形成向上微翘的飞檐，不但扩大了采光面、有利于排泄雨水，而且增添了建筑物飞动轻快的美感。

（四）中国古代建筑的装饰丰富多彩

包括彩绘和雕饰。彩绘具有装饰、标志、保护、象征等多方面的作用。油漆颜料中含有铜，不仅可以防潮、防风化剥蚀，而且可以防虫蚁。色彩的使用是有限制的，明清时期规定朱、黄为至尊至贵之色。彩画多出现于内外檐的梁枋、斗拱及室内天花、藻井和柱头上，构图与构件形状密切结合，绘制精巧，色彩丰富。明清的梁枋彩画最为瞩目。清代彩画可分为三类，即和玺彩画、旋子彩画和苏式彩画。

雕饰是中国古建筑艺术的重要组成部分，包括墙壁上的砖雕、台基石栏杆上的石雕、金银铜铁等建筑饰物。雕饰的题材内容十分丰富，有动植物花纹、人物形象、戏剧场面及历史传说故事等。北京故宫保和殿台基上的一块陛石，雕刻着精美的龙凤花纹，重达200吨。在古建筑的室内外还有许多雕刻艺术品，包括寺庙内的佛像，

陵墓前的石人、石兽等。

（五）中国古代建筑特别注意和周围自然环境的协调

建筑本身就是一个供人们居住、工作、娱乐、社交等活动的环境，因此不仅内部各组成部分要考虑配合与协调，而且要特别注意与周围大自然环境的协调。中国古代的设计师们在进行设计时都十分注意周围的环境，对周围的山川形势、地理特点、气候条件、林木植被等，都要认真调查研究，务使建筑布局、形式、色调等和周围的环境相适应，从而构成一个大的环境空间。

五、古城

古城、古村古镇与古长城是古建筑中大体量的建筑实体，历经朝代交替、世事沧桑，记载下了历史与文明的脚步。

（一）城池的含义

城池指的是城和池两部分。

城，即城墙。旧时在都邑四周用作防御的城垣。一般有两重：里面的称城，外面的称郭。城墙上有城楼、角楼、垛口等防御工事，构成一套坚固的防御体系。

池，即护城河。是城垣外的壕沟，是都邑的又一道防御屏障。

（二）城池的主要组成部分

城池建筑经过各朝代实践经验的总结不断完善，日趋坚固，易于防守，城墙、敌楼、角楼、垛口、城门、城楼、瓮城、箭楼、千斤闸、护城河、吊桥等组成了一个完整的防御体系，宛如铜墙铁壁，拒敌于城外。

（三）中国现存著名古城

现存的著名古代城池有江苏南京古城、陕西西安古城、山西平遥古城和云南丽江古城等。

1. 南京古城

城墙修筑于明朝，是明太祖朱元璋经过3年准备，历经21年建成的。原建宫城、皇城、外郭已毁，仅剩都城城垣。城垣内侧周长33千米，为世界第一。城垣用巨大的条石砌基，上筑夯土，外砌巨砖，砖缝用石灰和糯米浆浇灌，墙用桐油和拌和料结顶，十分坚固。原有城门13座，其中聚宝（中华）、石城、神策、清凉四门保存至今。聚宝门规模最大，是我国现存最大、最为完整的堡垒瓮城，在我国城垣建筑史上占有极其重要的地位。

2. 西安古城

城墙是中国现存规模最大、保存最完整的古代城垣。现存城墙为明代建筑，全长 13.7 千米，城墙用黄土分层夯筑。西安城墙有四座古城门，每座门外设箭楼，以利射击，内建城楼，两楼之间建瓮城。从民国开始为方便出入古城区，先后新辟了多座城门，至今西安古城城墙已有城门 18 座。

3. 平遥古城

位于山西平遥县，建于明洪武年间。城外表全部用青砖砌筑，内墙为土筑。周辟六门。东西门外又筑瓮城，以利防守。城门上原建有高数丈的城门楼，四周各筑角楼，每隔 50 米筑城台一座，连同角楼，共计 94 座，今大多已残坏。城外有护城河。城内街道、集市、楼房、商店均保留原有形制，是研究我国明代县城建置的实物资料。

4. 丽江古城

位于云南西北部，是融合纳西民族传统建筑及外来建筑特色的唯一城镇。始建于南宋末年。丽江古城未受中原建城礼制影响，城中道路网不规则，没有森严的城墙。黑龙潭是古城的主要水源，潭水在双石桥处被分为东、中、西三条支流，各支流再分为条条细流入墙绕户，形成水网。

六、古村古镇

村落与市镇既是人类聚居的原始形态，也是基本的结构单元。市镇通常由村落环绕，与村落保持一种中心和放射的空间结构，而且，市镇是由村落集市发展起来的较大聚居地，因此，两者具有很强的联系性。但从社会结构和经济模式来看，村落以农业经济为主，注重宗亲血缘；市镇则以商业为主，地缘性和业缘性更盛。所以，村落与市镇在空间结构上紧密相邻，但却各自承担着不同的社会功能和生产角色，它们共同构成了人类基本的聚居地类型。

由于我国具有绵延漫长的人类聚居史，所以，有些经过沧桑岁月的聚落一直保留到了今天，它们就是我们口中常说的古村和古镇。这些古村镇的价值具有相应的评价标准，主要以建筑形态、聚落环境和非物质遗产等作为考虑因素。一般而言，能够称得上是古镇和古村的传统聚落至少需要有几百年的历史发展脉络，而且村落

的建筑需要有比较完备的保存，聚落的风貌维持比较整体的统一性，通常还应具有鲜明的地域性和文化特色。

古村和古镇比较广泛地分布于全国范围内，由于文化重要性是古村镇最重要的衡量因子，故而有些学者会把全国的古村镇分为4个片区：一是文化地理片区，即东部片区，包括华北、华中、陕北和巴蜀等地区；二是民族片区，即西部片区，包括新疆、西藏、内蒙古和广西等自治区；三是民系片区，即华南片区，主要是广东和闽南地区；四是混合区，主要包括东北、台湾和海南。

中国的古村镇地理分布广，数量较大，地域性强，历史悠久，文化特质独特。经过七轮的评选，目前，全国共有487个历史名村，312个历史名镇。这些古村镇包括皖南古村落群、川黔渝交界古村镇群、晋中南古村镇群、粤中古村镇群，既有乡土民俗型、传统文化型、革命历史型，又有民族特色型、商贸交通型，基本反映了中国不同地域历史文化村镇的传统风貌。下面分别简述几个具有代表性的古村和古镇，希望能迅速帮助读者了解一些关于中国古村落的基本信息。

（一）古村

1. 北京水峪古村

水峪古村位于北京房山区南窖乡西南部，起源于唐代，形成于明代，兴盛于清代。水峪村的选址和布局是随地就势，经过几百年自发的、逐渐扩大的过程，村内至今还保存着较为完整的古民居（比如具有特色的杨家大院）、古石碾，还保留着古商道遗址和娘娘庙，同时还有非物质文化遗产的中幡表演保存下来。

2. 徽州古村

这里的徽州古村落指的是位于皖南地区的传统村落群，由于北宋时期是徽州的辖地，因此其称谓延续至今。徽州古村比较有代表性的有黄山市的屯溪老街区、徽州的呈坎村、黟县的宏村、绩溪县的龙川、休宁县的溪村、江西婺源的理坑和紫阳等。

3. 哈尼古村

哈尼族是古代氐羌族群南下形成的一个古老民族，主要分布在云南西南部等地，在这些哈尼族的村寨中，保存较好的有元江县那诺乡那诺村、元阳县的箐口村、胜村乡麻栗寨等。哈尼古村的典型特征是人与自然的高度融合状态，森林、村寨、梯田相互紧密咬合在一起，山巅常是郁郁葱葱的森林，山腰是蘑菇房的村寨，底层则是层层的梯田。

（二）古镇

1. 江南古镇

江南古镇闻名天下，特指分布在今江苏、浙江境内太湖流域、杭嘉湖平原及宁绍平原地区的古村镇。其中，周庄、同里、甪直、乌镇、南浔和西塘六大古镇享誉海内外。这些古镇的空间格局多依河而建，夹岸为街，舟楫往来，穿梭于桥墩之间，熙熙攘攘的人流在古镇中，市井人文气息浓郁。而且，民居建筑以粉墙黛瓦的风格示人，院落深深，砖木石雕，让人目不暇接。

2. 山西古镇

山西古镇在中国古村镇体系中占据重要的地位，其形式多样、风格各异，让人印象深刻。目前山西古镇分布在三个区域：一是沁河流域的阳城县和沁水县；二是汾水流域的平遥县、太谷县等；三是黄河岸边的临县碛口古镇。山西古镇有四大特点：多元的空间布局、突出的军事防御功能、别致的装饰艺术和厚重的文化内涵。

3. 凤凰古城

凤凰古城位于湖南湘西土家族苗族自治州凤凰县的沱江边，曾因沈从文的小说而备受世人追捧。凤凰古城以回龙阁古街为中轴，连接纵横交错的石板小巷贯通全城。凤凰古城保留了120余栋明清民居、30多座庙祠馆阁、200多条古色古香的石板路，是中国西南文物建筑最多的县。而且，古城还保留着原汁原味的地方风俗和节日，能够让游人梦回长存在历史长河中的古村镇的生活场景。

经过大浪淘沙存留下来的古村镇，既是中华民族灿烂的建筑遗产，更是中国人集体的珍贵文化财富。古村镇绝非只有历史的底色，它们还是时时刻刻正在上演的舞台剧，置于其中，恍惚穿梭时空之中，人们一方面回望着过去的生活场景，一方面又向往着未来的日常生活。

七、古长城

（一）长城的历史演变

长城是中国古代规模最宏大的防御工程，它是历代修筑者为防御外来侵略、保卫整个国家而修建的。它以浩大的工程、雄伟的气魄和悠久的历史著称于世，被誉为古代人类建筑史上的一大奇迹。

据文献记载，春秋时楚国最早修筑长城数百里，称"方城"。战国时期，齐、魏、燕、赵、秦等国也相继兴筑长城。秦始皇统一六国后，以秦、赵、燕三国的北方长城为基础，修缮增筑，成为西起临洮、东至辽东的长城。

此后，直至明代先后有许多朝代在北边与游牧民族接境地带筑过长城。其中以汉长城规模最大，东起辽东，西迄蒲昌海（今新疆罗布泊），长1万千米，是汉武帝在三次征服匈奴的基础上修筑而成的，不仅抵御了匈奴南下，而且保护了通往西域的陆上交通——丝绸之路。

明代为了防御鞑靼、瓦剌的侵扰，曾多次修筑长城，西起甘肃嘉峪关，东至辽宁丹东虎山，全长6000余千米。

（二）长城的结构

长城的结构较复杂，其设施因时代而异。它包括城墙、敌台、烽火台、关隘等，其功能各异而相互辅佐，彼此呼应，组成了完整的军事防御工程体系。

1. 城墙

为长城的建筑主体。多建于高山峻岭或平原险阻之处，其建造往往依照"因地而异、就地取材、因材施用"的原则。城墙外侧一面设垛口墙，上部有望口，下部有射洞和礌石孔。

2. 敌台

是骑跨城墙突兀于墙外的建筑，可以从侧向射击敌人，达到二台互相策应，不使敌人有登城的可能。敌台如上有重楼则称敌楼，上层同样环以垛口，中层四面开箭窗，下层可发火炮。楼中既可遮风、防雨、休息，又可储存武器。

3. 烽火台

是利用举火和燃烟来传达军情的高台建筑。一般都筑在长城附近的小山包上，如遇敌情，白天燃烟，夜间放火，并以鸣炮的数目告知来敌的大致数目，这样台台相传，通报敌情消息。

4. 关隘

是长城沿线的重要据点，通常设在交通要冲，并且有几道关墙，设置关门等。扼守着出入长城的咽喉要道。历史上著名的关隘有阳关、玉门、山海关、居庸关、嘉峪关、雁门关、平型关、娘子关、黄崖关等。

（三）中国现存著名长城景观

长城沿线形成了众多著名的景观，有老龙头、山海关、居庸关、八达岭、嘉峪关、玉门关、慕田峪、九门口、大同长城等。此外，浙江临海有"江南长城"，湖南湘西有"苗疆长城"。

1. 八达岭长城

位于北京西北，是明长城中保存最完好、最具代表性的一段。这里是重要关口居庸关的前哨，海拔 1015 米，地势险要，历来是兵家必争之地，是明代重要的军事关隘和首都北京的重要屏障。登上这里的长城，可以居高临下，尽览崇山峻岭的壮丽景色。

2. 居庸关

位于北京市昌平区境内。居庸关的得名始自秦代。相传秦始皇修筑长城时，将因犯、士卒和强征来的民夫徙居于此，取"徙居庸徒"之意。现存的关城是明太祖朱元璋派遣大将军徐达督建的，为北京西北的门户。

3. 山海关

位于河北省山海关境内，其北踞燕山，南抵渤海，全长 26 千米，位居东北、华北间的咽喉要冲，自古为兵家必争之地。山海关筑于明代洪武年间，关城平面呈方形，有城门四座，各门之上筑高城，现仅有东门保存完好。老龙头长城是长城入海的端头部分，有"中华之魂"的盛誉。

4. 嘉峪关

位于甘肃省嘉峪关市西南隅，因建于嘉峪山麓而得名，是明朝万里长城西端的终点，建于明洪武年间，是目前保存最完整的一座城关，有"天下第一雄关"的美名，也是"丝绸之路"上的重要一站。城关是由内城、外城和城壕组成的完整军事防御体系。现在看到的城关以内城为主，由黄土夯筑而成，外面包以城砖，坚固雄伟。

知识拓展

九门口水上长城

九门口长城位于辽宁省葫芦岛市绥中县，始建于北齐（479—502 年），扩建于明初洪武十四年（1381 年）。它是我国历代长城中唯一的，拥有一段建在水上的长城，也是唯一的拥有隧道的长城。1996 年，九门口长城被国务院列为第四批全国重点文物保护单位。2002 年，九门口长城作为世界文化遗产——长城的扩展项目被列

入世界文化遗产名录。

九门口长城由长城墙体、关城及关前九江河上护城泄水城门三部分构成。全长1704米，城桥长97.4米，横跨九江河，形成了"城在水上走，水在城中流"的"水上长城"独特景观。在九江河上，九门口长城过河城桥下的宽阔河床全部用方整的大石块铺成，石与石间用铁腰咬合，形成规整的近7000平方米的石铺河床，望去犹如一片石，所以九门口长城又被称为"一片石关"。在一片石之上，筑有九座泄水的城门，故称"九门口"。

九门口长城是长城的重要关口，跨越九江河，向北巍巍群山之上是辽东长城，向南翻越险峻的燕山与山海关相连，是山海关的羽翼。在城桥两端外侧增筑两座围城，形成了一个攻可进，退可守，纵深数里的军事防御体系。号称"京东首关"。

九门口长城的另一独特之处在于它有一条全长1027米的长城隧道。隧道里各类设施一应俱全，可供2000人生活训练。有了它，可攻可守，攻防自如。隧道连通关内关外，关外一个入口，关内两个出口。从长城的北隧道口出来，在九江河滩上，就是一片石古战场。最为惊心动魄的一次战事就是李自成与吴三桂、多尔衮的一片石之战。当年，吴三桂引清军就是从这条隧道入关，与驻守的李自成军队展开激战，这就是历史上著名的一片石之战。一场战事成为中国历史的转折点，清军顺利入关，清王朝的大幕正式拉开。

九门口长城集城、关、桥于一体，构成了极为完备的军事防御体系，是明代长城建筑的突出典范，是中华民族历史文化遗产中的一颗璀璨的明珠。

课后练习

1. "墙倒屋不倒"体现了中国古代建筑（　　）的特点。

　　A. 以木构架为主　　　　　　B. 布局合理

　　C. 造型优美　　　　　　　　D. 装饰丰富

【答案】A

2. 穿斗式建筑的优点是（　　）。

　　A. 减少室内对视线的阻碍　　B. 用料较少

　　C. 使室内空间更具连续性　　D. 减少了隐性围合空间

【答案】B

3. 中国古代建筑按屋顶的形式区分等级，下列从高到低排序正确的是(　　)。

A. 单檐庑殿顶—单檐歇山顶—硬山顶—悬山顶

B. 重檐攒尖顶—单檐歇山顶—硬山顶—悬山顶

C. 重檐庑殿顶—重檐歇山顶—悬山顶—硬山顶

D. 重檐歇山顶—重檐庑殿顶—悬山顶—硬山顶

【答案】C

4. 平面为圆形或多边形，屋面在顶部交会于一点，形成锥形的是（　　）。

A. 庑殿顶　　　B. 歇山顶　　　C. 卷棚顶　　　D. 攒尖顶

【答案】D

5. 可以使建筑物的面阔和进深加大，以满足扩大室内空间的要求的木构架结构形式是（　　）。

A. 穿斗式　　　B. 井干式　　　C. 抬梁式　　　D. 混合式

【答案】C

任务二　宫殿与坛庙

情景导入

前几天，北京导游小刘第一次带领游客去北京故宫参观，带团之前她查阅了大量的关于北京故宫的资料，并熟练地背诵了导游词，但是在带团的过程中游客的一些问题她还是不能准确地回答出来。中国古代宫殿建筑群蕴含了诸多的知识和文化，下面就让我们来共同学习吧。

基础知识

一、宫殿

宫殿是帝王朝会和居住的地方，以其巍峨壮丽的气势、宏大的规模和严谨整饬

的空间格局，给人强烈的精神感染，凸显帝王的权威。

宫殿是我国古代建筑中最高级、最豪华、艺术价值最高的一种类型。代表当时建筑技术与艺术的最高水平和东方帝制时代的壮美与恢宏。

（一）宫殿的布局

1. 严格的中轴对称

为了表现君权受命于天和以皇权为核心的等级观念，宫殿建筑采取严格的中轴对称的布局方式。中轴线上的建筑高大华丽，轴侧的建筑低小简单。这种明显的反差，体现了皇权的至高无上；中轴线纵长深远，更显示了帝王宫殿的尊严华贵。

2. 左祖右社

或称左庙右社。中国礼制思想中的一个重要内容即崇敬祖先、提倡孝道，祭祀土地神和粮食神。所谓"左祖"，是在宫殿左前方设祖庙，是帝王祭祀祖先的地方，因为是天子的祖庙，故称太庙；所谓"右社"，是在宫殿右前方设社稷坛。社为土地，稷为粮食。社稷坛是帝王祭祀土地神、粮食神的地方。

3. 前朝后寝

这是宫殿自身的布局。宫殿由前、后两部分组成，一墙之隔，"前堂后室"即"前朝后寝"。所谓"前朝"，即为帝王上朝治政、奉行大典之处；所谓"后寝"，即帝王和后妃们生活居住的地方。

（二）宫殿建筑的室外陈设

1. 华表

古代设在宫殿、城垣、桥梁、陵墓前，作为标志和装饰用的大柱。华表高高耸立，既体现了皇家的尊严，又给人以美的享受。华表一般为石质，柱身通常雕有蟠龙等纹饰，上端横插一云板，顶上有承露盘和蹲兽朝天犼。传说犼能下传天意，上达民意。华表竖立于皇宫和帝王陵园之前，作为皇家建筑的特殊标志。设在陵墓前的又名墓表。

2. 石狮（或铜狮）

宫殿大门前都有一对石狮（或铜狮）。石狮（或铜狮）有辟邪的作用；又因为狮是兽中之王，所以又有显示"尊贵"和"威严"的作用。按照中国文化的传统习俗，成对石狮系左雄右雌，雄狮爪下为球，象征着一统天下；雌狮爪下踩幼狮，象征着子孙绵延。

3. 日晷

即日影，它利用太阳的投影和地球自转的原理，借指针所生阴影的位置来显示时间。用于宫殿前亦是皇权的象征，一般与嘉量并列于左右，象征天地一统、江山永固。

4. 嘉量

我国古时的标准量器。全套量器从大到小依次为斛、斗、升、合、龠。含有统一度量衡的意义，象征着国家的统一和强盛。

5. 吉祥缸

置于宫殿前盛满清水以防火灾的水缸，有的是铜铸的。古代称为"门海"，比喻缸中水似海可以扑灭火灾，故又被誉为吉祥缸。

6. 鼎式香炉

香炉是古代的一种礼器，举行大典时用来盛放燃烧的檀香和松枝。

7. 铜龟、铜鹤

龟和鹤是中国传统文化中的神灵动物，用来象征长寿。最有名的被称为龙头龟、仙鹤。

（三）中国现存著名宫殿

1. 北京故宫

位于北京市中心，是世界上现存规模最大、最完整的古代木构建筑群。始建于1406年，历时14年才完工，为明清两代的皇宫，有24个皇帝相继在此登基执政。北京故宫占地72万平方米，建筑面积约15万平方米。宫殿分前后两部分，即前朝和内廷。前朝是皇帝奉行大典、召见群臣、行使权力的场所，以太和殿、中和殿、保和殿三大殿为中心。保和殿之北为内廷，是皇帝日常处理政务和帝后、嫔妃以及幼年皇子、公主居住、游玩、萨满祭祀之处。主要建筑有乾清宫、交泰殿、坤宁宫及两侧的十二座宫院。内廷有三座花园，即宁寿宫花园、慈宁宫花园和御花园。1911年辛亥革命爆发，末代皇帝溥仪退位后仍居内廷，直至1924年被逐出宫。1925年故宫博物院正式成立，延续至今。

2. 沈阳故宫

沈阳故宫位于沈阳古城的中心，是我国现存的两座宫殿建筑群之一，它始建于后金天命十年，即1625年，建成于1783年。是清政权入关前努尔哈赤、皇太极兴建和使用的宫殿，乾隆时期又有大规模增建和扩建。1644年清政权入关后，沈阳故宫成为"陪都宫殿"，康熙、乾隆、嘉庆、道光四位皇帝十次东巡祭祖期间在此居住。距今，沈阳故宫已有近400年历史，其主要宫殿建筑和历史风貌都得到了很好的保存。沈阳故宫代表着清政权入关前宫殿的最高艺术成就，蕴含着浓郁的满族传统文化，同时也呈现出汉、蒙古、藏等多元文化兼容并蓄的特征，所以有着极强的代表性，它于1961年成为首批全国重点文物保护单位，并于2004年7月被列入《世界遗产名录》。2017年1月，沈阳故宫博物院被评为国家一级博物馆。沈阳故宫占地面积6万多平方米，有建筑114座，500余间。从平面上看，沈阳故宫可分为东、中、西三路，东路建筑始建于努尔哈赤时期，中路为皇太极时期增建，中路两侧及西路建筑为乾隆时期增建与扩建。三路建筑虽建造的时间不同，但却十分完整与和谐。此外，这里还保存着十万余件宫廷珍藏，其背后所蕴藏的人文趣事也是异常丰富。

3. 布达拉宫

布达拉宫（西藏自治区布达拉宫管理处）坐落在海拔3700米的西藏自治区拉萨市中心的红山上，因其建造的悠久历史，建筑所表现出来的民族审美特征，以及对研究藏民族社会历史、文化、宗教所具有的特殊价值，而成为举世闻名的名胜古迹。

据史书记载：公元七世纪三十年代，吐蕃第三十三代赞普松赞干布迁都拉萨，始建布达拉宫为王宫。当时修建的整个宫堡规模宏大，外有三道城墙，内有千座宫室。松赞干布在此划分行政区域，分官建制、立法定律、号令群臣，施政全蕃，并遣使周边各国或与邻国建成姻亲关系或订立盟约，加强吐蕃与周边各民族经济和文化交流，促进吐蕃社会的繁荣。布达拉宫成为吐蕃王朝统一的政治中心，地位十分显赫。公元九世纪，随着吐蕃王朝的解体，布达拉宫遭冷落。

公元九世纪至十七世纪中叶的800余年中，由于西藏政治中心地的不断变移，历代的萨迦、帕竹、噶玛巴政权都未曾设首府于拉萨，布达拉宫也一直未能重建，仅为拉萨大昭寺隶属的一处宗教活动场所。当时藏传佛教噶当派高僧琼布扎色、德辛协巴、格鲁派始祖宗喀巴等不同教派著名人物在此举行过讲经传法等佛事活动。1642年，五世达赖喇嘛建立了甘丹颇章政教合一地方政权。拉萨再度成为西藏政治、宗教、文化、经济的中心首府。1645年，五世达赖喇嘛决定重建布达拉宫。

1648年基本建成以白宫为主题的建筑群，将行政办公地由哲蚌寺移至布达拉宫白宫。从此布达拉宫成为历代达赖喇嘛居住和进行宗教活动和处理行政事务的重要场所。

五世达赖喇嘛圆寂后，于1690年至1694年扩建红宫，修建了五世达赖喇嘛灵塔殿为主的红宫建筑群，基本形成布达拉宫的建筑规模。十三世达赖喇嘛在位期间，又在白宫东侧顶层增建了东日光殿和布达拉宫山脚下的部分附属建筑。1933年十三世达赖喇嘛圆寂，灵塔殿建于红宫西侧，并与红宫结成统一整体。至此，从公元十七世纪中叶开始的布达拉宫重建和增扩工程全部完成。

经过1300多年的历史，布达拉宫形成了占地面积40万平方米，建筑面积13万平方米，主楼红宫高达115.703米，具有宫殿、灵塔殿、大殿、佛殿、经堂、重要职能机构办公处、曾官学校、宿舍、庭院、回廊等诸多功能的巨型宫堡。宫内珍藏8座达赖喇嘛金质灵塔，5座精美绝伦的立体坛城以及瓷器、金银铜器、佛像、佛塔、唐卡、服饰等各类文物约7万余件，典籍6万余函卷（部），成为名副其实的文物瑰宝，受到世界各国人民的关注。

二、坛庙

（一）祭祀与坛庙建筑

中国古代建筑除以"礼"来制约各类建筑的形制以外，同时还有一系列由"礼"的要求而产生的建筑。帝王、官吏和民间祭祀天地、日月、名人、祖先的坛、庙、祠等均属于这类礼制建筑。

祭祀天、地、日、月等活动，是历代帝王登基后的重要活动。祭天在南郊的天坛，时间在冬至日；祭地在北郊的地坛，时间在夏至日；祭日于东郊的日坛，时间在春分日；祭月于西郊的月坛，时间在秋分日。因为祭天、地、日、月等活动都在郊外进行，所以统称为郊祭。

历史上一些立下丰功伟业的皇帝，如秦始皇、汉武帝等，都曾登五岳之首泰山举行特殊的祭告天地典礼，称为"封禅大典"。

（二）中国现存著名坛庙

1. 北京太庙

位于天安门东侧，为明、清两代皇室祖庙，今为劳动人民文化宫。其位置按照

中国传统的"左祖右社"的规定，平面呈南北向长方形，正门在南，四周有围墙三重。主要建筑为大殿及配殿，前面有琉璃砖门及戟门各一座，两门之间有7座石桥。外有高大厚重的墙垣和树冠茂密的古柏，内有空敞宁静的庭园，庄严肃穆，静谧安宁。

2. 北京社稷坛

位于天安门西侧。中国传统的治国思想是"以农为本"，发展农业生产与土地密切相关，所以要祭祀土地神和粮食神。古代以"社稷"代称国家。北京社稷坛按"五行"中五方五色的配置，中央为黄。东方为青，南方为红，西方为白，北方为黑，用五色土覆盖于坛面，以象征"普天之下，莫非王土"和祈求全国风调雨顺、五谷丰登。由于祭祀社稷是由北向南设祭，所以其总体形制与太庙相反，即享殿、拜殿及正门均在北，以正门、享殿、拜殿、五色土方坛为序，由北向南展开。

3. 天坛

始建于明永乐年间，是明清皇帝祭天和祈祷丰年的地方，是中国礼制建筑中规模最大、等级最高的建筑群。在布局上，天坛按照使用性质的不同划分为五组建筑：在内墙内沿南北中轴线，南部有祭天的圜丘坛；中部有存放上天和诸神灵位的皇穹宇；北部有祈祷丰年的祈年殿；内墙西门南侧是皇帝祭祀前斋宿的宫殿斋宫；外墙西门以内有饲养祭祀用牲畜的牺牲所和培训舞乐人员的神乐署。圜丘坛和祈年殿是建筑群的主体，中间以400米长砖铺砌的甬道相连，称"丹陛桥"。天坛的设计采用象征表现手法来展示中国传统文化的寓意。北圆南方的坛墙和圆形建筑搭配方形外墙的设计，都寓意着"天圆地方"的宇宙观。

4. 地坛

位于北京，始建于明嘉靖年间，是明清两朝帝王祭祀"后土皇地祇"的场所，也是我国现存最大的祭地之坛。坛呈方形，地坛现存有方泽坛、皇祇室等古建筑。天坛和地坛从整体到局部都是遵照我国古代"天圆地方""天青地黄""天南地北"等传统观念和象征传说构思设计。

5. 曲阜孔庙

"千年礼乐归东鲁，万古衣冠拜素王"，孔庙是我国历代封建王朝祭祀孔子的庙宇，规模宏大、气势雄伟壮丽、被誉为"天下第一庙"。占地约14万平方米，殿堂阁庑466间，门坊54座，碑亭17座。它规模之大，与北京故宫、承德避暑山庄并称为全国三大古建筑群。主要景点包括金声玉振坊、圣时门、奎文阁、成化碑、大成门、先师手植桧、杏坛、大成殿、诗礼堂。1994 年，孔庙、孔林、孔府被联合国列入《世界遗产名录》。

知识拓展

古代建筑屋顶上的"五脊六兽"究竟指的是什么呢？

在中国古代，建筑屋顶的样式有严格的要求，其中庑（wǔ）殿顶和歇山顶等级较高，主要用于宫殿、寺庙等建筑；攒尖顶主要用于亭子、宝塔等圆顶或方顶的建筑；而悬山顶和硬山顶等级较低，主要用于普通百姓的民居。

庑殿顶由一条正脊和四条垂脊组成，又称"五脊顶"，是宫殿最常用的结构，其屋顶四面形成四个斜坡，屋角和屋檐向上翘起，故也称四阿顶。这种屋顶样式由来已久，《周礼·考工记》中就有"殷人重屋，堂修七寻，堂崇三尺，四阿重屋"的记载。此外还有重檐庑殿顶，就是再伸出一层屋檐，视觉上像是又加了一层顶，故宫太和殿用的就是这种屋顶。

歇山顶也常用于高等级建筑中，由一根正脊和四根垂脊、四根戗脊组成，又称"九脊顶"。屋顶由四个倾斜的屋面和两侧的三角形小墙面（称为山花）组成。此外，也有重檐歇山顶，故宫的保和殿用的就是重檐歇山顶。一般认为歇山顶的样式起源于南方地区，是为了避免在屋脊下形成热死角，起到保护木质构件的作用。

考虑到视觉美感，圆顶或方顶的建筑多用攒尖顶（斗尖），这种屋顶为锥形，没有正脊，顶部集中于"宝顶"，也有重檐的样式。攒尖顶又分为圆顶攒尖和角式攒尖，圆顶攒尖没有垂脊，角式攒尖有与角数相同的垂脊。天坛的祈年殿是三重檐的圆顶攒尖，故宫的中和殿是四角式攒尖。相比之下，普通民居使用的屋顶样式就要简单得多。悬山顶由一条正脊和四条垂脊组成，但是屋顶只有两个面，称为二坡，因房屋两侧的屋脊略悬伸出墙（山墙）外而得名。硬山顶同样由一条正脊、四条垂脊和两个坡面组成，但是屋脊不伸出山墙。

中国古代建筑历来重视屋顶装饰，可追溯至春秋时期。在绍兴坡塘狮子山出土的伎乐铜屋，其屋顶上就装饰着一只铜鸟。到了两汉时期，建筑的门阙和屋顶一般会装饰凤凰或朱雀。据《三辅黄图》记载，汉代"建章宫南有玉堂，璧门三层，台高三十丈，玉堂内殿十二门，阶陛皆玉为之。铸铜凤高五尺，饰黄金栖屋上，下有转枢，向风若翔。"

晋代开始，又有了鸱（chī）尾的装饰，据《晋书》记载："丙寅，震太庙鸱尾"；"鹊巢太极东头鸱尾"。唐代，在宫殿的正脊两侧装饰鸱尾成了定制。宋代屋顶的装饰种类已基本完备，特别是《营造法式》一书的出现，对于建筑的各种样式做了较为系统的规范。明清时期，等级制度更加严格，对于建筑的装饰要求也更加规范。《明史·舆服志》记载："明初，禁官民房屋不许雕刻古帝后、圣贤人物及日月、龙凤、狻猊、麒麟、犀象之形。"

总体而言，中国古代建筑屋顶上的装饰物主要有鸱尾、望兽、垂兽、脊兽、套兽、宝顶、走兽等几种，造型大多取自动物的特定部位。

鸱尾，又称鸱吻、螭吻、蚩吻、正吻、吞脊兽，原是一种海中怪兽。《太平御览》转引《唐会要》载："汉柏梁殿灾后，越巫言海中有鱼虬尾似鸱，激浪即降雨。遂作其象於屋以厌火祥。"鸱尾早期是鱼尾巴的造型，后来与佛教中的摩羯鱼形象融合，形成了半龙半鱼的样子。明清时期，鸱尾变成为张开大嘴向内吞吃屋脊，背上还插着一把剑的龙头形象。

在一些城楼、钟鼓楼类的建筑正脊两侧则会装饰望兽，又称正脊兽。望兽也是龙头造型，但与鸱尾不同，头部是向外的。有些采用歇山顶的民居会在垂脊和戗脊交汇的地方分别装饰垂兽和戗兽，这两种装饰本来的作用是为了防止屋脊上的瓦片下滑，后来发展成了装饰物。

此外，有些建筑在屋檐的最外侧会伸出一小截房梁，称为仔角梁。为了保护仔角梁不被雨水侵蚀，会在上面套上一个陶制的建筑构件，也就是套兽。如前所述，锥形的攒尖顶必有一个"尖儿"，这就是宝顶。宝顶一般为须弥座托宝珠的样式，也有宝塔形、香炉形等。个别非攒尖顶的屋顶也会在正脊中间安放宝顶。

走兽也称蹲兽、跑兽、小跑，是装饰在垂脊或戗脊上的一排小兽的总称。古人为了防止屋脊上的屋瓦脱落，会在瓦片之间钉入铁钉，这些形状各异的走兽就是由铁钉的顶帽演变而来的。在宋代建筑上，檐角处会装饰一个人面鸟身的怪兽，名叫嫔伽。嫔伽又称迦陵频伽，是佛教传说中的神鸟，因歌声优美，又称妙音鸟。到了明清时期，人面鸟身的嫔伽逐渐演变成了骑着凤鸟的道家仙人模样，称为"骑凤仙人"，后也称"骑鸡仙人"。

根据《钦定大清会典则例》的记载，清宫屋脊上的仙人后面跟了"龙、凤、狮子、天马、海马、狻猊（suānní）、押鱼、獬豸（xièzhì）、斗牛、行什"等异兽，而民间流传的顺口溜也描述了太和殿屋顶上的动物们："一龙二凤三狮子，海马天马六押鱼，狻猊獬豸九斗牛，最后行什像个猴。"龙、凤、狮子都是我们所熟知的动物，那么剩下的走兽都是些什么动物呢？

首先来看"海马天马六押鱼"。早在唐代，海兽葡萄纹（也称海马葡萄纹）铜镜上面就有天马和海马的纹饰。所谓"海马"，是在海中奔驰的骏马，后来成为瓷器上常见的装饰纹样，明清时期的九品武官的官服也以海马为补子图案。

相应地，"天马"则是在空中翱翔的马。据《汉书》记载，"初，天子发书《易》，曰'神马当从西北来'。得乌孙马好，名曰：'天马'。及得宛汗血马，益壮，更名乌孙马曰'西极马'，宛马曰'天马'云。"东汉画像砖上开始出现带翅膀的天马形象，唐代以后，天马形象更为常见，陵寝前的石像、铜镜上的纹饰中都会出现。"押鱼"则是一种龙头鱼身的形象，也被称为鳌鱼，明代《菽园杂记》记载："鳌鱼，其形似龙，好吞火，故立于屋脊上。"

其次是"狻猊獬豸九斗牛"，是三种有神话色彩的异兽。据《尔雅》载："狻猊，如彪猫，食虎豹。"在注解中，郭璞认为这就是西域传入的异兽狮子。獬豸在古代则是司法公正的象征，据《异物志》载："东北荒中有兽，名獬豸，一角，性忠，见人斗则触不直者，闻人论则咋不正者。"汉代负责司法的廷尉、御史、郡监等要戴獬豸冠，明清时期御史的官服用獬豸补子。"斗牛"的名称来源于二十八宿的斗宿和牛宿，是一种有两只弯角的龙，明代有一种赐服"斗牛服"，就使用了这种图案。

最后一句话中的"行什"在走兽序列中正好排第十，因此而得名。它猴脸、尖嘴、鸟爪，背后有翅膀，是典型的雷公形象，放在屋顶是为了起到防雷的作用。

除了仙人以外，走兽都是按照九、七、五、三这样单数出现。比如保和殿上是九只，中和殿上是七只，东西六宫上面是五只，只有太和殿上面的走兽是十只。为什么太和殿上的走兽是十只呢？原来康熙十八年（1679年），一场大火烧毁了太和殿，康熙三十四年至三十六年（1695—1697年），太和殿重建完成。明代的琉璃瓦件共分为十样，其中头样瓦最大，十样瓦最小，太和殿（那时叫皇极殿）筒瓦用的是头样。到了清朝，头样瓦已经不再烧造，根据《太和殿纪事》记载，重修用的

二样筒瓦。在重建太和殿时，如果还安装九只走兽，就会造成后面出现位置空缺，因此才在后面加上了一只"行什"。

故宫里东西六宫住的都是后妃，深宫里的人每天看着屋顶，无事可做，心里也就难免觉得"五脊六兽"了。

课后练习

1. 嘉量是中国古代的标准量器，全套量器从大到小依次为（　　　）。

　　A. 斛、斗、合、升、龠　　　　B. 斛、升、斗、合、龠

　　C. 斛、斗、升、合、龠　　　　D. 斛、斗、升、龠、合

【答案】C

2. （　）是寺庙佛座上方或宫殿宝座上的凹进部分，含五行以水克火，预防火灾之意。

　　A. 平棊　　　B. 平闇　　　C. 藻井　　　D. 天花板

【答案】C

3. 北京天坛由四组建筑组成，其中用于祭天的建筑是（　　）。

　　A. 圜丘坛　　B. 祈年殿　　C. 皇穹宇　　D. 斋宫

【答案】A

4. 清代后期将故宫（　　）作为殿试的场所。

　　A. 太和殿　　B. 中和殿　　C. 保和殿　　D. 交泰殿

【答案】C

5. 多选：下列关于台北故宫博物院的表述，正确的是（　　　）。

　　A. 位于台北市士林区外双溪，1965 年建成

　　B. 仿照北京故宫博物院形式

　　C. 采用中国宫廷式设计

　　D. 大楼前有蒋介石雕像

　　E. 建筑由中央博物院与北平故宫博物院组成

【答案】ABCE

任务三 陵墓建筑

情景导入

一群外国游客跟着导游员小张参观沈阳清昭陵，走在昭陵神道上时，外国游客纷纷被神道上的石像生吸引住了，问小张："这些是什么啊？装饰用的吗？"小张给游客们讲述了中国古代陵墓的布局、神道的作用、眼前这些石人石兽的作用等。下面就让我们来共同学习吧。

基础知识

陵墓建筑是中国古代建筑的重要组成部分，中国古人基于人死而灵魂不灭的观念，普遍重视丧葬，因此，无论任何阶层对陵墓皆精心构筑。陵墓由封土、陵寝和墓室构成。

一、封土的沿革

自产生灵魂观念以后，人们开始产生筑坟的念头。大约从周代开始，出现"封土为坟"的做法。按照官吏级别大小以决定封土的大小，当然天子、诸侯死了以后，其陵墓封土无疑是最大的。

（一）秦汉两代的"方上"

早期帝王的陵墓，是在地宫之上用黄土层层夯筑而成，呈覆斗形。因为陵墓的上部是方形平顶，犹如方形锥体被截去顶部，故名"方上"。现存秦代秦始皇陵以及汉代帝王陵墓，都取方上形式，其中尤以秦始皇陵为典型。

（二）唐代改为"以山为陵"

到了唐代，李世民认为平地筑起高坡太劳民伤财，同时为了防止水土流失和盗墓，即改为"以山为陵"的形式。唐乾陵即为典型的例子。

（三）宋代恢复"方上"

宋代恢复"方上"的形式，但不是简单重复，宋代的"方上"其规模要比秦汉时代小得多。

（四）明清两代的"宝城宝顶"

一般形式为，在地宫上砌筑高大的圆形砖城，城墙上设垛口和女儿墙，犹如一座小城，即为宝城；于砖城内填上土，使之高出城墙呈一圆顶，这一圆顶即为宝顶。

二、陵园的建筑布局

早在商代，在王陵和贵族墓的墓室之上就出现了供祭祀用的房屋建筑。帝王陵的地面建筑主要有三部分：

（一）祭祀建筑区

为陵园建筑的重要部分，用来供祭祀之用。主要建筑物是祭殿，早期曾称作享殿、献殿、寝殿、陵殿等。秦始皇陵陵园的北部设有寝殿，开帝陵设寝的先例。

（二）神道

是通向祭殿和宝城的导引大道。唐以前，神道并不长，在道旁置少数石刻。到了唐朝，陵前的神道石刻有了很大的发展，大型的"石像生"仪仗队石刻已经形成。如唐乾陵的神道，全长约1千米。到明清时期，帝王陵神道发展到了高峰。明十三陵的神道全长达7千米，清东陵的神道长5千米。

（三）护陵监

护陵监是专门保护和管理陵园的机构，为了防止被盗掘和破坏，每个皇帝的陵都设有护陵监。监的外面有围墙，里面有衙署、住宅等建筑。

三、墓室结构

（一）土穴墓

在原始社会早期，墓穴形式很简单，只在地下挖一土坑，墓坑一般都小而浅，仅能容纳尸体。

（二）木椁墓

进入阶级社会后，墓葬制度中存在着严格的阶级和等级的差别，统治阶级的陵墓有着十分宏大的规模，贵族的墓都用木材筑成椁室。椁是盛放棺木的"宫室"，即棺外的套棺，用砍伐整齐的大木枋子或厚板以榫卯构成一个扁平的大套箱，下有底盘，上有大盖。在椁内分成数格，正中放棺，两旁和上下围绕着几个方格，称为厢，分别安放随葬品，湖南长沙马王堆的西汉墓其棺椁形式即如此。

（三）砖石墓

从汉代开始，普遍采用砖石筑墓室，木椁墓室逐渐被取代，这是中国古代陵墓制度一次划时代的大变化。西汉晚期开始出现石室墓，墓室中雕刻着画像，故称"画像石墓"。墓室的结构和布局也是仿照现实生活中的住宅。

从汉到隋、唐、宋、元、明、清各代，砖石砌筑的墓室和地宫不断发展，最著名的地下宫殿是明代万历皇帝的定陵。

四、中国现存著名陵寝

（一）秦始皇陵

是中国历史上第一个皇帝嬴政的陵墓，位于陕西省西安市临潼区骊山脚下，是中国古代最大的一座帝王陵墓，也是世界上最大的一座陵墓。秦始皇陵筑有内外两重夯土城垣，象征着都城的皇城和宫城。陵园总面积为56.25平方千米。陵冢位于内城南部，呈覆斗形，现高51米，底边周长1700余米。秦始皇陵四周分布着大量形制不同、内涵各异的陪葬坑和墓葬。1974年春在此发现兵马俑坑，先后发掘了三处，分别称为一号坑、二号坑和三号坑。俑坑坐西向东，呈"品"字形排列，坑内有陶俑、陶马8000多件，还有4万多件青铜兵器。这些按当时军阵编组的陶俑、陶马为秦代军事编制、作战方式、骑兵步卒装备的研究提供了形象的实物资料。秦始皇陵兵马俑被誉为"世界第八大奇迹"，1987年与秦始皇陵一起被联合国教科文组织列入《世界文化遗产名录》。

（二）汉茂陵

是汉武帝刘彻的陵墓，位于陕西省兴平市，是西汉帝王陵中规模最大的一座，始建于武帝即位后的第二年，历时53年才修成，是"汉兴厚葬"的典型。陵园四周呈方形，平顶，上小下大，形如覆斗，显得庄严稳重。茂陵周围还有霍去病、卫青等20余个陪葬墓。

（三）唐乾陵

是唐高宗李治和女皇武则天的合葬墓，位于陕西省乾县。乾陵采用依山为陵的

建造方式，乾陵最著名的是它气势磅礴的陵园规划，以及地表上大量的唐代石刻。其中东侧的"无字碑"很著名，据说武则天"功高业大"，难以用文字表达；另一说武则天认为自己功过是非应让后人评价，所以无字。乾陵神道两侧列有当时曾参加高宗葬礼的少数民族首领和外国使臣的石刻碑像61尊，背上刻有国名、官职和姓名，因年久风化，大部分已经剥蚀不清。乾陵的周围有主要家族、臣僚的陪葬墓17座。

（四）北宋陵

位于河南省巩义市，北宋九个皇帝，除徽、钦二帝被金虏后囚死漠北外，均葬于此处，共七帝八陵（包括赵匡胤父亲赵宏殷墓）。附葬皇后墓20余座；陪葬宗室及王公大臣，如寇准、包拯等墓300多座。宋陵面朝嵩山，背负洛水，各陵建制、布局基本相同，四周筑以夯土墙，四面正中辟一神门，四隅建角阙。园内正中是陵台，夯土筑成，呈覆斗形，台南置石雕宫人一对。南神门外的神道两侧排列有文臣武将、驭手以及石兽等石像生。

（五）明孝陵、明十三陵、明显陵

明孝陵在南京市东郊紫金山南麓，明朝开国皇帝朱元璋和皇后马氏合葬于此。作为中国明陵之首的明孝陵壮观宏伟，代表了明初建筑和石刻艺术的最高成就，直接影响了明清两代500多年帝王陵寝的形制。明孝陵从起点下马坊至地宫所在地的宝顶，纵深达2600多米，沿途分布着30多处不同风格、用途各异的建筑物和石雕艺术品，整体布局宏大有序，单体建筑厚重雄伟，细部装饰工艺精湛。明十三陵位于北京市昌平区北天寿山南麓，陵区方圆40平方千米，环葬着明代的十三位皇帝。长陵为朱棣之陵墓，位居陵区正中。各陵共设一个神道与牌坊、石像生等，整体布局由神道和陵园两部分组成。在明十三陵中，长陵是永乐帝朱棣与皇后徐氏的合葬墓，以其宏伟的地面建筑闻名于世；定陵是明代第十三帝神宗朱翊钧及其二后的陵墓，1956年经过考古发掘，揭开了其地宫之谜。明显陵位于湖北省钟祥市，是明世宗嘉靖皇帝的父亲恭睿献皇帝和母亲章圣皇太后的合葬墓。明显陵规划布局和建筑手法独特，在明代帝陵规制中具有承上启下的作用。尤其是"一陵两冢"的陵寝结构为历代帝王陵墓所绝无仅有。

（六）清陵

有清一代十二帝，共有三座皇陵。分别是：辽宁的盛京三陵、河北遵化的清东陵和河北易县的清西陵。盛京三陵又称"关外三陵",包括清太祖努尔哈赤的福陵、清太宗皇太极的昭陵以及抚顺赫图阿拉埋葬清远祖的永陵。清入关后,除末代皇帝宣统未以帝王形式葬入皇陵外,其他的九位帝王散落地分布在清东陵和清西陵。其中,清东陵埋葬着顺治、康熙、乾隆、咸丰、同治五位帝王,清西陵埋葬着雍正、嘉庆、道光、光绪四位帝王。

(七)西夏王陵

位于宁夏银川市西,西傍贺兰山,东临银川平原,是现存规模最大的一处西夏文化遗址。西夏王陵的营建年代约自11世纪初至13世纪初,受佛教建筑的影响,使汉族文化、佛教文化、党项族文化有机结合,构成了我国陵园建筑中别具一格的形式。占地面积约50平方千米,分布有9座帝王陵墓,250余座王侯勋戚的陪葬墓。每座帝陵都是坐北向南,呈纵长方形的独立建筑群。规模同明十三陵相当。其建筑形式及文化内涵神秘,墓冢呈塔状,有东方金字塔之称。

知识拓展

关外三陵

"关外三陵",即盛京三陵(福陵、昭陵、永陵),始建于清入关前,康熙、乾隆年间形成完整面貌。2004年,"关外三陵"与沈阳故宫被列入世界文化遗产名录。

清福陵是清太祖努尔哈赤的陵寝。1626年,皇太极为其兴建。1629年,努尔哈赤及孝慈高皇后灵柩入葬。福陵选址于沈阳城东的天柱山上,俗称东陵。此处自然地理环境得天独厚。前有浑河蜿蜒流过,后有峰峦屏护。古树参天,红墙黄瓦的建筑群掩映于苍松翠柏之中,显得格外巍峨庄严。1988年国务院将其列为全国重点文物保护单位。

清昭陵是清太宗皇太极和皇后的陵寝。1643年始建,1689年基本形成完整格局。昭陵位于沈阳城北,俗称北陵。是盛京三陵中规模最大的一座。由于昭陵建于相对平坦地带,扩展空间较大,故开挖人工河道,再将挖出的土运至北部堆成陵山,即"隆业山"。这样便基本上具备了帝王陵寝应有的山水要素。1982年,国务院公布清昭陵为全国重点文物保护单位。

永陵位于抚顺市新宾满族自治县。为清代皇族爱新觉罗氏祖陵,是盛京三陵中

最晚建成的。永陵历史可上溯到努尔哈赤崛起之初（约1598年），至康熙时期基本形成现存面貌。努尔哈赤在此修建家族墓园，安葬努尔哈赤曾祖福满、祖父觉昌安、父亲塔克世及更早祖先孟特穆等人的衣冠冢。1988年被公布为全国重点文物保护单位。

盛京三陵是中国现存规模较大，体系较完整的封建帝后陵寝建筑群，建筑群融满汉民族建筑艺术于一体，体现了早期丧葬理念逐渐汉化时的皇陵建筑形式与格局，是满汉民族建筑艺术、丧葬理念相融合的实物例证，具有极高的历史、文化和艺术价值。清朝的二百年间，一直是皇帝从事礼制活动的主要场所。因此，无论是建造遗存，还是其所包含的历史史实，都是研究清朝陵寝制度、丧葬礼仪及清初的殉葬制度、祭祀制度、职官体制以及政治、经济、文化等方面的实物资料，是中国古代帝陵建筑的重要组成部分，也是中国历史文化的最好见证。

课后练习

1. 在明代帝陵规制中具有承上启下作用的帝陵是（　　）。

    A. 明定陵　　　B. 明长陵　　　C. 明献陵　　　D. 明显陵

【答案】D

2. （　　）是中国保留至今最古老的帝陵。

    A. 黄帝陵　　　B. 炎帝陵　　　C. 尧帝陵　　　D. 舜帝陵

【答案】A

3. （　　）位于陕西西安临潼，是中国古代最大，也是世界最大的帝王陵墓。

    A. 秦始皇陵　　B. 汉茂陵　　　C. 唐昭陵　　　D. 唐乾陵

【答案】A

4. 关外三陵中规模最大、占地面积最广、保存最为完整的一座是（　　）。

    A. 永陵　　　　B. 清昭陵　　　C. 清福陵　　　D. 东京陵

【答案】B

5. "以山为陵"是（　　）陵墓的形式

    A. 周代　　　　B. 秦汉　　　　C. 唐代　　　　D. 明代

【答案】C

任务四 中国著名的古楼阁、佛塔、古桥

情景导入

地接导游小赵在一次带团的过程中,被游客问及中国古代四大名楼都有哪些?他只回答上来两个,感觉到特别羞愧,回家后查阅了大量的资料进行了学习。下面就让我们来共同学习吧。

基础知识

一、古楼阁

中国古代楼阁系多层木构建筑。西汉以后逐渐发展并取代了春秋以来盛行的高台建筑。

(一)古楼阁的类型

1. 宗教楼阁

楼阁内常供奉高大佛像,是寺院的中心建筑,如天津市蓟州区独乐寺观音阁、承德普宁寺大乘之阁等。某些大组群的配殿也常是楼阁,以其高直的体形与大殿的横平体形形成对比。

2. 文化楼阁

以楼阁作为储藏图书、经卷之用。如明代浙江宁波天一阁,储存四库全书的清代皇家藏书楼文渊阁、文津阁、文澜阁、文溯阁、文汇阁等。

3. 军事性楼阁

如城楼、箭楼、敌楼等。

4. 游赏性楼阁

取其高耸,可登临远眺,观赏风景,同时也可成景。

5. 居住建筑中的楼阁

作为居住建筑的一部分，其用途多种多样。大部分楼阁并不是只具有一种功能。

(二) 中国现存著名楼阁

1. 黄鹤楼

位于湖北省武汉市武昌区，地处蛇山之巅，濒临万里长江，为武汉市地标建筑；因唐代诗人崔颢登楼所题《黄鹤楼》一诗而名扬四海。

位于湖北省武汉市长江南岸的武昌蛇山之巅，濒临万里长江，始建于三国时代吴黄武二年（223年），自古享有"天下江山第一楼"和"天下绝景"之称。黄鹤楼是武汉市标志性建筑，与晴川阁、古琴台并称"武汉三大名胜"。历代文人墨客在此留下了许多千古绝唱，以唐代诗人崔颢的《黄鹤楼》最负盛名。

黄鹤楼自古有"天下绝景"之美誉，是"武汉十大景"之首、"中国古代四大名楼"之一、"中国十大历史文化名楼"之一，世称"天下江山第一楼"。外观五层，内部实际有九层，隐含九五至尊之意，八角飞檐的鹤翼造型体现了黄鹤楼的独特文化，使中国传统建筑特色与文化意蕴完美结合。

2. 岳阳楼

位于湖南岳阳，始建于三国东吴时期，自古有"洞庭天下水，岳阳天下楼"之誉，北宋范仲淹脍炙人口的《岳阳楼记》更使岳阳楼著称于世。现在的岳阳楼是清光绪年间的建筑，坐东向西，面临洞庭湖，遥见君山。屋顶为四坡盔顶，屋面上凸下凹，为中国现存最大盔顶建筑。

岳阳楼内一楼悬挂《岳阳楼记》雕屏及诗文、对联、雕刻等；二楼正中悬有紫檀木雕屏，上刻有清朝书法家张照书写的《岳阳楼记》；三楼悬有毛泽东手书的杜甫《登岳阳楼》诗词雕屏，檐柱上挂"长庚李白书"对联"水天一色，风月无边"，具有一定的观赏价值。岳阳楼作为江南三大名楼中唯一保持原构的古建筑，独特的盔顶结构体现了古代劳动人民的聪明智慧及能工巧匠的精巧设计技能。

3. 滕王阁

滕王阁，位于江西省南昌市东湖区，地处赣江东岸，为南昌市地标性建筑、豫章古文明之象征，因初唐诗人王勃所作《滕王阁序》而闻名于世，是中国古代四大名楼之一、"中国十大历史文化名楼"之一，世称"西江第一楼"。始建于唐永徽四年（653年），因唐太宗李世民之弟——滕王李元婴始建而得名，又因初唐诗人王勃的《滕王阁序》为后人熟知，流芳后世。滕王阁与湖北武汉黄鹤楼、湖南岳阳楼并称为"江南三大名楼"。

滕王阁主体建筑高 57.5 米，建筑面积 13000 平方米；其下部为象征古城墙的 12 米高台座，分为两级；台座以上的主阁取"明三暗七"格式，为三层带回廊仿宋式建筑，内部共有七层，分为三个明层、三个暗层及阁楼；正脊鸱吻为仿宋特制，高达 3.5 米。

4. 山东烟台蓬莱阁

蓬莱阁，位于山东省烟台市蓬莱区迎宾路 7 号蓬莱水城景区内，地处丹崖山上，因"八仙过海"传说和"海市蜃楼"奇观而闻名四海。"蓬莱十大景"中有八景位于蓬莱阁；自古有"人间仙境"之美誉，是"中国十大历史文化名楼"之一，世称"江北第一阁"。

蓬莱阁主体建筑在蓬莱阁建筑群后部居中，阁高 15 米，坐北朝南，为双层木结构楼阁建筑，重檐八角，阁上四周环以朱赤明廊，可供游人登临远眺，是观赏"海市蜃楼"奇异景观的最佳处所。

虽经过扩建、重修，却是唯一一座没遭毁掉的楼阁，由龙王宫、吕祖殿、三清殿、弥陀寺、天后宫及蓬莱阁等殿宇楼阁组成。建筑群落沿山势逐级而建直至山巅，错落有致，布局巧妙合理。那盘旋而上尖尖的阁顶无论从哪个方向都不曾离开视野。即便是在远处的三仙山和八仙过海景区都清晰可见。蓬莱阁主楼位于天后宫西北丹崖绝顶，为双层木质结构楼阁建筑，高 11.55 米，建于宋嘉祐六年（1061 年）。

蓬莱阁由天后宫、龙王宫、蓬莱阁、吕祖殿、三清殿、弥陀寺等六个单体和附属建筑组成，形成了规模宏大的古建筑群，面积近两万平方米，建筑群中楼台殿阁分布得宜，寺庙园林交相辉映，各因地势，飞檐列栋，烟斜雾横，山丹海碧，协调壮观，独有千秋。阁东、西两侧前方各筑偏房、耳房，对称分布，耳房亦做门厅，有道路连接偏房及登阁石阶；阁西侧有避风亭，又名海市；阁东侧建有卧碑亭和苏公祠；苏公祠东有宾日楼、普照楼和观澜亭；阁后有仙人桥，传为八仙过海处；阁东侧前部为白云宫，主体建筑是三清殿；三清殿东为吕祖殿，弥陀寺在南部山下，为独立建筑。

二、古塔

塔源于古印度，中国的古塔是随着佛教从古代印度传入的。

（一）古塔的主要类型

在我国，塔的种类很多，从塔的造型看，主要有楼阁式塔、密檐式塔、覆钵式塔、金刚宝座塔等。

1. 楼阁式塔

源于中国传统建筑中的楼阁形式，可以登高远眺。这种形式的塔为数众多、历史最久，形式也最为壮观。其从木塔起源，隋唐以后多为砖石仿木结构，千姿百态。从平面形式分，有正方、六角、八角以及十二角等多种形体。

2. 密檐式塔

以外檐层数多且间隔小而得名。塔下部第一层塔身特别高，以上各层则塔檐层层重叠，距离很近。密檐式塔大都是实心的，一般不能登临。

3. 覆钵式塔

又称喇嘛塔，是藏传佛教的一种独特的建筑形式，与印度"窣堵坡"很相近。其主要特点：台基与塔刹造型讲究，一个高大基座上安置一个巨大的圆形塔肚，其上竖立着塔刹，塔刹上刻有许多相轮，顶部有华盖、仰月、日轮和宝珠（火焰珠）。

4. 金刚宝座塔

该类塔的形式一般在高大的台基座上建筑五座密檐方形石塔（象征五方五佛）和一个圆顶小佛殿。虽然这种建筑在敦煌石窟的隋代壁画中已经出现，然而最早的实物始见于明代。中国式的金刚宝座塔比印度提高了塔基座，缩小了基座上的小塔，尤其在塔座和塔身的装饰雕刻中，掺入大量藏传佛教的题材和风格。

（二）中国现存著名古塔

1. 西安大雁塔（楼阁式）

位于西安市南郊大慈恩寺门前广场，故又名慈恩寺塔，是全国著名的古代建筑，被视为古都西安的象征。大雁塔初建于唐高宗永徽三年（652年），是由玄奘设计建造的仿印度窣堵坡式佛塔，50余年后塔身逐渐塌损。武则天长安年间（701—704年），武则天和王公贵族施钱在原址上重新建造，新建为七层楼阁式青砖塔（一说原为10层），高64米。自第一层以上逐层内收，形如方锥体，非常稳固。塔内设木梯楼板，可以逐层上登，远眺四方。大雁塔是玄奘西行求法、归国译经的纪念建筑物，具有重要的历史价值。

2. 应县木塔（楼阁式）

即佛宫寺释迦塔，坐落于山西省应县佛宫寺内。木塔建于辽代，平面呈八角形，外观 5 层，夹有暗层 4 层，实为 9 层，通高 67.13 米。塔内明层均有塑像。应县木塔是我国现存最古、最高的一座木结构大塔。

3. 泉州开元寺双塔（楼阁式）

位于福建省泉州市。东塔称镇国塔，西塔名仁寿塔，两塔相距 200 米。东塔始建于唐咸通年间，为木塔，宋代两次改建，先为砖砌，后为石砌，高 48.24 米。塔基四周有佛本生故事浮雕。西塔初亦为木塔，建于五代后梁年间，北宋时改为砖砌，南宋时再改为石塔，高 44 米。双塔忠实地模仿了木楼阁式样，5 层塔檐起翘甚大、气魄宏伟，呈现出南方建筑风格。

4. 嵩岳寺塔（密檐式）

位于河南省登封市城西北 5 千米处嵩山南麓峻极峰下嵩岳寺内，初建于北魏，是中国现存最早的砖塔。塔高约 39.5 米，平面呈十二角形，底层直径约 10.6 米，外部以密檐分为 15 层。塔身每层各面均砌出拱形门和小窗，这些门窗多为装饰性的，共计门窗 500 余个。整个塔身线条清晰流畅、造型雄伟秀丽。

5. 西安小雁塔（方形密檐式）

是唐代著名佛寺荐福寺的佛塔，是中国早期方形密檐式砖塔的典型作品。该塔建于唐中宗景龙年间，是为保存佛教大师义净从印度带回的佛经、佛像而建。塔高 43.3 米，原为 15 层，现为 13 层，最上两层已震坍。塔基平面呈正方形，底层边长 11 米，底层特别高，以上逐层递减，玲珑秀气，别具风采。

6. 崇圣寺三塔（密檐式）

位于云南大理，呈三足鼎立之势。崇圣寺初建于南诏丰祐年间，大塔先建，南北小塔后建，寺中立塔，故塔以寺名。寺的庙宇在清代咸丰、同治年间已毁，只有三塔完好地保留下来。崇圣寺三塔是大理"文献名邦"的象征，是云南古代历史文化的象征，也是中国南方最古老、最雄伟的建筑之一。

7. 妙应寺白塔（覆钵式）

位于北京，是中国现存年代最早、规模最大的藏传佛塔，是元至元年间，忽必烈敕令建造的一座藏传佛塔，由当时入仕元朝的尼泊尔匠师阿尼哥主持，经过 8 年建成。白塔由塔基、塔身和塔刹三部分组成。台基高 9 米，塔高 50.9 米，底座面积

1422平方米。

8. 北京真觉寺塔（金刚宝座式）

位于海淀区白石桥以东的长河北岸，是我国同类塔中年代最早、雕刻最精美的一座。此塔于明成化年间竣工，由汉白玉石和砖砌筑而成，总高17米，分塔座和五塔两部分。宝座为正方形，高7.7米，前后辟门，门内有阶梯，盘旋上升可达宝座顶部。顶部有5座石塔。此塔以精美的雕刻艺术而著称，塔座和五塔上遍刻绚丽多姿的佛像、花草、鸟兽等图案。

三、古桥

桥梁，指架在水上或空中以便通行的建筑物。中国古桥的历史悠久，早在原始社会时期，我们的先民为了解决水陆交通问题就开始人工建造桥梁。以后，随着工程技术的提高，古代工匠创造了各式各样结构、材料和造型的桥梁。

（一）古桥的类型

若以桥梁的结构及外观形式分，主要有梁桥、浮桥、索桥、拱桥4种基本类型。

1. 梁桥

又称平桥、跨空梁桥，是以桥墩做水平距离承托，然后架梁并平铺桥面的桥。这是应用得最为普遍的一种桥，在历史上也较其他桥形出现得早。

2. 浮桥

又称舟桥，因其架设便易，常用于军事目的，故也称"战桥"。是一种用数艘木船（也有用木筏或竹筏的）连起来并列于水面、船上铺木板供人马往来通行的桥。浮桥两岸多设柱桩或铁牛、铁山、石囷、石狮等以系缆。

3. 索桥

也称吊桥、悬索桥等，是用竹索或藤索、铁索等为骨干相拼悬吊起的大桥。多建于水流急、不易做桥墩的陡岸险谷，主要见于西南地区。

4. 拱桥

指在竖直平面内以拱作为主要承重构件的桥梁。拱桥在我国桥梁史上出现较晚，但拱桥结构一经采用便快速发展，成为古桥中最富有生命力的一种桥型。

（二）中国现存著名古桥

1. 安济桥

又名赵州桥，横跨在河北赵县城南的洨河上，建于隋开皇年间，由著名工匠李春设计建造。桥身为单拱，弧形，全长 50.82 米，宽 9.6 米，跨度为 37.37 米。桥拱肩敞开，拱肩两端各建两个小拱，即敞肩拱。开创了桥梁的新类型，是世界桥梁工程中的首创，也是世界上现存最大的敞肩桥。它既减轻了桥身自重，省工省料；又有利于洪水的宣泄，减少洪水对石桥的冲击。

2. 苏州宝带桥

位于苏州市，建于唐代，是我国孔数最多的联拱石桥，长 318 米，宽 4.1 米，共 53 个孔。桥沿运河岸，跨越澹台河，为纤道桥，因此桥栏不设栏板。桥处两河交汇处，水面浩渺，长虹卧波，极富水乡风光特色。

3. 泉州洛阳桥

又名万安桥，位于泉州市东，建于北宋。桥原长 1200 米，宽约 5 米，有 46 座桥墩，规模宏大，是我国古代著名的梁式石桥。桥为当年郡守蔡襄主持建造，工程十分艰难。为使桥基和桥墩石胶结牢固，采用了"种蛎固基法"，独具匠心，为我国古代重要的科学创新。

4. 潮州湘子桥

又称广济桥，位于潮州古城的东门外，初建于宋代，距今已有 800 余年的历史，是我国第一座启闭式桥梁。湘子桥全长 500 余米，共有 24 座桥墩（东岸 13 座、西岸 11 座）。由于"中流警湍尤深，不可为墩"，中间只能用 18 只梭船并排构成一列横队，用铁索连成浮桥。每遇洪水或要通船，可解掉系船铁索，移开梭船，变成开闭式浮梁桥。这就是"十八梭船廿四洲"的由来。

5. 卢沟桥

位于北京市丰台区永定河上，始建于金代，明、清两代曾进行过较大规模的修葺、重建，是北京现存最古老的联拱石桥。卢沟桥全长 266.5 米，宽 7.5 米，桥身下分 11 孔涵洞。桥身两侧石雕护栏有望柱 140 根，柱头上均雕刻伏卧石狮，大小共 501 个。"卢沟晓月"是"燕京八景"之一。

知识拓展

如何识别古桥

遍观全国,古代桥梁遗存不计其数,甚至有很多古桥历经千百年,至今仍在使用,在岁月斑驳中安静地见证时代更迭中的人世变迁。因我国地理环境复杂,气候条件多样,居住在不同环境中的人们会根据气候和地理探索出最适合与适用的桥梁样式,根据不同的结构和造型,我们大概可以分为梁桥、浮桥、索桥和拱桥这几种。

梁桥是我国历史上出现较早的桥,因其外形平直,又称平桥。用木或石铺平架设在水面,便是简易的单跨梁桥。而稍长一些的桥,则用竹木或石柱作为桥墩,以作支撑。根据材质梁桥分为木构梁桥和石构梁桥。江南乡间和园林中常见的石板桥,大多就是这样的单跨石质梁桥。

在渭河支流灞水之上,有一座极负盛名的梁桥,叫灞桥。灞桥历史悠久,最初为春秋时期秦穆公修建。历史的风云为这座桥增添了许多色彩。横跨灞水两岸的灞桥地处关中要道,是秦人东出攻伐诸国的必经之路,因此有了"得灞桥者得天下"的说法。《全唐诗》中直接描写或提及灞桥(灞水、灞陵)的诗篇就多达百余首,古人折柳赠别,送人至此。灞桥之上,别离之情难断,又被称为"情尽桥""断肠桥"。

风雨桥是我国侗族地区极富民族特色的长廊式木梁桥,也是廊桥的一种。其中木拱廊桥是我国传统木构桥梁中技术含量最高的一种,编木为梁,榫卯构架,上覆廊屋以遮蔽风雨。福建宁德屏南的万安桥就是这样一座廊桥,因上有廊屋可避风雨,又叫风雨桥。

浮桥是用船或浮箱代替桥墩,浮在水面的桥梁,也称为舟桥。我国最早有关浮桥的记载是在周朝,周文王迎娶太姒时就曾在渭水之上搭建浮桥,即《诗经·大雅》中"文定厥祥,亲迎于渭。造舟为梁,不显其光"之句。

江西赣州惠民桥始建于宋乾道年间(1163—1173),距今已有800多年的历史。宋代赣州经济有了较大发展,在章、贡两河上先后建造了东河、西河、南河三座浮桥。虽然浮桥造价低廉、便于拆卸,但载重量较小,抵御洪水能力弱,因此少有古代浮桥留存于世。而今,惠民桥(即东河浮桥)更是三座赣州浮桥中唯一留存于世的，当地人多称为建春门浮桥。

拱桥是以拱券为主要受力结构的桥，比梁桥、浮桥更为更加坚固耐用。现存最早也是最具代表性的拱桥便是隋代李春设计建造的赵州桥。拱桥兼备刚性有力的结构和柔性优美的线条，实用性和美观性兼具的特点也使之成为目前留存数量最多的桥。

《东京梦华录·河道》中记载："从东水门外曰虹桥，其桥无柱，皆以巨木虚架，饰以丹艧，宛如飞虹。"张择端的《清明上河图》中，一座拱形桥梁宛如飞虹横跨汴水，桥上人们熙熙攘攘，桥下舟楫繁忙，著名的"汴水虹桥"见证着北宋东京城的市井繁华。而另一幅北宋名画《千里江山图》中也有一座非常引人注目的桥，桥的正中有一个十字廊，上下两层，供路人休憩或躲避风雨。虽然画中的这座桥不是拱桥，但有学者提出，这座桥的原型有可能取自于江苏吴江（今苏州市吴江区）的垂虹桥（也称利往桥）。

垂虹桥始建于北宋庆历八年（1048年），初建时为木桥，后因江南水浪冲刷，木质易损，元代改建为石桥。桥总长一千三百余尺，相当于230多米，素有"江南第一桥"之美誉。

北宋书法家米芾在《垂虹亭》一诗中写道："好作新诗寄桑苎，垂虹秋色满东南"；苏轼也有诗赞此桥云："长桥跨空古未有，大亭压浪势亦豪"；吴文英有诗言："素天际水，浪拍碎、冻云不凝"，以赞颂垂虹桥天水相连，冻云翻飞，如虹卧波之景。而如今，垂虹桥被列为第八批全国重点文物保护单位，"垂虹秋色"也成为吴江"运河八景"之一。

宋元之后南方市井城乡间多见虹桥，随处可见"烟柳画桥，风帘翠幕"的唯美景致。而江南水系发达，桥梁众多，更是有不少古桥留存于世，可在古画之中管窥一二。清代徐扬所绘《姑苏繁华图》，从构思到完稿前后花费二十四载，将姑苏城古渡行舟、沿河市镇、流水人家等细腻景致尽数展现。其中可寻桥梁五十余座，以各式石拱桥为最盛。且图中万年桥、怀胥桥等位置与《姑苏城图》中的位置吻合，桥孔数量与《苏州府志》记载一致，实为姑苏市井生活的真实写照。

索桥。在我国西南地区，因气候湿润，地形条件较为复杂，不便于在山间以墩台架设桥梁，当地的人们因地制宜，就地取材，出现了以竹藤、绳索结成的索桥，也称为吊桥或悬索桥。《华阳国志·蜀志》记载："西南两江有七桥。城南曰江桥；

南渡流曰万里桥；西上曰夷里桥，亦曰笮桥。"这里的"夷里桥"便是一座竹索桥，由秦人李冰在此建造。相传晋永和四年桓温伐蜀，败蜀主李势于此。索桥多建于悬崖陡壁、水急滩险的河谷之上，大多不设桥墩，一桥飞度河谷两岸。大渡河上的泸定桥，便是这样一座悬索铁桥。

课后练习

1. "画栋朝飞南浦云，珠帘暮卷西山雨"是作者描写在（　　）所见的情景。

　　A．镇海楼　　　　B．晴川阁　　　　C．蓬莱阁　　　　D．滕王阁

【答案】D

2. 安济桥又名赵州桥，建于隋开皇至大业年间，是世界上现存最大的（　　）。

　　A．联拱桥　　　　B．梁式桥　　　　C．浮桥　　　　　D．敞肩桥

【答案】D

3. 我国古代第一座启闭式桥梁是（　　）。

　　A．泉州洛阳桥　　　　　　　　B．潮州湘子桥

　　C．苏州宝带桥　　　　　　　　D．北京卢沟桥

【答案】B

4. 在桥梁建筑中采用了"垒址于渊、种蛎固基"方法的著名石桥是（　　）。

　　A．河北赵州桥　　　　　　　　B．苏州宝带桥

　　C．泉州洛阳桥　　　　　　　　D．程阳永济桥

【答案】C

5. 多选：以下为密檐式塔的有（　　）

　　A．大雁塔　　　　B．小雁塔　　　　C．嵩岳寺塔

　　D．释迦塔　　　　E．千寻塔

【答案】BCE

模块四：

中国园林艺术

学习目标

一、知识目标

1. 了解中国古典园林的起源与发展。

2. 熟悉中国古代的特色与分类。

3. 掌握古典园林的构成要素、造园艺术、构景手段和现存著名园林。

二、能力目标

1. 在了解中国园林艺术的基础上，为创作导游词积累素材。

2. 提高对中国园林的审美能力和艺术鉴赏能力。

三、素质目标（含思政目标）

1. 提高学生的园林审美素养。

2. 通过了解中国古典园林的发展历史，使同学们树立文化自信心和自豪感，坚定弘扬中华优秀传统文化的使命。

重点难点

1. 中国古典园林的构成要素、造园艺术、构景手段。

2. 中国古典园林现存著名园林。

任务一　中国古典园林的起源、特色与分类

情景导入

导游员小李接到一个导游任务,带领游客到中国园林博物馆参观,它是中国第一座以园林为主题的国家级博物馆。接到任务后,小李赶紧准备,把有关中国古典园林的相关知识找来学习,又对博物馆的6个固定展厅进行了详细地了解,查找资料,充分准备。最终小李圆满完成了此次导游任务,获得了游客的一致好评。

中国古典园林有着悠久的历史,被公认为"世界园林之母",它以追求自然精神境界为最终和最高目标,从而达成"虽由人作,宛自天开"。接下来就让我们一起学习吧。

基础知识

一、中国古典园林的起源与发展

"园林"一词最早出现在南朝梁沈约所著《宋书》中的《稚子游原泽篇》,"稚子游原泽,幼怀耿介心。饮啄虽勤苦,不愿栖园林。"园林,根据不同的性质在中国古籍中被称作园、圃、苑、园亭、山庄等。虽然它们的性质、规模不完全一样,却都具有一个共同的特点,就是在一定的地段范围内,利用并改造天然山水地貌或者人为开辟山水地貌,结合植物的栽植和建筑的布置,从而构成一个供人们观赏、游憩、居住的环境。大约从公元前11世纪的奴隶社会后期到19世纪末封建社会解体为止,在这大约3000年漫长的过程中,形成了世界上独树一帜的风景式园林体系。我们可以将中国古典园林的发展历程分为五个时期。

(一)生成时期

根据文献记载,早在商周时期我们的先人就已经开始利用自然的山泽、水泉、树木、鸟兽进行初期的造园活动。最初的形式为囿。囿是指在圈定的范围内让草木和鸟兽滋生繁育；还挖池筑台，供帝王和贵族狩猎和享乐，出现的第一个类型是皇家园林。历史上最早的有信史可证的皇家园林则是商朝末年纣王所建的"沙丘苑台"和周初文王所建的"灵囿""灵台""灵沼"，也就是中国古典园林的雏形时期。这一时期以自然景色为主，较少人工开发。

春秋战国时期的园林已经有了成组的风景，既有土山又有池沼或台。自然山水园林已经萌芽，而且在园林中构亭营桥、种植花木。园林的组成要素都已具备，不再是简单的囿了。

（二）奠基时期

秦汉时期出现了以宫室建筑为主的宫苑。上林苑始建于秦始皇时期，"作长池，引渭水，筑土为蓬莱山"以供帝王游赏。汉武帝建元三年加以扩建。既有优美的自然景物，又有华美的宫室组群分布其中，是秦汉时期宫苑的典型代表。上林苑还用太液池所挖之土堆成岛，象征东海三仙山，树立了皇家园林一池三山的模式，开创了人为造山的先例。此为中国古典园林的奠基时期，在此期间，已开始有私家园林出现。

（三）转折时期

魏晋南北朝时期是中国园林发展的转折时期。由于长期的战争和社会动荡，消极悲观情绪导致及时行乐思想的流行，儒家独尊的正统思想受到冲击，礼教束缚遭到反抗，崇尚玄学逃避现实、寄情山水成为社会风流，对中国古典园林的发展产生了很大的推动力。这一时期的园林从单纯的模仿自然，发展到艺术的加工，有意识地利用假山、水池、植物和建筑的组合来创造特定景观，形成了我国园林注重自然美的挖掘和景观构成艺术的传统特色，奠定了今后园林发展的主旋律。

（四）鼎盛时期

唐宋时期园林达到成熟阶段，官僚及文人墨客自建园林或参与造园工作，将诗与画融入园林的布局与造景中，反映了当时社会上层地主阶级的诗意化生活要求。另外，唐宋写意山水园在体现自然美的技巧上也取得了很大的成就。

（五）高峰时期

明清时期，园林艺术进入精深发展阶段，无论是江南的私家园林，还是北方的帝王宫苑，在设计和建造上都达到了高峰。现代保存下来的园林大多属于明清时期，这些园林充分表现了中国古典园林的独特风格和高超的造园技术。

二、中国古典园林的特征

与世界其他园林体系相比，中国古典园林体系具有鲜明的个性。

（一）顺应自然的指导思想

中国古典园林深受传统儒道思想自然审美观的影响，追求"天人合一"，即在尊重自然的前提下改造自然，创造和谐的园林形态。营造高于自然的艺术空间，无论是山水地形，还是花草树木都要求达到"虽由人作，宛自天开"的效果，所以也被称为自然山水式园林。

（二）诗情画意的艺术风格

中国古典园林在师法自然的同时，更致力于营造一个充满诗情画意的艺术空间，这是造园者更高、更内在的追求。造园的叠山理水之法，无不受到山水画"外师造化，中得心源"写意原则的启发。园林中随处可见的园名、景题、匾额、楹联等无不浸染着园林的情调，烘托着园林的内涵和意境。

（三）力求含蓄的造园手法

中国古典园林多封闭，以有限面积造无限空间，小中见大，重视分隔空间、虚实对比、含蓄不尽，追求一种意的幽静和境的深邃，给人无尽的遐思。

三、中国古典园林的分类

中国古典园林的分类，从不同角度看，可以有不同的分类方法。一般有以下两种分类法。

（一）按占有者身份分类

1. 皇家园林

皇家园林是专供帝王休憩享乐的园林。其特点是规模宏大，真山真水较多，园中建筑色彩金碧辉煌，建筑体型高大，表现了封建帝王拥有四海的权威。现存著名皇家园林有北京的颐和园、北海公园，河北承德的避暑山庄等。

2. 私家园林

私家园林是供皇家宗室外戚、王公官吏、富商大贾等休闲的园林。其特点是规模较小，常用假山假水，园中建筑色彩淡雅素净，建筑体型小巧玲珑，且居住和游览合一，表现园主人优游林下、寄情山水的心态。现存的私家园林有：北京的恭王府、苏州的拙政园、留园，上海的豫园，绍兴的沈园等。

（二）按园林所处地理位置分类

1. 北方类型

北方类型的园林也称黄河类型。按气候带划分也可称温带园林。因北方地域宽广，所以范围较大；又因大多为古都所在，故而建筑富丽堂皇。但受自然条件所局限，河川湖泊、园石和常绿树木较少。园林风格粗犷，秀丽媚美略显不足。北方园林的代表大多集中于北京、西安、洛阳、开封，其中尤以北京为代表。

2. 江南类型

江南类型的园林也称南方类型或扬子江类型，按气候带划分也可称亚热带园林。因南方人口较密集，所以园林地域范围小；又因多为私家所有，故而建筑淡雅朴素。自然条件较好，河湖、园石、常绿树木较多。园林景致细腻精美、明媚秀丽。但毕竟面积小，略感局促。南方园林的代表大都集中于南京、上海、无锡、苏州、杭州、扬州等地，其中尤以苏州为代表。

3. 岭南类型

岭南类型的园林也称广东类型，按气候带划分可归类于热带园林。这里终年常绿，又多河川，所以造园条件比北方、江南都好。其明显的特点是具有热带风光，建筑物都较高而宽敞。岭南类型园林较著名的有广东顺德的清晖园、东莞的可园、番禺的余荫山房等。

知识拓展

古典园林的游览方法

游览古典园林讲究"游"（漫步游览）与"停"（驻足观赏）的结合。

（1）从"游"的角度讲，一般可顺着路、径、廊漫步游览，因为它们的走向与园林的观赏线路相一致，可以观赏整个园林的风景。中国古典园林中的路、径、廊往往是曲折的，在漫步游览时具有步移景异的效果。

（2）从"停"的角度讲，遇到厅、堂、亭、榭等重要建筑时，最好驻步停留，以便细细观赏。如厅、堂类建筑，可以说是全园的野境、画境、意境的汇集点，堪称情景交融的理想境界，是大可驻足停留的重要游览点。"亭"，古代就有停止的意

思，亭的四周景色往往相当优美，是观赏景色的佳境。但每一亭的作用往往又有不同，进了亭，最好先看一下"亭名"，以便知晓设亭主旨。此外，还可以先了解一下该亭的建造年代、匾额、楹联，以及有关的历史典故，这既可以加深对亭的认识、增长知识，还可以激发更浓的游兴。又如榭，也是园林中重要的休息场所，往往临水而建，因而最适宜观赏水景。

（3）从心理的角度讲，一般情况下，年轻好动的游人喜欢穿越小桥流水，可以为他们选择登山越水的路径；年龄大的游人则偏爱进廊游览，既可避雨雪烈日之苦，又能体现平稳和安全，可以为他们选择进廊游览。

总之，在园林中游览，"游"与"停"要得当，该"游"的时候就顺着路、径、廊漫步游览，该"停"的时候就停下来细细观赏。

课后练习

1. 被公认为"世界园林之母"的是？

A．西亚园林　　　　　　　　B．中国古典园林

C．罗马花园　　　　　　　　D．欧洲几何规则园林

【答案】B．中国古典园林

2. 不是苏州四大园林的是？

A．辋川别业　　　　　　　　B．拙政园

C．狮子林　　　　　　　　　D．沧浪亭

【答案】A．辋川别业

3. 中国最早开始造园是在什么时期？

A．夏　　　　B．商　　　　C．秦　　　　D．汉

【答案】B．商

任务二　造园艺术与构景手段

情景导入

导游员小王接到一个导游任务，带领游客参观拙政园，在准备导游词查找资料时，小王发现中国古典园林建筑有厅堂、楼阁、书房馆斋、榭、轩等，小王不太理解，这些不同建筑的作用是什么呢？为了找到这些问题的答案，他查找资料，学习了中国古典园林的组成要素与造园艺术，为完成好这次导游任务，做了充分的准备。

小王发现的问题你知道答案吗？接下来也让我们一起学习一下中国古典园林的造园艺术与构景手法的相关知识吧。

基础知识

一、中国古典园林的组成要素与造园艺术

中国古典园林有着丰富多彩而又深沉含蓄的美。古代园艺专家和工匠们运用传统造园手法，将山、水、植物、动物、建筑、匾额、楹联、刻石、盆景等要素，按照中国传统艺术规律进行设计与组合，从而营造出能反映中国古典园林艺术精神和园主人审美情趣的园林景观。

（一）叠山

我国古典园林的叠山艺术由来已久。它的根本目的是起到一个登高望远、扩大空间的作用。园林中的假山一般有石山、土山和土石混合三种。叠山的石材主要有两种：一是黄石，因其质地坚硬，不易受风雨的侵蚀，用于假山的基础部分，称叠脚。二是太湖石，因其具有皱、瘦、漏、透四大特点，置于假山的上部，供游人玩赏品味，称收顶。此外还有宣石、灵璧石等。苏州环秀山庄的假山是江南私家园林叠山的典型代表，有危崖、峭壁、峡谷、溪涧、曲磴、飞梁、山洞等，几乎把世间山水的灵气都融合进去了。连园林专家也惊叹："造园者未见此山，正如学诗者不

知李杜。"另外，被称为"江南三大奇石"的上海豫园的玉玲珑、苏州留园的冠云峰、杭州竹素园的绉云峰，都是假山中的佼佼者。

（二）理水

为表现自然，理水也是造园最主要的因素之一。无论哪一种类型的园林，水是最富有生气的因素，无水不活。自然式园林以表现静态的水景为主，以表现水面平静如镜或烟波浩渺、寂静深远的意境取胜。人们或观赏山水景物在水中的倒影，或观赏水中怡然自得的游鱼，或观赏水中芙蕖睡莲，或观赏水中皎洁的明月……古典园林理水之法，一般有三种：一是掩，以建筑和花木将池岸加以掩映，使其与周边的美景浑然一体。二是隔，对于较大的水面，用堤、桥、水廊等分隔，以增加景深和空间层次，使水面有幽深之感。三是破，当水面较小时，可用乱石为岸，犬牙交错，并植以细竹野藤，使一洼水池也有深邃山野风致的审美感觉。

（三）植物

植物是山水的肌肤，风景的容颜。山水如果离开花木也就没有了美感。中国古典园林着重表现自然美，对花木的选择标准，一讲姿美，树冠的形态、树枝的疏密曲直、树皮的质感、树叶的形状，都追求自然优美；二讲色美，树叶、树干、花都要求有各种自然的色彩美，如红枫、翠竹、紫薇等；三讲味香，要求自然淡雅和清幽，其中尤以梅花最为淡雅、兰花最为清幽。

花木除了对山石景观起衬托作用外，又往往和园主人追求的精神境界有关。如竹子象征人品清逸、气节高尚；松柏象征坚强和长寿；莲花象征洁净无瑕；玉兰、牡丹、桂花象征荣华富贵；石榴象征多子多孙；紫薇象征高官厚禄等。

古树名木对营造园林气氛非常重要。古木繁花，可形成古朴幽深的意境。

（四）动物

中国古典园林重视饲养动物。最早的苑囿中，以动物作为观赏、娱乐对象。唐代王维在辋川别业中养鹿放鹤，以寄托"一生几经伤心事，不向空门何处销"的解脱情趣。宋徽宗所建艮岳，集天下珍禽异兽数以万计，经过训练的鸟兽，在徽宗驾到时，能乖巧地排列在仪仗队里。明清时园林中有白鹤、鸳鸯、金鱼，还有天然鸟蝉等。

园中动物可以观赏娱乐，扩大和深化自然境界，寄予美好寓意。

（五）建筑

园林中的建筑可以满足人们享受生活和观赏风景的愿望。一方面要可行、可观、可居、可游，另一方面起着借景、点景、引景、隔景的作用。

1. 厅堂

厅堂是待客与集会活动的场所，也是园林中的主体建筑。"凡园圃立基，定厅堂为主。"厅堂的位置确定后，全园的景色布局才依次衍生变化，形成各种各样的园林景致。厅堂建筑的体量较大，空间环境相对开阔。

2. 楼阁

楼阁是园林中属较高层的建筑。它们不仅体量较大，而且造型丰富，在园林中起到重要的点景作用。楼阁可以用来观赏风景、储藏书籍，还可供佛。

3. 书房馆斋

馆可供宴客之用，其体量有大有小，与厅堂稍有区别。斋供读书用，环境当隐蔽清幽，尽可能避开园林中主要游览线路。建筑式样简朴，常附以小院，植芭蕉、梧桐等树木花卉，以创造清静、淡泊的情趣。

4. 榭

榭建于水边或花畔，借以成景。平面常为长方形，一般多开敞或设窗扇，以供人们游憩眺望。水榭是在水边架起平台，平台一部分架在岸上，一部分伸入水中，平台临水围绕低平的栏杆，或设鹅颈靠椅供坐憩凭依。

5. 轩

在园林中，轩一般指地处高旷、环境幽静的建筑物。轩的规模不及厅堂，其位置也不同于厅堂那样讲究中轴线。轩形式优美，不讲究对称布局，相对来说比较轻快，不甚拘束。

6. 舫

舫是仿造舟船造型的建筑，常建于水际或池中。舫大多将船的造型建筑化，在形体上模仿船头、船舱的形式，便于与周围环境相协调，也便于内部建筑空间的使用。

7. 亭

亭是一种开敞的小型建筑物，形式多样。除供人休憩、纳凉、避雨与观赏四周景色外，亭在园林中还起着"点景"与"引景"的作用，既美化了风景，还可以作为游览的"向导"。

8. 廊

园林中的廊实际上是一条带屋顶的路，是我国古典园林中一种既"引"且"观"的建筑，不仅有交通的功能，更有观赏的用途。廊按结构形式可分为：双面空廊（两侧均为列柱，没有实墙，在廊中可以观赏两面景色）、单面空廊（又称"单廊"，一侧为列柱，一侧为实墙）、复廊（在双面空廊的中间夹一道墙，墙上开有各种式样的漏窗）等。按廊的总体造型及其与地形、环境的关系可分为直廊、曲廊、爬山廊、水廊、桥廊等。著名的廊有北京颐和园700多米的长廊（双面空廊）。苏州沧浪亭的复廊、拙政园的水廊、留园的曲廊被誉为"江南三大名廊"。

9. 桥

园林中的桥，一般采用拱桥、平桥、廊桥、曲桥等类型，有石质、竹质、木质的，富有民族特色，不但有增添景色的作用，而且用以隔景。

10. 围墙

围墙是围合空间的构件。围墙在园林中起着划分内外范围、分隔内部空间和遮挡劣景的作用，精巧的围墙还可以装饰园景。迎风摇曳的竹，参差高下的树，窈窕玲珑的湖石，被日光或月光映在粉墙之上，往往就是一幅绝妙的图画。

（六）匾额、楹联与刻石

匾额是指悬置于门楣之上的题字牌，楹联是指两侧柱上的竖牌，刻石指山石上的题诗刻字。

园林中的匾额、楹联及刻石的内容，多数是直接引用前人已有的现成诗句，或略作变通，还有一些是即兴创作的。

不论是匾额、楹联，还是刻石，不仅能够陶冶情操、抒发胸臆，还能够起到点景的作用，为园中景点增添诗意、拓宽意境。

二、中国古典园林的构景手法

景是园林的主体，是欣赏的对象。构景手法的巧妙运用，使得园林景色更加美不胜收，园林意境更加回味无穷。

（一）抑景

中国传统艺术历来讲究含蓄，所以园林造景也不会一走进门就看到最好的景色，最好的景色往往藏在后面，这叫"先藏后露""欲扬先抑"。抑景又有山抑、树抑、曲抑之分。如园林入口处常迎门挡以假山，这种处理叫作山抑。杭州花港观鱼东大门的雪松，就是树抑的范例。"山重水复疑无路，柳暗花明又一村"是曲抑的体现。

（二）夹景

当甲风景点在远方，如果视线的两侧大而无挡，就显得单调乏味；如果两侧用建筑物或树木花卉屏障起来，使甲风景点更显得有诗情画意，这种构景手法即为夹景。如在颐和园后山的苏州河中划船，远方的苏州桥主景，为两岸起伏的土山和美丽的林带所夹峙，构成了明媚动人的景色，便是夹景。

（三）添景

当甲风景点在远方，或自然的山，或人文的塔等，如没有其他景点在中间、近处作过渡，就显得虚空而没有层次；如果在中间、近处有乔木、花卉作中间、近处的过渡景，景色就显得有层次美，这中间的乔木和近处的花卉，便叫作添景。如在杭州白堤观赏雷峰塔或保俶塔远景时。西湖美景往往因为近处盛开的桃花和倒挂的柳丝作为过渡景而更显生动。

（四）对景

在园林中，以甲风景点可观赏乙风景点，从乙风景点可观赏甲风景点的构景方法，叫对景。杭州西湖北面的保俶塔，与南面重建的雷峰塔，就是一组绝妙的对景。

（五）框景

园林建筑中的门、窗、洞或乔木树枝抱合成的景框，往往把山水美景或人文景观包含其中框起来，使人产生风景如画的感觉，这便是框景。

（六）漏景

园林的围墙上，或走廊一侧或两侧的墙上，常常设以漏窗，或雕有带民族特色的各种几何图形，或雕以民间喜闻乐见的葡萄、石榴、老梅、修竹等植物，或雕以鹿、鹤、兔等动物。透过漏窗的窗隙，可见园外或院内的美景，叫作漏景。杭州三潭印月有雕以梅、兰、竹、菊，分别喻义春、夏、秋、冬的一组漏窗，用的就是漏景法。

（七）借景

借景是将园外的景色和风光，巧妙地收进园内游人眼中，以丰富园内景色，使园内外景色融为一体，让游人扩展视觉和联想，以小见大。明代计成在《园冶》中指出，"园林巧于因借"。

借景有远借、近借、仰借、俯借、应时而借之分。在北京颐和园东堤一带可遥望西边园外的玉泉山及其宝塔，是远借手法的范例。登上杭州花港观鱼的藏山阁，远处的南屏山、西山尽入眼帘，这也是远借。苏州沧浪亭不用围墙用假山，巧借了园外的流水，这就是近借。借空中的飞鸟，叫仰借；借池塘中的鱼，叫俯借；借四季的花或其他自然景象，叫应时而借。

（八）障景

任何园林中，总有一些不足之处，或者是必须遮挡之物。用山、石、花木加以掩盖和处理，也可以形成一种美景，这叫障景。上海豫园鱼乐榭有一上实下空的墙，遮挡了原来流水较近的短处，产生了源远流长的效果，这是障景的神来之笔。

知识拓展

园林中的借景

"巧于因借精在体宜"是中国园林一大特色。借景是中国园林艺术的传统手法。一座园林的面积和空间是有限的，为了扩大景物的深度和广度，丰富游赏的内容，除了运用多样统一、迂回曲折等造园手法之外，造园者还常常运用借景的手法，收无限于有限之中。借景，指有意识地把园外的景物借到园内视景范围中来，即景不在我地，而把他景为我所用，巧妙地吸收到自己园中，增加园林的景色，取得事半功倍的效果。

计成在《园冶》中提出"园林巧于因借"。"因"者，是就地审势的意思，"借"者，景不限内外，所谓"晴峦耸秀，绀宇凌空；极目所至，俗则屏之，嘉则收之，不分町疃，尽为烟景"。这种因时、因地借景的做法，大大超越了有限的园林空间。"借者园虽别内外，得景则无拘远近。"借景的内容非常广泛丰富，主要有以下几种。

1. 借形是园林中借得最多的内容。园林中主要采用对景、框景、渗透等构图手法，把有一定景效价值的远近建筑物、建筑小品以及山、水、动物、植物等自然景物纳入画面。如远岫屏列、晴岚塔影、飞阁流丹、长桥卧波、丹枫如醉。在古典园林或现代园林中都不难找到借形组景的例子。

2. 借色风云雨雷等天文气象景物和各种花木的花色、叶色等，为我们提供了极妙的借景内容。以避暑山庄为例，在西山近湖处设"锤峰落照"亭，居此可领略夕阳抹金，真是匠心独运。拙政园雪香云蔚亭、留园佳晴喜雨快雪之亭，亦是借色组景。随着季节的改变，植物呈现出不同的色彩，桃红柳绿，红枫似火，如能借来，即成佳景。

3. 借声 自然界的声音多种多样，园林中所需要的是能激发感情、怡情养性的声音。古典园林中，远借寺庙的暮鼓晨钟，近借溪谷泉声，秋夜借雨打芭蕉，春日借柳岸莺啼等。拙政园留听阁可领略李商隐"留得残荷听雨声"之情松风亭度其意为"万壑松风"，西风惊绿，更觉空间的幽静。

4. 借香 在造园中，利用植物散发出来的幽香以增添游园的兴致，别有一番滋味。古典园林中常于池中植荷除取其形、色的欣赏价值外，尤贵在夏日散发出来的阵阵清香。拙政园远香堂，夏日荷风扑面，清香满堂。留园闻木樨香轩，遍植桂花，开花时异香袭人，意境十分优雅。

5. 借人 把人借入园景中，顿添几分生气。如寻芳水滨、踏青原上、弹琴竹里、渔舟唱晚等。拙政园与谁同坐轩、狮子林指柏轩可谓借人成景之例。

6. 借影 景物在光线下可产生斑驳、变幻的投影，在水中、镜中可形成影像，巧借这些"影"能取到出奇制胜的效果。避暑山庄"水中月"一景，是一个极妙的借影组景的例子。拙政园的倒影楼、塔影亭以及杭州西湖"三潭映月"都是借影成景的佳例。

课后练习

1. 园林构成的四大要求有哪些？
   A. 筑山，理水，植物，动物　　　B. 筑山，建筑，动物，植物
   C. 筑山，理水，植物，建筑　　　D. 理水，植物，建筑，动物
   【答案】C. 筑山，理水，植物，建筑

2. 假山可以结合山的三种类型是什么？
   A. 土山　　　B. 石山　　　C. 山石　　　D. 土石
   【答案】A. 土山；B. 石山；D. 土石

3. 江南三大奇石包括什么？

A. 苏州冠云峰　　　　　　　　B. 苏州瑞云峰

C. 杭州绉云峰　　　　　　　　D. 上海玉玲珑

【答案】A. 苏州冠云峰；C. 杭州绉云峰；D. 上海玉玲珑

4. 以下属于中国古典园林构景手法的有哪些？

A. 添景　　　　B. 框景　　　　C. 夹景　　　　D. 借景

【答案】A. 添景；B. 框景；C. 夹景；D. 借景

任务三　中国现存著名园林

情景导入

导游员小张是苏州拙政园的一名景区导游员，他对拙政园的每一处建筑、山石和花木，都如数家珍。最近，他接到一个导游任务，为一个来自北京的导游团讲解拙政园。小张想到北京的游客对皇家园林颐和园一定非常了解，他需要讲解出拙政园与颐和园的异同点。同时为了在讲解时做到胸有成竹，游刃有余，小张又查找了其他中国现存著名园林的相关资料，做了充分的准备，最终小张圆满完成了此次讲解任务，获得了游客的一致好评。

同学们，你知道中国现存著名的园林景观有哪些吗？接下来让我们一起学习一下吧。

基础知识

中国现存著名古典园林多是明、清两代的遗物。中国古典园林的精华集中在江南。前人有所谓"江南园林甲天下，苏州园林甲江南"的说法。现存古典园林以其独特的方式向人们展示着其主人曾经有过的人生辉煌、追求和情感寄托，更代表了那些久远年代的科学、文化与艺术。

河北承德避暑山庄、北京颐和园、江苏苏州拙政园与留园，被称为我国"四大园林"。苏州的沧浪亭、狮子林、拙政园和留园，分别代表着宋、元、明、清四个朝代的艺术风格，被称为苏州"四大园林"。清代广东"四大园林"也被称为岭南"四大园林"，分别是顺德清晖园、东莞可园、番禺余荫山房、佛山梁园。

一、承德避暑山庄

避暑山庄又名承德离宫或热河行宫，位于河北省承德市，是清代皇帝夏天避暑和处理政务的场所。始建于康熙年间，建成于乾隆年间，占地564万平方米，是中国现存最大的古典皇家园林。避暑山庄按照地形地貌特征选址和总体设计，完全借助于自然地势，因山就水，顺其自然，同时融南北造园艺术的精华于一身。避暑山庄分宫殿区和苑景区。宫殿区是皇帝处理朝政、举行庆典和生活起居的地方，由正宫、松鹤斋、万壑松风和东宫四组建筑组成。殿宇和围墙多采用青砖灰瓦、原木本色，淡雅庄重，简朴适度。苑景区包括湖泊区、平原区、山峦区三部分，有七十二景之说。避暑山庄之外，半环于山庄的是雄伟的寺庙群，俗称"外八庙"，如众星捧月，环绕山庄，它象征民族团结和中央集权。

二、北京颐和园

颐和园位于北京市海淀区，是中国目前保存最完整的皇家园林。其前身是"清漪园"，乾隆皇帝为庆祝母亲六十寿辰下旨建成。清咸丰十年（1860年）清漪园被英法联军焚毁。1886年光绪皇帝和慈禧太后重建，取"颐养太和"之意，改名颐和园。颐和园造园艺术高超，巧借天然山水，体现自然之趣，高度表现出中国皇家园林壮丽、恢宏的气势。全园分为三个区域：以仁寿殿为中心的政治活动区；以乐寿堂、玉澜堂为主体的生活区；由昆明湖、万寿山组成的风景游览区。风景游览区是颐和园的核心，分万寿山前山、昆明湖、后山后湖三部分。园中的长廊、石舫、佛香阁、大戏楼、十七孔桥等建筑，堪称世界建筑文化中的珍品，在中外园林艺术史上有极高的地位。

三、苏州拙政园

拙政园位于苏州市东北隅，明正德年间，由明代御史王献臣弃官回乡后拓建而成。取晋代文学家潘岳《闲居赋》中"筑室种树，逍遥自得……灌园鬻蔬，以供朝夕之膳……此亦拙者之为政也"句意，将此园命名为拙政园。王献臣曾请吴门画派

的代表人物文徵明为其设计蓝图，形成以水为主、疏朗平淡、近乎自然的风景。拙政园占地 5.2 万平方米，是苏州现存最大的古典园林，也是苏州园林的代表作。全园以水为中心，山水萦绕，厅榭精美，花木繁茂，充满诗情画意，具有浓郁的江南水乡特色。全园分东、中、西三部分，各具特色。拙政园主要建筑有远香堂、雪香云蔚亭、留听阁、十八曼陀罗花馆、卅六鸳鸯馆等，布局疏落相宜、构思巧妙，风格清新秀雅、朴素自然。

四、苏州留园

留园位于苏州姑苏区，原是明嘉靖年间太仆寺卿徐泰时的东园。清嘉庆年间，刘恕以故园改筑，名寒碧山庄，又称刘园。光绪初年为盛旭人所得，修葺拓建，易名留园。留园以建筑布置精巧、奇石众多而著称。全园用建筑来划分空间，可分中、东、西、北四个景区：中部以水景见长，是全园的精华所在，池水明洁，峰峦环抱；东部以建筑取胜，重檐叠楼，曲院回廊，并有名石冠云峰及瑞云、岫云三座石峰；西部环境僻静，富有山林野趣；北部则是田园风光。全园四区皆有曲廊相连，廊长 700 多米。

五、苏州网师园

网师园地处旧城东南隅，始建于南宋，旧为侍郎史正志的"万卷堂"故址，花园名为"渔隐"。清乾隆年间，光禄寺少卿宋宗元购得此园并重建，定园名为"网师园"。网师乃渔夫、渔翁之意，又与"渔隐"同意，含有隐居江湖的意思，网师园便意为"渔父钩叟之园"，园内的山水布置和景点题名蕴含着浓郁的隐逸气息。网师园面积仅 5300 平方米，但小中见大，布局严谨，主次分明又富于变化，园内有园，景外有景，精巧幽深之至。建筑虽多却不见拥塞，山池虽小却不觉局促。全园清新有韵味。陈从周先生誉其为"苏州园林小园极则，在全国园林中亦居上选，是以少胜多的典范"。

六、扬州个园

个园位于扬州市老城区，建于清嘉庆年间，是两淮盐商商总黄至筠在明代寿芝园旧址的基础上所建的私家园林。园主特别爱竹，园内翠竹成林，故取清袁枚"月映竹成千个字"之句命名。个园小巧玲珑，以假山堆叠精巧著名，采取分峰叠石的手法，运用笋石、湖石、黄石、宣石表现春、夏、秋、冬四季景色，号称"四季假山"，融造园法则与山水画理于一体，随候异色，被陈从周先生誉为"国内孤例"。

七、上海豫园

豫园位于上海老街城隍庙的北面，是明代四川布政使潘允端于嘉靖年间动工建造的，豫园之名乃取"豫（愉）悦老亲"之意。整个园林规模宏伟、景色佳丽，兼有明清两代南方园林建筑风格，被誉为"奇秀甲于东南"。五条龙墙将全园40余处亭、台、楼、阁分割为各具特色的六大景区，以有限的空间表现无穷宇宙的意境，体现了中国古典园林"壶中天地"的境界。玉华堂前的太湖石"玉玲珑"为"江南三大奇石"之冠。

八、无锡寄畅园

寄畅园坐落于无锡市西郊惠山东麓，是明嘉靖初年曾任南京兵部尚书的秦金（号凤山）所建，名"凤谷山庄"。万历年间，取王羲之"取欢仁智乐，寄畅山水阴"句中的"寄畅"两字命名。寄畅园是中国山麓别墅园林的代表，园林虽小，却能利用山水地形，巧妙运用借景，将惠山、锡山秀色揽入园内，以有限的空间营造无限的意境，在江南园林中别具一格。清康熙、乾隆二帝曾多次游历此处，一再题诗。北京颐和园内的谐趣园、圆明园内的廓然大公（后来也称双鹤斋）均为仿无锡惠山寄畅园而建。

九、顺德清晖园

清晖园位于广东佛山顺德区，原为明末状元黄士俊所建的黄氏花园，后为乾隆年间进士龙应时购得，经龙家数代人经营方列晚清名园之列。现存建筑主要建于清嘉庆年间。园取名"清晖"，意为和煦普照之日光，喻父母之恩德。清晖园是岭南园林的代表作，为适合南方炎热气候，形成前疏后密、前低后高的独特布局，但疏而不空、密而不塞，建筑造型轻巧灵活、开敞通透。

十、番禺余荫山房

余荫山房又称余荫园，位于广州市番禺区，为清代举人邬彬的私家花园，始建

于清同治年间。占地面积约 1598 平方米，吸收了苏杭庭院建筑的艺术风格，整座园林布局以灵巧精致的艺术特色著称。它以"藏而不露"和"缩龙成寸"的手法，在面积并不大的山林里，浓缩了园林的主要设施和景致，使有限的空间注入了幽深广阔的无限佳境。余荫山房是广东"四大园林"中保存原貌最好的古典园林。

知识拓展

圆明园遗址公园

圆明园坐落在北京西郊海淀，与颐和园紧相毗邻。它始建于康熙四十六年（1707 年），由圆明、长春、绮春三园组成。占地 350 公顷，建筑面积近 20 万平方米，是清朝帝王在 150 余年间创建和经营的一座大型皇家宫苑。圆明园，曾以其宏大的地域规模、杰出的营造技艺、精美的建筑景群、丰富的文化收藏和博大精深的民族文化内涵而享誉于世，被誉为"一切造园艺术的典范"和"万园之园"。1860 年 10 月惨遭英法联军洗劫并付之一炬。

1976 年 11 月，圆明园管理处成立，1988 年 1 月圆明园遗址公园被公布为全国重点文物保护单位，1988 年 6 月 29 日，圆明园遗址公园正式开始对社会开放。经过 1990 年、1993 年两次征地，圆明园遗址公园回收了盛时圆明园规模的全部土地使用权。1996 年 9 月被六部委命名为爱国主义教育基地；1998 年 11 月，圆明园遗址公园被北京市国防教育委员会命名为"北京市国防教育基地"。2000 年 9 月，国家文物局正式批复《圆明园遗址公园规划》。2008 年 11 月 20 日通过国家旅游局 AAAA 景区评审。2010 年 10 月 12 日，荣获"北京新十六景"之一，成为最新的代表京都魅力的 16 张名片之一。

"圆明园"，是由康熙皇帝命名的。康熙皇帝御书三字匾牌，就悬挂在圆明园殿的门楣上方。对这个园名雍正皇帝有个解释，说"圆明"二字的含义："圆而入神，君子之时中也；明而普照，达人之睿智也。"意思是说，"圆"是指个人品德圆满无缺，超越常人；"明"是指政治业绩明光普照，完美明智。这可以说是封建时代统治阶级标榜明君贤相的理想标准。另外，"圆明"是雍正皇帝自皇子时期一直使用的佛号，雍正皇帝崇信佛教，号"圆明居士"，并对佛法有很深的研究。在清初的佛教宗派格局中，雍正皇帝以禅门宗匠自居，并以"天下主"的身份对佛教施以影响，努力提倡"三教合一"和"禅净合一"，是佛教发展史上非常重要的人物。康熙皇帝在把园林赐给胤禛（后为雍正皇帝）时，亲题园名为"圆明园"正是取意于雍正的法号"圆明"。

圆明园必游景观：

九州景区：位于圆明园西部，是皇帝处理朝政和园居之所，集圆明园建筑、艺术、收藏之大成，其中，皇帝和嫔妃们居住的最大的人工岛屿——九州清晏最为著名。

大水法：位于远瀛观高台之南，为石龛式，内有一座七级水盘，顶端有一大型狮子头，水盘喷水可以形成七层水帘。

观水法：大水法对面就是观水法，观水法坐南朝北，是清朝皇帝观赏大水法喷泉的地方。观水法正中石台上设宝座，其后是由五件石雕并列而成的大型石屏风。

蓬岛瑶台遗址：蓬岛瑶台一景，正是仿照李思训（唐代著名画家、651—716年）的"一池三山"画意建造的。园盛时，福海端午龙舟竞渡，皇帝率王公大臣在西岸"望瀛洲"亭观阅，皇太后及后妃内眷则在蓬岛瑶台欣赏。

课后练习

1. 被誉为万园之园的是什么？

   A. 圆明园　　　　　　　　　B. 颐和园

   C. 北海　　　　　　　　　　D. 承德避暑山庄

   【答案】A. 圆明园

2. 中国四大名园包括哪些？

   A. 颐和园　　　　　　　　　B. 承德避暑山庄

   C. 留园　　　　　　　　　　D. 拙政园

   【答案】A. 颐和园；B. 承德避暑山庄；C. 留园；D. 拙政园

3. 苏州四大园林有哪些？

   A. 狮子林　　　　　　　　　B. 留园

   C. 沧浪亭　　　　　　　　　D. 拙政园

   【答案】A. 狮子林；B. 留园；C. 沧浪亭；D. 拙政园

模块五：

中国饮食文化

学习目标

一、知识目标

1. 了解我国烹饪流派的形成及中国饮食文化的内涵。

2. 熟悉我国主要烹饪流派的名称、风味特色以及代表菜。

3. 掌握中国名酒的分类及代表名酒。

4. 掌握中国名茶的分类及特点。

二、能力目标

能结合中国饮食文化知识，更好地为游客介绍中国烹饪流派的风味特色，名茶、名酒的分类及口味特色，更好地为游客提供导游服务。

三、素质目标（含思政目标）

1. 提高学生的饮食文化知识素养。

2. 通过了解中国灿烂的饮食文化知识，同学们能够加深对中国传统文化的理解和认同，树立对本民族饮食文化的自信心和自豪感，坚定弘扬中国传统饮食文化的使命。

重点难点

1. 中国不同烹饪流派的风味特点及代表。

2. 中国名酒的分类方法及口味特色。

3. 中国名茶的分类方法及口味特色。

任务一　中国主要菜系与风味特色菜

情景导入

四川的导游员小赵接到一个导游任务，一个从山东来的旅游团，要在成都玩儿两天，行程中有一项接待任务是品特色川菜。小赵对川菜那是非常了解的，为了跟游客更好地互动，他查找资料，了解了山东菜的风味特点和代表菜，为更好地为游客提供服务做好了充分的准备。

小赵对待工作认真的态度是值得我们学习的，那么除了川菜、鲁菜，中国还有哪些著名的菜系？它们的风味特点和代表菜又是什么呢？接下来就让我们一起学习吧。

基础知识

一、中国烹饪发展历程

中国烹饪是世界上历史最悠久、最有特色的烹饪之一，其发展历程可追溯到几千年前的古代时期。下面将详细讲解中国烹饪的发展历程：

（一）古代时期

中国烹饪的历史可以追溯到新石器时代的。当时的人们已经开始利用火，进行简单的烹调和烧烤食物。随着农业的发展，人们开始试种各种农作物，并开始培育和饲养家禽家畜，一定程度上丰富了烹饪食材。

（二）夏商周时期

这一时期，中国烹饪开始形成一些基本的烹饪方法和技巧。烹饪逐渐成为一门独立的技艺，当时专门从事烹饪的人叫作"疱人""疱正"等。出现了蒸、煮、炖等烹调方法。同时，周朝还形成了饮食礼仪和烹饪文化，将烹饪与宴会、祭祀等文

化活动相结合。夏商周三代在中国烹饪史上开了个好头，后人有"百世相传三代艺，烹坛奠基开新篇"的评语。

（三）秦汉时期

秦汉时期，中国烹饪得到了进一步发展。汉代随着丝绸之路的开通，中国烹饪开始受到外来文化的影响，如西域、中亚和印度的烹饪方法和食材。张骞通西域后，相继从阿拉伯等地引进了茄子、大蒜、西瓜、黄瓜、扁豆等新蔬菜。

（四）魏晋南北朝时期

魏晋南北朝时期，中国烹饪逐渐形成了独特的风格和特色。由于饮食市场兴盛，地方风味也得以发展，各自有其独特的调味品和烹调技巧，鲁、苏、川、粤四大菜系正在酝酿发育中。同时，佛教的传入，佛道两教大兴，对中国烹饪也产生了一定影响，推动了素食和面点的发展。

（五）唐宋时期

唐宋时期，中国烹饪达到了巅峰。宫廷菜、宴会菜和名厨的出现使得中国烹饪达到了极高的艺术水平。烹、烧、烤、炒、爆、熘等烹饪技艺，正是在宋朝成熟起来的。同时，茶文化和糕点文化也逐渐兴起，丰富了中国烹饪的品类和种类。唐宋饮食市场已经相当完善。饮食网点相对集中，名牌酒楼多在闹市。同行之间竞争激烈，名牌食品层出不穷。烹饪著述颇丰，《饮膳正要》和《千金食治》建树卓著。

（六）明清时期

明清时期，中国烹饪进一步丰富多样。清朝时期，满洲人的烹饪习惯和食材进入中原，影响了北方地区的烹饪风格。同时，中国的海外贸易也促进了烹饪食材和技术的交流，使得中国烹饪更加开放和多元化。名厨巧师灿若群星，宫廷菜和官府菜大盛。以"满汉全席"为标志的超级大宴活跃在南北，中国饮膳结出硕大的花蕾，达到了古代社会的最高水平。

（七）近现代

近现代以来，中国烹饪在传统基础上不断创新和发展。中华人民共和国成立后，中国烹饪开始受到政府的重视和支持，各地方菜系得到保护和发扬。同时，中国的烹饪文化也开始走向世界，中餐成为国际上受欢迎的美食之一。

总体而言，中国烹饪发展历程丰富多彩，经历了漫长的历史沉淀和文化交流。中国烹饪以其独特的调味、烹调技巧和食材的多样性而闻名于世。无论是宫廷菜还是民间菜，都体现了中国烹饪的丰富与精湛。今天，中国烹饪已经成为世界烹饪文化的重要组成部分，为人们带来美味和享受。

二、中国烹饪流派的划分方法

中国烹饪流派的划分是基于地域和风味特色来进行的。中国各地区的烹饪风格、调味方法和烹调技巧都有所不同，因此形成了多个独特的烹饪流派。下面是对中国烹饪流派的一些常见划分方法：

（一）八大菜系

八大菜系是中国烹饪最常见的划分方法之一，包括川菜、粤菜、鲁菜、苏菜、闽菜、浙菜、湘菜和徽菜。每个菜系代表了中国不同地区的烹饪风格和特色菜肴。

（二）北方与南方烹饪

中国烹饪也可以按照地理位置进行划分，即北方与南方烹饪。北方烹饪以面食为主，如饺子、馒头、面条等，注重炒、炸和烤的烹调方式。南方烹饪以米饭为主，如粤菜和闽菜，注重煮、蒸和炖的烹调方式。

（三）民族烹饪

中国各民族都有独特的烹饪风格和菜肴。例如，藏族的烹饪以牦牛肉和青稞为主要食材，具有浓郁的高原风味；维吾尔族的烹饪以羊肉、面食和馕为主，注重烤、炒和炖的烹调方式。

（四）地方特色烹饪

中国各地还有许多地方特色烹饪，如四川的火锅、北京的烤鸭、上海的小笼包等。这些特色烹饪代表了地方风味和独特的烹调方法。

需要注意的是，以上的划分方法只是对中国烹饪流派的一种常见方式，实际上，中国烹饪的多样性远远超出了以上划分。不同的城市、乡村和家庭也有各自的烹饪风格和特色。这些烹饪流派和风味的多样性使中国成为一个令人兴奋和美食多样化的烹饪国家。

三、中国主要菜系

中国的八大菜系是指川菜、粤菜、鲁菜、苏菜、闽菜、浙菜、湘菜、徽菜。每个菜系都有其独特的形成过程、风味特点和代表菜品。下面将对这八大菜系进行概

括讲解：

（一）川菜

形成过程：川菜起源于中国古代巴、蜀两国，经商、周开始孕育，秦汉魏晋形成了初步轮廓，唐宋间又有发展，直至清代末期得以成熟，主要由重庆、成都及川北、川南的地方风味名特菜肴组成。

风味特点：它取材广泛，调味多变，菜式多样，口味清鲜醇浓并重，以善用麻辣著称，口感丰富，注重调味品的独特搭配。鱼香肉丝、宫保鸡丁、麻婆豆腐是川菜的代表菜品。

（二）粤菜

形成过程：粤菜历史悠久，起源于中原地区，可远溯至距今两千多年的汉初，经历了两千多年的发展历程后，到了晚清时期已渐成熟。包括广州菜、潮州菜和东江菜。

风味特点：粤菜注重食材的原汁原味，崇尚清淡、鲜美、爽口的口味，烹调技巧独特，追求色香味俱佳。以蒸、炒、煎、焗、焖、炸、煲、炖、扣等烹调方法常见。著名菜品有广东烧鹅、白切贵妃鸡、蚝皇凤爪等。

（三）鲁菜

形成过程：鲁菜起源于春秋战国时期，在秦汉时期形成独特的风格，在明清时代更是被引入宫廷，成为当时的皇家菜。鲁菜是由胶东菜、济南菜、孔府菜三者融合而成。

风味特点：鲁菜以色香味俱佳、鲜美可口、咸鲜适中，善于以葱香调味为特点，烹调方法多样，注重火候和味道的协调。著名菜品有糖醋黄河鲤鱼、九转大肠、葱烧海参等。

（四）苏菜

形成过程：苏菜起源于南北朝时期，深受苏州、南京等地烹饪文化的影响，由金陵菜、淮扬菜、苏锡菜、徐海菜组成。

风味特点：苏菜注重色、香、味的协调，崇尚清淡、细腻的口味，注重烹调的刀工和形状美。著名菜品有松鼠鳜鱼、三套鸭、清炖蟹粉狮子头等。

（五）闽菜

形成过程：闽菜起源于福建地区，受福州、厦门等地的烹饪传统影响。

风味特点：闽菜注重海鲜和山珍的使用，口味清鲜、和醇、荤香、不腻，擅红糖、糖醋调味。著名菜品有佛跳墙、红糟鱼、荔枝肉等。

（六）浙菜

形成过程：浙菜富有江南特色，历史悠久，源远流长，起源于新石器时代的河姆渡文化。浙菜主要由杭州、宁波、绍兴、温州四个流派所组成。

风味特点：选料讲究，烹饪独到，注重本味，制作精细。以炒、炸、烩、熘、蒸、烧6类为擅长。著名菜品有东坡肉、西湖醋鱼、叫化鸡等。

（七）湘菜

形成过程：湘菜历史悠久，早在汉朝就已经形成菜系。以湘江流域、洞庭湖区和湘西山区三种地方风味为主。

风味特点：湘菜制作精细，用料广泛，口味多变，品种繁多，油重色浓，品味香辣、香鲜、软嫩，制法上以煨、炖、腊、蒸、炒诸法见长。著名菜品有剁椒鱼头、吉首酸肉、腊味合蒸等。

（八）徽菜

形成过程：徽菜起源于南宋时期的古徽州，是以皖南菜为代表的皖南菜、皖江菜、合肥菜、淮南菜、皖北菜的总称。

风味特点：风味特点为咸鲜为主，突出本味，讲究火功，注重食补。在烹调方法上以烧、炖、焖、蒸、熏等技艺为主。著名菜品有符离集烧鸡、黄山炖鸽、臭鳜鱼等。

这些八大菜系代表了中国烹饪的丰富性和多样性。每个菜系都有其独特的风味和特色菜品，反映了中国各地区的烹饪文化和传统。无论是口味的辣鲜、酸甜，还是烹调的技巧和创新，这些菜系都为中国的烹饪艺术增添了色彩和魅力。

四、中国风味特色菜

（一）官府菜

官府菜是中国传统风味特色菜系之一，以其高雅精致、讲究烹饪工艺和独特的口味而闻名。下面将详细介绍官府菜的发展历史、主要类别、口味特色和代表菜品：

1. 发展历史

官府菜的发展历史可以追溯到昔日的宫廷菜肴。宫廷菜肴讲究工艺精湛、口味

独特，以供应皇室和高级官员享用。宫廷菜肴的精华逐渐传入富贵人家和饭庄，形成了官府菜这一独特的风味特色菜系。

2. 主要类别

（1）孔府菜

孔府菜是山东曲阜市孔府里的菜肴，是经千百年的发展演变而形成的典型的官府菜。

孔府菜可以分为两部分：一是衍圣公及其府内家人日常饮食的菜肴，由"内厨"负责烹制，称为家常菜；二是为来孔府之帝王、贵胄、名族、官宦祭孔、因拜访而举办的各种宴请活动的菜肴，由"外厨"负责烹制。

（2）谭家菜

谭家菜出自清末官僚谭宗浚家中。谭宗浚，字叔裕，广东南海人，同治十三年（1874年）考中榜眼，在翰林院供职。谭宗浚一生酷爱珍馐美味，热衷于在同僚中相互宴请，宴请时他总要亲自安排，将肴馔整治得精美可口，因此清末时已颇具名声。谭宗浚之子谭瑑青，讲究饮食过于其父。谭家的女主人都善烹调，不断吸收各派名厨之长，久之则成功地将南方菜（特别是广东菜）同北方菜（特别是北京菜）相互融合，成为独创一派的家庭风味菜肴。后来谭家败落，由对外经营的私家会馆改为不挂招牌的家庭小宴。自20世纪30年代起对外营业，取名谭家菜。由此逐渐流传到北京市场上，以其独树一帜的家庭风味流传百余年而不衰。

（3）随园菜

随园菜是因《随园食单》而得名的清代官府菜。袁枚，字子才，号简斋、随园老人，浙江钱塘（今杭州）人。乾隆进士，曾任江宁等县知县。40岁告退后筑园于南京小仓山下，名曰"随园"。《随园食单》全面总结了历代烹饪技术的经验和教训，收录了苏、浙、皖等地及京、鲁、粤等地方菜，尤其是官府菜的名馔和风味点心300余种，堪称是官府菜谱代表作。

3. 口味特色

孔府菜：孔府菜用料极其广泛，高至山珍海味，低到瓜、果、菜、椒或山林野菜等，都可烹制出佳蔬美味。孔府菜做工精细，善于调味，讲究盛器，烹调技法全面。

谭家菜：谭家菜有四大特点：一是选料考究；二是下料好；三是火候足；四是慢火细做，追求香醇软烂。凡吃过谭家菜后，皆感觉到谭家菜香气四溢，食后留香持久。

随园菜有五大特点：一为十分讲究原料的选择；二为加工、烹调精细而卫生；三为讲究色香味形器；四为注重筵席的制作艺术；五为严格而科学的要求。

4. 代表菜品

官府菜有许多经典的代表菜品，每个菜系都有其独特的特色。一些代表性的官府菜品包括：

火爆燎肉（孔府菜）：烹调方法独特，味道迥异，深受食客的欢迎。取用肥瘦相间的后臀肉，切大薄块，加香酱、葱、姜、蒜片腌渍，然后用大火爆炒。

绣球干贝（孔府菜）：绣球用各种细丝缠在鱼蓉或鸡蓉上，再沾上名贵的干贝松蒸制而成。

砂锅鱼翅（谭家菜）：鱼翅全凭冷、热水泡透发透，毫无腥味，制成后，翅肉软烂，味极醇美。

清汤燕窝（谭家菜）：用温水将燕窝浸泡三小时，再用清水反复冲漂，非常细心地择尽燕毛和杂质。待燕窝泡发好后，放在一个大汤碗内，注入半斤鸡汤，上笼蒸二十至三十分钟，取出分装在小汤碗内。

八宝鸭（随园菜）：这道菜是用鸭子、莲子、栗子、枣子等食材制成的，味道香甜，营养丰富。八宝鸭是袁枚在秋冬季节经常做的一道菜。

酸辣汤（随园菜）：这道菜是用粉丝、豆腐、鸭血、香菇等食材制成的，味道酸辣开胃。酸辣汤是袁枚经常会喝的一道汤。

这些代表菜制作工艺精细、口味独特、造型美观，体现了中国烹饪的高超技艺和独特魅力。官府菜系的发展，不仅丰富了中国烹饪的种类和风味，也代表了中国传统文化中的饮食艺术和审美观念。

（二）素菜

素菜是指不含肉类、禽类、海鲜等动物性食材，以蔬菜、豆类、果实等植物性食材为主要原料的风味特色菜系。素菜注重植物原料的味道、口感和营养，是中国传统饮食文化中的重要组成部分。下面将详细介绍素菜的发展历史、主要类别、口味特色和代表菜品：

1. 发展历史

素菜的发展历史可以追溯到西汉时期，尤其是佛教的传入对素菜的发展起到了

重要作用。佛教提倡素食，使得素菜得到了更广泛地传播和推广。随着时间的推移，素菜在中国烹饪中的地位日益重要，成为中国饮食文化中不可或缺的一部分。

2. 主要类别

素菜可以根据烹调方法和原料的不同进行分类。主要的素菜类别包括：

清炒素菜：将各种蔬菜、豆腐等植物性食材清炒熟制作而成，保留了食材的原汁原味和营养。

素炖汤：以各种蔬菜、豆类、菇类等植物性食材炖煮而成，汤汁鲜美、营养丰富。

素烧烤：采用烤制的方式制作，常见的有素烤串、素烧鸭等。

素火锅：使用各种蔬菜、豆腐、素肉等植物性食材作为火锅的主要食材，搭配鲜美的素汤底。

素点心：以植物性食材制作的各种小吃和点心，如素包子、素饺子、素糕点等。

3. 口味特色

素菜注重植物原料的味道和口感，追求清淡、鲜美、健康的口味特色。其口味特点主要有以下几个方面：

鲜美的原汁原味：素菜注重食材的本身味道，追求原汁原味的鲜美口感。

多样的调味：通过植物性调味品如酱油、醋、花椒等调配，赋予菜品丰富的口感和层次。

清淡适口：素菜通常采用清淡的烹调方式，偏向于清爽、爽口的口感，使人倍感舒适。

营养丰富：素菜注重植物性食材的营养价值，富含维生素、纤维素和矿物质等营养成分。

4. 代表菜品

素菜有许多经典的代表菜品，每个地区都有其独特的素菜特色。以下是一些常见的素菜代表菜品：

素三鲜：以香菇、豆腐和青椒为主要食材，烹制出鲜美、清淡的素菜。

麻婆豆腐：以嫩豆腐为主料，搭配辣椒和豆瓣酱等调味品，口感麻辣，鲜香可口。

素烤鸭：以素鸭肉为主料，通过特殊的烹调技巧和调味品，制作出似真似假的烤鸭口感。

素炖鲍鱼：以素鲍鱼为主料，与各种蔬菜和豆腐一起炖煮，口感鲜嫩，汤汁鲜美。

这些菜品代表了素菜的精华，以其清淡、鲜美、营养丰富的特点，吸引了越来越多的人关注和喜爱素食。素菜的发展不仅丰富了中国烹饪的种类和风味，也体现了人们对健康和环保饮食的追求。

知识拓展

佛跳墙的由来

佛跳墙是一道享誉世界的福建闽菜名菜，具有悠久的历史和丰富的文化内涵。它起源于中国福建省福州市。相传，该菜品是在清道光年间由福州聚春园菜馆老板郑春发研制出来的，又据费孝通先生记，发明此菜者乃一帮要饭的乞丐。

佛跳墙是一道讲究选材和制作工艺的高级菜肴。它的主要原料包括鲍鱼、鱼翅、干贝、海参、花菇、鸽蛋、鸽胸、鹅肾、猪蹄筋、猪蹄、猪肚、鸭肉等，配料繁多，味道鲜美。制作过程中需要进行多道烦琐的工序，包括选料、处理、炖煮、勾芡等多个环节，保持食材的口感和香味。关于佛跳墙来历有两种说法：

说法一：清朝道光年间，福州官钱局的官员宴请福建布政使周莲。席间有道叫作"福寿全"的菜，是用鸡、鸭、羊肘、猪蹄、排骨、鸽蛋等以慢火煨制成的。周莲吃后很满意。回家后即命厨师郑春发依法仿制在原菜基础上，减少了肉类用量，又加入了多种海鲜，使成菜内容更加丰富，鲜美可口。后来，郑离开布政使衙门，到福州东街上开了一家"三友斋"菜馆（今福州"聚春园"菜馆的前身），在一次文人聚会的筵席上送上此菜。文人们品后纷纷叫好，有人即席赋诗曰："坛启荤香飘四邻，佛闻弃禅跳墙来。"从此，这道菜就叫作"佛跳墙"。

说法二：据费孝通先生记，发明此菜者乃一帮要饭的乞丐。这些乞丐拎着破瓦罐，每天到处要饭，把饭铺里各种残羹剩饭全集在一起。据说有一天，有一位饭铺老板出门，偶然闻到街头有一缕奇香飘来，循香而发现破瓦罐中剩酒与各种剩菜倒在一起。这位老板因此而得启悟，回店以各种原料杂烩于一起，配之以酒，创造了佛跳墙。

佛跳墙因其材料丰富、工艺繁复而闻名，被誉为中国菜肴中的瑰宝。它既有着悠久的历史传承，又是中国传统烹饪技艺的杰作之一。如今，佛跳墙已经成为福建菜系的代表之一，并且在全球范围内享有盛誉，成为中国美食文化的重要组成部分之一。

课后练习

1. 下列属于我国四大菜系的是?（ ）
   A. 浙菜　　　B. 徽菜　　　C. 鲁菜　　　D. 闽菜

   【答案】C. 鲁菜

2. 下列属于闽菜代表菜的是?（ ）
   A. 葱烧海参　　B. 叫花鸡　　C. 佛跳墙　　D. 东坡肉

   【答案】C. 佛跳墙

3. 哪个朝代对中国烹饪的创新和发展起到了承上启下的作用?（ ）
   A. 唐朝　　　B. 宋朝　　　C. 明朝　　　D. 清朝

   【答案】A. 唐朝

4. 下列不属于八大菜系的是?（ ）
   A. 京菜　　　B. 鲁菜　　　C. 川菜　　　D. 粤菜

   【答案】A. 京菜

5. 鲁菜起源于（ ）
   A. 春秋战国　B. 秦朝　　　C. 汉朝　　　D. 清朝

   【答案】A. 春秋战国

任务二　中国的名茶与名酒

情景导入

杭州的导游员小何接到一个导游任务，一个河北的旅游团在杭州游玩3天，一项行程是品西湖龙井茶。西湖龙井是中国十大绿茶之一，也是杭州的特色旅游产品。小何对于茶叶的制作流程，口味特色是非常了解的。为了给游客介绍更多有关中国茶文化的知识，小何还是认真查找资料，学习了中国茶文化的相关知识，圆满完成了这次导游任务，获得了游客的一致好评。

中国是世界上最早种茶、制茶的国家，你了解中国茶文化吗？接下来也让我们一起学习一下吧。

基础知识

一、名茶

（一）茶叶的分类方法

茶叶是指以茶树的嫩叶为原料，经过采摘、加工和烘干等工艺制成的饮品。茶叶的分类方法主要根据不同的因素，按加工工艺的不同，茶叶可以分为绿茶、红茶、乌龙茶、白茶、黄茶、黑茶。

1. 加工工艺

绿茶：绿茶是由鲜叶经过杀青、揉捻和干燥等工序加工而成。从而形成了绿茶外形色泽绿，汤色绿，叶底绿，香高味醇的品质特点。

红茶：红茶鲜叶经过摊凋、揉捻、发酵和烘干等工艺过程，使鲜叶内化学成分发生一系列化学变化，最终形成红茶独有的"红汤红叶"品质特征，其中发酵是红茶形成品质的重要工序。

乌龙茶：乌龙茶由鲜叶经萎凋、做青、炒青、揉捻和烘干等工序加工制成，做青是乌龙茶品质形成的特有工序，也是关键工序。

黄茶：黄茶基本制造方法都要经过杀青、闷黄、干燥三个过程。闷黄是黄茶制造中的独特工序，也是形成黄茶品质的关键工序，闷黄过程经湿热作用引起叶内物质的发生深刻的理化变化，为形成黄茶独特"黄叶黄汤"的品质特征奠定了物质基础。

白茶：白茶在加工过程中需要经过长时间的萎凋，在此期间伴随着鲜叶的失水而发生一系列复杂的理化变化，从而逐步形成白茶特有的品质风格。

黑茶：黑茶的加工工艺分为杀青、揉捻、渥堆、干燥，其中"渥堆"是黑茶品质形成的关键工序。

2. 发酵程度

非发酵茶：主要包括绿茶和白茶，茶叶不经过明显的发酵过程。

轻度发酵茶：如黄茶和乌龙茶，茶叶经过轻微的发酵。

中度发酵茶：如红茶，茶叶经过较长时间的发酵过程。

深度发酵茶：如普洱茶，茶叶经过较长时间的发酵和陈化过程。

需要注意的是，以上的分类方法并不是绝对的，有些茶叶可能具有多个分类特征。此外，茶叶的品质和口感还受到茶叶的质量、采摘季节、存放和冲泡等因素的影响。茶叶的分类方法可以帮助人们更好地了解和选择适合自己口味的茶叶品种。

（二）中国传统名茶

1. 绿茶

绿茶是中国传统的名茶之一，以其清香、爽口和独特的口味而闻名于世。绿茶以茶叶的嫩叶为原料，经过采摘、杀青、揉捻和烘干等工艺制成。下面将详细介绍绿茶的口味特点和代表茶叶：

（1）口味特点

清香：绿茶具有清新、清香的特点，茶叶在杀青过程中保留了茶叶的天然香气。

爽口：绿茶的口感清爽，茶汤清亮透明，给人一种爽口的感觉。

鲜爽：绿茶茶汤鲜艳，带有一定的鲜味，使人回味无穷。

回甘：绿茶滋味鲜美，部分具有回甘的特点，喝完口中回甘甜润。

（2）代表茶叶

西湖龙井：产于浙江杭州西湖龙井一带，是中国最著名的绿茶之一。茶叶嫩绿色泽，扁平挺直，具有独特的鲜香和醇厚的口感。

碧螺春：产于江苏苏州，是中国十大名茶之一。茶叶呈卷曲形状，色泽翠绿，茶汤清澈明亮，具有鲜爽的口感和花果香气。

黄山毛峰：产于安徽省黄山。其形似雀舌，匀齐壮实，峰毫显露，色如象牙，鱼叶金黄，香气清香高长，汤色清澈明亮，滋味鲜醇，醇厚，回甘，叶底嫩黄成朵。"黄金片"和"象牙色"是黄山毛峰的两大特征。

绿茶不仅具有良好的口感，还富含丰富的抗氧化物质和维生素，有助于保持健康。因此，绿茶在中国传统文化中一直占据着重要的地位，也受到了世界茶叶爱好者的青睐。

2. 红茶

红茶是中国传统的名茶之一，以其独特的红褐色茶汤、浓郁的香气和醇厚的口感而著称。红茶以茶树的嫩叶为原料，经过摊凋、揉捻、发酵和烘干等工艺制成。

下面将详细介绍红茶的口味特点和代表茶叶：

（1）口味特点

醇厚：红茶具有浓厚、醇厚的口感，茶汤入口饱满，滋味浓郁。

茶汤颜色：红茶的茶汤呈现红褐色，鲜艳透亮。

茶香：红茶的香气独特，主要有花香、蜜香、薯香等，香气浓郁持久。

带有苦涩：相较于其他茶类，红茶的口感可能带有一定的苦涩，但并不失和谐与醇厚。

（2）代表茶叶

正山小种：产于福建武夷山，是中国传统红茶的代表。茶叶外形紧结，茶汤呈红褐色，口感醇厚，具有独特的烟熏香气。

金骏眉：属于红茶中正山小种的分支，原产于福建省武夷山市桐木村。金骏眉是难得的茶中珍品，外形细小紧密，伴有金黄色的茶绒茶毫，汤色金黄，入口甘爽。

祁门红茶：是中国历史名茶，著名红茶精品。祁红采制工艺精细，采摘一芽二、三叶的芽叶做原料，经过萎凋、揉捻、发酵，使芽叶由绿色变成紫铜红色，香气透发，然后进行文火烘焙至干。红毛茶制成后，还须进行精制，精制工序复杂花工夫，经毛筛、抖筛、分筛、紧门、撩筛、切断、风选、拣剔、补火、清风、拼和、装箱而制成。

红茶在中国传统文化中占据着重要的地位，也受到了国内外茶叶爱好者的喜爱。其丰富的口感和特殊的香气使其成为许多人喜爱的茶类之一。

3. 乌龙茶

乌龙茶是中国传统的名茶之一，以其独特的香气、口感和品质而著称。乌龙茶属于半发酵茶，制作工艺介于绿茶和红茶之间。乌龙茶以茶树的嫩叶为原料，经过萎凋、做青、炒青、揉捻和烘干等工艺制成。下面将详细介绍乌龙茶的口味特点和代表茶叶：

（1）口味特点

花香：乌龙茶以其独特的花香而著称，茶叶在发酵过程中释放出花香气息，香气持久。

口感丰富：乌龙茶口感丰富，茶汤入口醇厚，有一定的滋味。

回甘：乌龙茶具有回甘的特点，喝完茶后口中留有甘甜的余味。

茶叶形态：乌龙茶的茶叶形态多样，有卷曲的球形、蜻蜓头形等，具有一定的观赏性。

（2）代表茶叶

安溪铁观音：产自福建安溪县，中国十大名茶之一，铁观音是乌龙茶的极品，其品质特征是：茶条卷曲，肥壮圆结，沉重匀整，色泽砂绿，整体形状似蜻蜓头、螺旋体、青蛙腿。冲泡后汤色金黄浓艳似琥珀，有天然馥郁的兰花香，滋味醇厚甘鲜，回甘悠久，俗称有"音韵"。铁观音茶香高而持久，可谓"七泡有余香"。

凤凰水仙：产于广东潮安凤凰乡的条形乌龙茶，分单丛、浪菜、水仙三个级别。有天然花香，蜜韵，滋味浓、醇、爽、甘，耐冲泡。主销广东、港澳地区，外销日本、东南亚、美国。凤凰水仙享有"形美、色翠、香郁、味甘"之誉。茶条肥大，色泽呈鳝鱼皮色，油润有光。茶汤澄黄清澈，味醇爽口回甘，香味持久，耐泡。

东方美人：台湾独有的名茶，又名膨风茶，又因其茶芽白毫显著，又名为白毫乌龙茶。东方美人茶叶外观颇显美感，叶身呈白绿黄红褐五色相间，鲜艳可爱，茶汤水色呈较深的琥珀色，尝起来浓厚甘醇，并带有熟果香和蜂蜜芬芳。

乌龙茶在中国传统文化中占据着重要的地位，也受到了国内外茶叶爱好者的喜爱。其丰富的口感和芳香使其成为许多人追逐的茶类之一。

4. 黄茶

黄茶是中国传统的名茶之一，以其独特的黄色茶汤、芳香的香气和柔和的口感而著名。黄茶属于微发酵茶，制作工艺较为复杂，茶叶经过杀青、闷黄、干燥等工艺制成。下面将详细介绍黄茶的口味特点和代表茶叶：

（1）口味特点

柔和：黄茶口感柔和，不苦不涩，茶汤入口顺滑。

茶汤颜色：黄茶的茶汤呈现亮黄色或橙黄色，明亮透彻。

茶香：黄茶具有独特的香气，主要有麦香、花香等，香气醇厚持久。

回甘：黄茶具有回甘的特点，喝完茶后口中留有甘甜的余味。

（2）代表茶叶

海马宫茶：产于贵州省大方县的老鹰岩脚下的海马宫乡。海马宫茶采于当地中、小群体品种，具有茸毛，持嫩性强的特性。谷雨前后开采。采摘标准：一级茶为一芽一叶初展；二级茶为一芽二叶，三级茶为一芽三叶。

霍山黄芽茶：产于佛子岭水库上游的大化坪、姚家畈、太阳河一带，其中以大化坪的金鸡坞、金山头；上和街的金竹坪；姚家畈的乌米尖，即"三金一乌"所产的黄芽品质最佳。

远安黄茶：远安县古属峡州，唐代陆羽《茶经》中就有远安产茶这记载。据县志记载，鹿苑茶起初（1225年）为鹿苑寺侧栽植，产量甚微，当地村民见茶香味浓，便争相引种，遂扩大到山前屋后种植，从而得以发展。现已在鹿苑一带创制出一种黄茶类的鹿苑毛尖。

君山银针茶：君山银针与白毫银针不同，不是白茶，与银毫也不同，不是绿茶。他是黄茶中独具一格的名茶。产于湖南省岳阳市君山区洞庭湖边的君山，君山是一个小岛。

路丁茶：山西的路丁茶，是以早期的治疗高血压而闻名。茶汤色金黄，口感独特，且容易保存，越陈越香醇。路丁茶实为各种天然中草药提取物，天然本草提取物萃取植物精华。《神农本草经》《唐本草》《神农本草》都有记录路丁茶的作用。

这些黄茶代表了中国黄茶的高品质和口味特点，展现了黄茶独特的魅力和风味。黄茶在中国传统文化中占据着重要的地位，也受到了国内外茶叶爱好者的喜爱。其柔和的口感和芳香使其成为许多人钟爱的茶类之一。

5. 白茶

白茶是中国传统的名茶之一，以其独特的淡雅口感、白毫覆盖和天然香气而著称。白茶以茶树的嫩叶和未开放的芽为原料，经过摊凋、干燥等简单的制作工艺制成，几乎没有经过发酵过程。下面将详细介绍白茶的口味特点和代表茶叶：

（1）口味特点

清淡：白茶口感清淡，茶汤清亮，茶味清香纯正，不带苦涩或酸味。

醇厚：尽管清淡，白茶的口感却醇厚柔和，入口后回甘悠长。

茶汤颜色：白茶的茶汤呈现淡黄或浅绿色，明亮透明。

茶香：白茶具有独特的香气，主要有毫香、果香和枣香等，香气清雅持久。

（2）代表茶叶

白毫银针：简称银针，又叫白毫，因其白毫密披、色白如银、外形似针而得名，其香气清新，汤色淡黄，滋味鲜爽，是白茶中的极品，素有茶中"美女""茶王"之美称。

白牡丹：因其绿叶夹银白色毫心，形似花朵，冲泡后绿叶托着嫩芽，宛如蓓蕾初放，故得美名。白牡丹是采自大白茶树或水仙种的短小芽叶新梢的一芽一二叶制成的，是白茶中的上乘佳品。

贡眉：是白茶中产量最高的一个品种，其产量约占到了白茶总产量的一半以上。它是以菜茶茶树的芽叶制成，这种用菜茶芽叶制成的毛茶称为"小白"，以区别于福鼎大白茶、政和大白茶茶树芽叶制成的"大白"毛茶。以前，菜茶的茶芽曾经被用来制造白毫银针等品种，但后来则改用"大白"来制作白毫银针和白牡丹，而小白就用来制造贡眉了。

白茶在中国传统文化中占据着重要的地位，也受到了国内外茶叶爱好者的喜爱。其清淡的口感和清雅的香气使其成为许多人追逐的茶类之一。

6. 黑茶

黑茶是中国传统的名茶之一，以其独特的发酵工艺和深厚的口感而著称。黑茶属于后发酵茶，茶叶经过杀青、揉捻、渥堆、干燥等工艺制成。黑茶以茶树的老叶为原料，通过长时间的堆积和发酵过程，茶叶的鲜叶色泽由绿色转变为红褐或黑褐色。下面将详细介绍黑茶的口味特点和代表茶叶：

（1）口味特点

醇厚：黑茶具有浓厚、醇厚的口感，茶汤入口饱满，滋味厚实。

茶汤颜色：黑茶的茶汤呈现黄棕色或红棕色，浑厚明亮。

茶香：黑茶具有独特的陈香，香气深长持久。

回甘：黑茶口感醇厚，回甘悠长，留香持久。

（2）代表茶叶

普洱茶：产于云南普洱地区，是中国著名的黑茶之一。普洱茶经过长时间的堆积和陈化，茶叶色泽深红，茶汤红浓亮，口感醇厚、柔和，具有独特的陈香和回甘。

六堡茶：产于广西六堡地区，是中国黑茶的代表之一。六堡茶外形紧结，茶叶色泽黑褐，茶汤红亮透明，口感醇厚，具有独特的陈香和甘醇的口感。

安化黑茶：产于湖南安化，是中国黑茶的特色品种之一。安化黑茶茶叶色泽红褐，茶汤红亮清澈，具有醇厚的口感和独特的陈香。

藏茶：产于西藏地区，是黑茶的一种特殊品种。藏茶外形松散，茶叶色泽深褐，茶汤红亮，口感醇厚，具有独特的陈香和甘醇的口感。

这些黑茶代表了中国黑茶的高品质和口味特点。无论是普洱茶的陈香和回甘，六堡茶的醇厚口感，还是安化黑茶和藏茶的独特风味，都展现了黑茶独特的魅力和品质。黑茶在中国传统文化中占据着重要的地位，也受到了国内外茶叶爱好者的喜爱。其醇厚的口感和深厚的陈香使其成为许多人钟爱的茶类之一。

二、名酒

（一）中国酒的几种分类方法

中国酒可以按照酿造方法、酒精含量、商业习惯等方面进行分类。下面将详细介绍中国酒的分类方法：

1. 酿造方法

发酵酒：以粮谷、薯类、水果、乳类等为主要原料，经发酵或部分发酵酿制而成的饮料酒。

蒸馏酒：以粮谷、薯类、水果、乳类等为主要原料，经或不经勾调而成的饮料酒。

配制酒：以发酵酒、蒸馏酒、食用酒精等为酒基，加入可食用的原辅料和/或食品添加剂，进行调配和/或再加工制成的饮料酒。

2. 酒精含量

低度酒：乙醇含量在20%以下，发酵酒和某些配制酒在此列。

中度酒：乙醇含量在20%—40%，多数配制酒均在此范围。

高度酒：乙醇含量在40%以上，各种蒸馏酒均属此类，某些配制酒也在此列。

3. 商业习惯

按照商业习惯，酒一般分为白酒、黄酒、果酒、啤酒和药酒等。

中国酒的分类方法可以从多个维度进行划分。不同类型的中国酒各具特色，代表了丰富多样的酒文化和酿造工艺。无论是黄酒的醇厚香气，白酒的独特口感，还是名优白酒的品质保证，都展现了中国酒的多样性和独特魅力。

（二）中国国家名酒

1. 白酒

中国白酒是中国传统的名酒之一，以其独特的酿造工艺、丰富的口感和独特的香气而闻名。中国白酒根据不同的酿造方法、原料和产地等因素，可以分为多个不同的类别。下面将详细介绍中国白酒的分类、口味特点和代表酒的名称：

（1）浓香型白酒，也称为泸香型、窖香型、五粮液香型

所属：高粱酒、大曲酒

工艺：以粮谷为原料，经固态发酵、贮存、勾兑而成。

特点：芳香浓郁、绵柔甘洌、香味协调、入口苦、落口绵、尾净余长。

代表酒：四川五粮液

（2）酱香型白酒，也称为茅香型

所属：高粱酒、大曲酒

工艺：以粮谷为原料，经过传统固态发酵制成。

特点：酱香突出、幽雅细致、酒体醇厚、清澈透明、色泽微黄、回味悠长。

代表酒：贵州茅台

（3）米香型白酒，也称为蜜香型

所属：大米酒、小曲酒

工艺：大米为原料，小曲作糖化发酵剂，经半固态发酵酿成。

特点：蜜香清雅、入口柔绵、落口爽洌、回味怡畅。

代表酒：桂林三花酒

（4）清香型白酒，也称为汾香型

所属：高粱酒、大曲酒

工艺：以高粱为原料，经清蒸清烧、地缸发酵。

特点：具有以乙酸乙酯为主体的复合香气，清香纯正、自然谐调、醇甜柔和、绵甜净爽。

代表酒：山西汾酒

（5）兼香型白酒，也称复香型、混合型

所属：高粱酒、大曲酒

工艺：以高粱为主要原料，经发酵、贮存、勾兑制成。

特点：具有两种以上香型特点，香味复杂，幽雅馥郁，口感细腻丰满。通常是浓酱兼香型，浓香和酱香为主体香型。

代表酒：湖北白云边

（6）凤香型白酒

所属：高粱酒、大曲酒

工艺：高粱为原料，中温大曲或麸曲为糖化发酵剂酿制而成。

特点：无色、清澈透明、醇香秀雅、诸味谐调、尾净悠长。

代表酒：西凤酒

（7）豉香型白酒

所属：大米酒、小曲酒

工艺：大米为原料，小曲为糖化发酵剂，半固态液态糖化边发酵酿制而成。

特点：无色或微黄，清亮透明，豉香纯正，醇和甘冽，酒体丰满、谐调，余味爽净。

代表酒：广东玉冰烧

（8）药香型白酒，也叫董香型

所属：高粱、小麦、大米均有、大小曲并用

工艺：高粱、小麦、大米为原料，制曲中加入中草药，经传统固态法发酵、串香蒸馏、陈酿一年以上、勾兑而成的白酒。

特点：无色清澈透明，药香突出，酯类香气较浓郁，入口醇甜，回味悠长。

代表酒：贵州董酒

（9）特香型白酒

所属：大米酒、大曲酒

工艺：整粒大米为主要原料，中高温大曲为糖化发酵剂，经传统固态法发酵、蒸馏、陈酿、勾兑而成。

特点：酒体醇厚丰满，协调和谐；入口绵甜，圆润；后味爽净，无杂味。

代表酒：江西四特酒

（10）芝麻香型白酒

所属：高粱、小麦均有、大曲酒

工艺：高粱、小麦和麦麸为原料，通过传统的固态发酵、蒸馏、储存和混合来调味的酒。

特点：酒中的主要香气类似于烤芝麻，入口绵，酱香浓郁；落口甜，似有甘味；口软，绝无辛辣味。

代表酒：山东一品景芝

（11）老白干香型白酒

所属：高粱酒、大曲酒

工艺：高粱为原料，中高温大曲为糖化发酵剂，地缸发酵，混蒸馏酒，分段摘酒，分级贮存，勾兑而成。

特点：具有乳酸乙酯和乙酸乙酯为主体的复合香气，酒体谐调，醇厚甘洌，回味悠长。

代表酒：河北衡水老白干

（12）馥郁香型白酒

所属：高粱酒、大小曲共用

工艺：高粱为原料，双曲共用，泥窖发酵，分层出窖，清蒸清烧，洞穴贮存，勾兑而成。

特点：色清透明、诸香馥郁、入口绵甜、醇厚丰满、香味协调、回味悠长，"前浓、中清、后酱"的独特口味特征。

代表酒：湖南酒鬼酒

2. 黄酒

中国黄酒是中国传统的名酒之一，以其独特的酿造工艺、浓郁的香气和醇厚的口感而著名。中国黄酒根据不同的酿造方法、原料和产地等因素，可以分为多个不同的类别。下面将详细介绍中国黄酒的分类、口味特点和代表酒的名称：

花雕酒：绍兴花雕酒是一种非常古老的传统黄酒。花雕酒从古时"女儿酒"演变而来，花雕酒酒性柔和，酒色橙黄清亮，酒香馥郁芬芳，酒味甘香醇厚。花雕酒是中国黄酒中的奇葩，选用上好糯米、优质麦曲，辅以江浙明净澄澈的湖水，用古法酿制，再贮以时日，产生出独特的风味和丰富的营养。据科学鉴定，花雕酒含有对人体有益的多种氨基酸、糖类和维生素等营养成分，被称为"高级液体蛋糕"。根据贮存时间不同，花雕酒有三年陈、五年陈、八年陈、十年陈，甚至几十年陈等，以陈为贵。

红曲酒：红曲酒是中国传统名酒。属于宋代制曲酿酒的一个重大发明，有消食活血，健脾燥胃。红曲酒有降低血胆固醇、降血糖、降血压、防癌的功效。红曲黄酒多产于福建、浙江、台湾等地。

这些黄酒代表了中国黄酒的丰富多样性和独特风味，每一种黄酒都有其独特的魅力和品位。黄酒作为中国传统的名酒之一，在中国饮食文化中占有重要地位，也受到了国内外酒友的喜爱和追捧。

3. 葡萄酒

中国葡萄酒是指在中国境内种植、酿造的葡萄酒，随着中国葡萄种植和酿酒技术的发展，中国葡萄酒在国内外市场逐渐崭露头角。葡萄酒根据不同的葡萄品种、酿造方法和产地等因素，可以分为多个不同的类别。下面将简单介绍几类葡萄酒和代表酒的名称：

（1）白葡萄酒

分类：外观色泽近似无色或呈现微黄带绿、浅黄、禾秆黄、金黄色等颜色的葡萄酒。

口味特点：酒体轻盈，口感清爽、干脆，酸度高，带有浓郁的果香和花香味。

代表酒品：长城干白、张裕特选干白等。

（2）红葡萄酒

分类：外观色泽近似紫红或呈现深红、宝石红、红微带棕色、棕红色等颜色的葡萄酒。

口味特点：酸度平衡，香气浓郁，口感醇厚、柔和，具有不同的果香味。

代表酒品：张裕特选红酒等。

（3）桃红葡萄酒

分类：外观色泽近似桃红或呈现淡玫瑰红、浅红色等颜色的葡萄酒。

口味特点：香气清新，口感轻盈、鲜爽，具有水果的清甜味道。

代表酒品：长城桃红、张裕特选桃红等。

这些葡萄酒代表了中国葡萄酒的多样性和独特风味。中国葡萄酒生产区域广泛，拥有丰富的葡萄资源和酿酒技术，不断提升品质和口感。无论是白葡萄酒的清爽口感，红葡萄酒的浓郁香气，每一种葡萄酒都有其独特的魅力和品位。中国葡萄酒在国内外市场都逐渐受到认可，成为中国酒文化的重要组成部分。

4. 啤酒

中国啤酒是指中国国内生产的啤酒，具有丰富的品种和口味。根据不同的酿造方法、原料和风格等因素，啤酒可以分为多个不同的类别。下面将简单介绍啤酒的分类、口味特点和代表酒的名称：

（1）熟啤酒

分类：经过巴氏灭菌或瞬时高温灭菌的啤酒。

口味特点：酒质平衡饱满，口感细腻、柔滑、丰富。

代表酒品：青岛精酿原浆等。

（2）生啤酒

分类：不经过巴氏灭菌或瞬时高温灭菌，达到一定生物稳定性的啤酒。

口味特点：色泽金黄透明，口味纯正，口感清爽，带有一定的麦芽香气和微苦味。

代表酒品：青岛纯生、雪花纯生等。

（3）黑啤酒

分类：色度大于或等于61EBC的啤酒。

口味特点：色泽深褐或黑色，口感醇厚，带有浓郁的焦香和苦味。

代表酒品：青岛黑啤等。

中国啤酒市场多元化，具有丰富的品种和风味。无论是熟啤的细腻，生啤酒的清爽，还是黑啤酒的浓郁味道，每一种啤酒都有其独特的特点和魅力。中国啤酒品牌在国内外市场都享有较高的知名度和消费者认可度。无论是作为夏日消暑的饮品，还是与美食搭配的选择，中国啤酒都在不断创新和发展，满足消费者多样化的口味需求。

知识拓展

西湖龙井茶

西湖龙井茶，简称龙井茶，是中国最著名的绿茶之一，产于中国浙江省杭州市西湖及周边地区。它有着悠久的历史和独特的制作工艺，被誉为中国十大名茶之一。

关于西湖龙井茶的由来，有一个脍炙人口的传说。相传在宋代，南宋的一位皇帝赵煦曾到访杭州西湖地区，他巡游西湖时来到一个寺庙休息。当时，皇帝看到寺庙附近的一片茶园，被那里的美景所吸引。

皇帝决定品尝一杯当地的茶水，寺庙里的和尚们立即采摘了当时茶园里嫩芽茶叶，烹饪而成了一杯清香悠扬的茶水。皇帝喝了一口，觉得这茶清香幽雅，回味无穷。他对这茶赞叹不已，赐名为龙井茶，并将这个茶园定名为龙井村。

自此以后，龙井茶逐渐被推崇为贡品，备受皇室宠爱。龙井茶的声誉日益远播，成为中国最重要的名茶之一。

　　除了这个传说，龙井茶的历史可以追溯到东汉时期。据史书记载，西汉末年，浙江地区就已经有人种植茶树，并开始制作绿茶。而到了宋代，龙井茶的生产工艺逐渐完善，并成为当地的特色产品。

　　西湖龙井茶之所以备受推崇，主要因为其独特的品质特点。龙井茶的制作过程注重精细，选取细嫩的春季一芽一叶制作，采用手工炒制的方式，使茶叶保持了原有的形状和香气。龙井茶的汤色清澈明亮，茶叶展开后呈现出扁平的形状，色泽嫩绿如玉，带有淡淡的香气和甘甜的滋味。

　　如今，西湖龙井茶已成为中国茶文化的重要组成部分，享有盛誉于世。每年春季的茶叶采摘季节，吸引着无数茶叶爱好者和游客前往杭州西湖一带，品尝龙井茶的独特风味，感受茶文化的魅力。

课后练习

1. 以下哪个是中国著名的绿茶品种？（　　）
   A. 龙井茶　　　B. 铁观音茶　　　C. 武夷岩茶　　　D. 普洱茶
   【答案】A. 龙井茶

2. 下列哪个是中国著名的红茶品种？（　　）
   A. 龙井茶　　　B. 祁红　　　C. 武夷岩茶　　　D. 普洱茶
   【答案】B. 祁红

3. 哪个是中国著名的白茶品种？（　　）
   A. 龙井茶　　　B. 铁观音茶　　　C. 武夷岩茶　　　D. 白牡丹茶
   【答案】D. 白牡丹茶

4. 哪个是中国著名的黄酒品牌？（　　）
   A. 白兰地　　　B. 威士忌　　　C. 茅台酒　　　D. 绍兴黄酒
   【答案】D. 绍兴黄酒

5. 下列哪个是中国有着"国酒"之誉的白酒品牌？（　　）
   A. 威士忌　　　B. 白兰地　　　C. 二锅头　　　D. 茅台酒
   【答案】D. 茅台酒

模块六：

中国传统工艺美术

学习目标

一、知识目标

1. 了解中国陶瓷发展概述。

2. 熟悉中国著名陶瓷器、漆器、玉器、景泰蓝；四大名锦与四大名绣；文房四宝、年画、剪纸和风筝等传统美术知识。

3. 掌握中国传统工艺美术知识的主要代表与特色产地。

二、能力目标

能理解中国传统工艺美术知识应用到导游讲解与实践。

三、素质目标（含思政目标）

1. 提高学生的专业文化素养。

2. 通过了解中国灿烂辉煌的传统工艺美术文化成果，树立对本民族文化的自信心和自豪感，坚定弘扬中华优秀传统文化的使命。

重点难点

1. 熟悉并掌握中国著名陶瓷器、漆器、玉器、景泰蓝；中国名锦与中国名绣；文房四宝、年画、剪纸和风筝。

2. 中国传统工艺美术知识在导游讲解与实践中的灵活运用。

任务一 中国陶瓷器、漆器、玉器、景泰蓝

情景导入

导游员小张接到一个导游任务,带领游客参观景德镇。接到任务后,小张认真准备,查找资料。当日小张从陶瓷的发展历史说起,为游客讲解了陶与瓷的区别,介绍我国著名的陶瓷器,最终圆满完成了此次导游任务,获得了游客的一致好评。

中国是"陶瓷"的故乡,本次任务将系统学习中国陶瓷器、漆器、玉器、景泰蓝等相关知识,为导游服务讲解储备专业知识。下面让我们共同学习相关的知识内容。

基础知识

一、中国陶瓷器

(一)中国陶瓷器发展概述

陶瓷器是陶瓷制品与瓷器制品的总称。陶器是用黏土成型,经700℃~800℃的炉温焙烧而成的无釉或上釉的日用品和陈设品。

我国陶器制造具有悠久的历史。陶器工艺品是我国最古老的工艺美术品。早在新石器时代,我国先民就已经开始制作陶器。新石器时代早期的陶器大多为红陶和灰陶,制作比较粗糙,饰纹较少,且随意性较强,但也不乏古朴的风格。原始陶器的彩绘多为几何图形纹饰,手法粗糙,构图新颖,反映当时中国制陶工艺水平。新石器时代晚期制陶工艺不断发展,品质提高,种类增多,在仰韶、河姆渡、大汶口等文化遗址中,就出土有大量的灰陶、红陶、彩陶和黑陶等,其中仰韶文化彩陶和山东龙山文化黑陶颇具代表性。

1. 早期陶器发展的文化代表

(1) 仰韶文化

仰韶文化是分布在黄河流域距今约6000年的新石器时代文化,因最早发现于河

南省渑池县仰韶村而得名。仰韶文化制陶业发达，其彩陶造型优美，表面出现使用红彩或黑彩绘制的几何图案与动物花纹图案，其中人面形纹、鱼纹、鹿纹、鸟纹与蛙纹等形象逼真生动。不少出土的彩陶器为艺术珍品，如水鸟啄鱼纹、纹彩陶缸等陶塑艺术品也很精彩，有附饰在陶器上的各种动物塑像，如羊头器钮、鸟形盖把、人面头像、壁虎及鹰等，皆栩栩如生。

(2) 龙山文化

龙山文化蛋壳黑陶是继仰韶文化彩陶之后的优秀品种，是古老的传统制陶技艺。蛋壳陶是山东龙山文化特有的标志性陶器。通高19.5厘米，口径9厘米，足径4.7厘米，于1973年在山东日照东海峪出土，现藏山东省文物考古研究所。蛋壳黑陶杯"黑如漆，亮如镜，薄如纸，硬如瓷"，被考古界誉为"四千年前地球文明最精致之制作"。

2. 陶器发展的历史概述

商朝陶器大体上继承了新石器时代的样式，种类上也没有多大的发展。只是在商代晚期白陶得到了高度发展，成为当时占陶器比例不大却十分名贵、重要的一个陶器品种。

周代是陶器发展的重要阶段，陶器大量被应用到建筑上，如板瓦、筒瓦、瓦当、瓦钉、阑干砖等。

两汉时期，釉陶大量替代铜质日用品，使陶器得到了迅速发展。东汉时釉陶已发展到了较高水平，陶器开始向瓷器过渡。瓷器是在陶器的基础上制成的器物，具有以下特点：第一，瓷器胎料的成分主要是高岭土，瓷胎烧结后，胎色白，质地致密，胎体吸水率不足1%，具有透明或半透明性，叩之发出清脆悦耳之声。第二，瓷器的烧成温度必须在1200℃以上，胎釉经高温烧结后，不易脱落。瓷器是中国古代的伟大发明，早在商代就烧出原始瓷器，东汉时期烧制出真正的瓷器。东汉青瓷常见的器形有碗、盘、盏、耳杯、钵、洗、壶、盆、钟、瓿、罍、坛、斗、唾盂、砚、五联罐等。西晋时期，越窑青瓷的烧造技艺又有了提高。

隋唐时期是我国封建社会经济文化高度繁荣的时期，陶瓷业也进入了一个迅猛发展的阶段，唐三彩就是其标志。它是一种低温铅釉陶器，因经常使用黄、绿、褐三种色彩而得名，一般作为陪葬品，分为器皿、人物、动物，是我国古代陶瓷工艺的精品。陶瓷是中国著名的三大特产之一，中国素有"瓷国"之称。唐宋以来，中国瓷器大量远销世界各地，瓷器制作技艺也随之传到东、西方各国。

宋元明清，我国制瓷业进入兴盛时期。宋代五大名窑是中国制瓷业极其辉煌的时期。这一时期涌现出许多驰名中外的瓷窑其中以五大名定、汝、哥、钧最为著名。定窑以烧造白瓷而著称；汝窑专为宫廷烧制御用青瓷器烧造工艺达到了中国陶瓷史上的极致；官窑瓷器釉色翠美清新腴润如脂；哥窑瓷器造型端庄古朴，传世者弥足珍贵；钧窑以烧制乳浊釉瓷为主以其"入窑一色，出窑万彩"的神奇"窑变"闻名。宋窑在工艺上取得较高成就，形成种类丰富多彩、造型简洁优美、装饰方法多种多样的特点。

元代由于战乱一度限制了制瓷业的发展，但制瓷工艺仍有创新，出现了青花瓷和釉里红技法。明代以前陶瓷色以青为主代以后则以白瓷为大宗。为瓷器的装饰创造了物质条件，尤其在康乾盛世我国制瓷工艺达到了历史高峰，制瓷技艺有更大进步，凡是明代已有的工艺和品种，大多有所提高与创新。元、明、清瓷器以青花瓷为主流。

我国当代陶器以江苏省无锡市宜兴市、广东省佛山市石湾镇、安徽省阜阳市界首市、山东省淄博市、湖南省长沙市铜官镇、云南省红河哈尼族彝族自治州建水县、甘肃省天水市、河北省唐山市等地所产最为著名。

现代最著名的"瓷都"是江西景德镇。湖南醴陵、福建德化、浙江龙泉、山东淄博和河北唐山市等地也是中国瓷器的主要产地。

（二）陶与瓷的辨析

通常提及的陶瓷是指陶器与瓷器两种类别的合称。在创作领域，陶与瓷是陶瓷艺术的重要组成，但陶与瓷有着质的区别。陶器与瓷器的区别在于所用材料和烧成温度，二者缺一不可。陶器可以使用包括瓷土在内的各种矿物黏土制作，烧成温度较低，多在700℃~800℃，胎体基本烧结，不再遇水分解，但气孔数和吸水率较高。在显微镜下观察胎体，极少存在玻璃相莫来石结晶体，换句话说就是没有瓷化，散击之声较沉闷。而瓷器使用的是氧化铝含量较高的瓷土即高岭土烧制，瓷器的烧成温度在1200℃以上，胎质基本瓷化，显微观察有大量莫来石结晶体存在，气孔率和吸水率较低、散击之声清脆。

陶器与瓷器的区别不在于有釉无釉。陶器也可以有釉，如汉代琉璃釉器（俗称汉绿粕）。唐代五彩琉璃器（俗称唐三彩）等。瓷器也可以无釉，如白瓷素胎器，

由于质白细腻，所以没有人会把它看成陶器，其实，商周至战国时期我国南方地区采用瓷石生产的硬质陶器，其胎质已经达到瓷化程度，敲击之声清脆悦耳，也应当属于原始瓷的范畴。

（三）中国著名陶瓷器

1. 景德镇名瓷

江西省景德镇市是我国的"瓷都"，所产瓷器素有"白如玉、薄如纸、明如镜、声如磬"的美誉。早在汉代（前206—220年）这里就生产陶器，魏晋南北朝（220—589年）时，逐步发展到生产瓷器。唐代（618—907年）出现了有"假玉器"之称的白瓷。宋代景德年间（1004—1007年），设置官窑，"应官府之需，命陶工书建年'景德'于器"，景德镇由此得名。影青刻花瓷就是这时诞生的。明清两代（1368—1911年）以来景德镇瓷器造型优美、色彩绚丽。青花瓷、青花玲珑瓷、粉彩瓷和高温颜色釉瓷，称为景德镇的四大传统名瓷。其中的青花瓷，烧造历史最为悠久，位居四大名瓷之首，享有"瓷国明珠"之美誉。其主要工艺是以色料在胚胎上描绘纹样，然后上透明釉，施釉后经1300℃左右高温一次烧成。釉色晶莹，透彻素净，明净雅致。

景德镇传统名瓷中的五彩瓷也很出彩。明清五彩瓷是在宋、辽低温釉的基础上发展起来的，基本色调以红、黄、绿、蓝、紫五种彩料为主，按照花纹的需要施彩，在700℃～800℃的炉中二次焙烧而成。明朝的彩瓷以青花五彩、斗彩等品种较为著称。斗彩是釉下青花和釉上诸彩相结合的一种工艺，先用青花勾线，再进行彩料填色，色彩丰富，又不失典雅。明成化斗彩鸡缸杯便是其中一件绝世佳品。粉彩瓷是景德镇窑创制的新品种，其发展素有"始于康熙、精于雍正、盛于乾隆"之说。粉彩瓷在烧好的胎釉上施含砷物的粉底，涂上颜料后用笔洗开，由于砷的乳浊作用，其颜色产生粉化效果。粉彩瓷以其粉润柔和的色调和秀丽雅致的图案，成为清代瓷器的代表之一。

2. 洛阳唐三彩

唐三彩是盛行于唐代的一种低温釉陶器。唐三彩釉色的主要成分为硅酸铅，釉色呈绿、蓝、黄、白、赭、褐等色彩，以黄、绿、褐等色为常见，故名"唐三彩"。"唐三彩"造型生动、色彩艳丽、富有生活气息而著称。目前"唐三彩"精品多出土于河南洛阳地区，而洛阳出产的仿"唐三彩"器物精美逼真，人们称其为"洛阳唐三彩"。"唐三彩"的复制和仿制工艺在洛阳已有上百年的历史，经过历代艺人们的研制，使"洛阳唐三彩"的工艺技巧艺术水平达到了一定的高度，"唐三彩"的制作工艺也得以继承和发展。在国际市场上，"唐三彩"已成为极其珍贵的艺术品，曾在有80多个国家和地区参加的国际旅游会议上被评为优秀旅游产品，被誉为"东方艺术瑰宝"。

3. 龙泉青瓷

龙泉青瓷产于浙江省丽水市龙泉市，由于釉色多呈青色，故称之为"青瓷"，龙泉青瓷是中国汉族传统制瓷珍品。龙泉市境内烧制青瓷的古代窑址有360多处，史称龙泉窑。"青如玉、明如镜、声如磬"是龙泉青瓷的特点。龙泉青瓷传统烧制工艺于2009年已被列入联合国教科文组织世界非物质文化遗产保护名录。龙泉青瓷品有两种：一种为白胎和砂胎青瓷，称"弟窑"。"弟窑"釉色以粉青、梅子青为最，豆青次之，被誉为民窑之巨擘。弟窑青瓷釉层丰润，釉色青碧，光泽柔和，晶莹滋润，胜似翡翠。另一种是釉面开片的黑胎青瓷，称"哥窑"。"哥窑"瓷器特点是"胎薄如纸，釉厚如玉，而布满纹片紫口铁足胎色灰黑"。"哥窑"以瑰丽古朴的纹片为装饰手段，如冰裂纹、蟹爪纹、牛毛纹、流水纹、鱼子纹、鳝血纹、百圾碎等，加之其釉层饱满、莹洁，与面纹片相映，更显古朴典雅。此类品以造型、釉色及釉面开片取胜，制裂纹无意而自然，更符合自然朴实、古色古香的审美。

4. 宜兴紫砂器

江苏宜兴被认为是中国的"陶都"，宜兴紫砂器享有天下"神品"的美誉。江苏宜兴的紫砂器创始于宋代，至明清时代有了很大发展，享有天下"神品"之称。紫砂器是用质地细腻、含铁量高的特殊陶土制成的无釉细陶器，呈赤褐、浅黄或紫黑色。紫砂茶具胎壁无釉多孔，有较强的吸附力，泡茶数天后仍能保持茶香；传热慢，不烫手，耐热性能好，严寒天用沸水泡茶不必担心炸裂；造型美观，色彩古朴、淡雅，是精致的手工艺品。

5. 淄博美术陶瓷

山东省淄博市陶瓷生产历史悠久，汉代已能生产翠绿、栗黄、茶、绿四种颜色釉陶产传统的名贵色雨点釉、茶叶末釉等的美术陶瓷著称。雨点釉又名油滴瓷，在黑色釉面上均匀地布满了银白色的小圆点。圆点小如米粒，盛茶时金光闪闪，盛酒则银光熠熠，映日视之，晶莹夺目。在日本称"天"茶道中的精品茶叶末釉系榄色

釉上均匀地布满茶叶末似的细微晶粒而得名。古人称赞说："茶叶末，黄杂绿色，娇嫩而不俗艳于花美如玉，最养目用这种制作的各种文具、瓶、罐等，釉色纯正、古朴典雅。"

6. 醴陵釉下彩瓷

醴陵釉下彩瓷是湖南省株洲市醴陵市烧制的餐具日用瓷它是醴陵日用瓷中具有独特艺术风格的传统产品，起源于清雍正年间，迄今已有250多年的历史。该瓷器釉面犹如罩上一层透明的玻璃罩，无铅毒、耐酸碱耐摩擦，洁白如玉，晶莹润泽，虽长期存放花纹始终保持原来色彩。

7. 德化白瓷

福建省泉州市德化县是我国白瓷著名产地，与江西省景德镇市、湖南省株洲市醴陵市并列为中国三大瓷都。德化窑是我国古代南方著名瓷窑，所产白瓷千姿百态，遍布世界，被誉为"中国白"。在世界陶瓷史上"中国白"一词也成了德化白瓷的代名词。明嘉靖、万历年间，德化著名民间雕塑艺人何朝宗擅长雕塑观音，仪态生动，面容秀丽，端庄慈祥，有"何来观音"的美誉。

8. 越窑青瓷

越窑是中国古代最著名的青瓷窑系。东汉时，中国最早的瓷器在越窑的龙窑里烧制成功，因此，越窑青瓷被称为"母亲瓷"。越窑持续烧制了1000多年，于北宋、南宋初停烧，是中国历史上持续时间最长、影响范围最广的窑系。唐代的陆龟蒙曾用"九秋风露越窑开，夺得千峰翠色来"赞美越窑青瓷。

二、漆器

（一）漆器概述

漆器一般指涂以透明或不透明漆的某些木制或陶瓷、金属物件。漆器是用漆涂在各种器物的表面上所制成的日常器具及工艺品、美术品等。中国古代漆器的漆，是从漆树上采割下来的天然液汁，主要由漆酚、漆酶、树胶质及水分构成，用它作涂料，有耐潮、耐高温、耐腐蚀等特殊功能，又可以配制出不同色漆，光彩照人。生漆自古盛产于中国，漆器制作始于六七千年以前，历经商周直至明清，中国的漆器工艺不断发展，达到了相当高的水平。明隆庆年间，新安（今安徽歙县）著名漆工黄大成，将绝技传之吴越，开该地漆作之先声，并著成《髹饰录》一书，对漆器制作工艺的阐述极为精辟,以推光、雕填、彩绘、镶嵌玉石和螺钿等技法,制作出各种精美的工艺品。

漆器的制作工艺相当复杂。首先须制作胎体,胎为木制,偶尔也用陶瓷、铜或其他材料,也有用固化的漆直接刻制而不用胎。胎体完成后,漆器艺人运用多种技法对表面进行装饰。漆器的主要特点是可以抛光到可与瓷器媲美。漆层在潮湿条件下干燥,固化后表面非常坚硬,有耐酸、耐碱、耐磨的特性。我们祖先制作的优美绝伦的漆器,像陶瓷、丝绸一样,是民族文化的瑰宝。

(二)漆器的主要产地与代表

当代漆器主要分布于北京、福建福州、江苏扬州、四川成都(雕嵌填彩)、山西晋中市平遥县(推光)、贵州毕节市大方县(皮胎)、甘肃天水市(雕填)等地。其中,较为有代表性的著名漆器包括北京雕漆、福建脱胎漆器、扬州漆器以及平遥漆器等。

1. 北京雕漆

北京市雕漆、江西省景德镇市瓷器和湖南省长沙市湘绣,被称为"中国工艺美术三长"。北京雕漆不同于一般漆器,它是在涂刷成几毫米到20多毫米厚的漆层上雕刻的工艺品,是我国漆器艺术中的一个独特品种。始于唐代,兴于宋、元,盛于明、清。在史书上雕漆又可称为"剔红",这是习惯性的称法,因为在古代的雕漆制品中,红绿色为北京雕漆造型古朴庄重纹饰精美考究,色泽光润,形态典雅,并有防潮热、酸、不变形、不变质的特点。雕漆工艺是中国漆工艺的一个重要门类,也是北京传统工艺美术的精华之一。它体现了我国工艺美术家的高超技艺和聪明才智,是中华民族传统工艺的瑰宝。

北京雕漆在雕刻技艺上也有新的发展。过去一般是平雕,现出现了浮雕、镂空雕、立体圆雕。用漆的颜色也比过去大为丰富,"雕漆花篮盘"是一件用浮雕、镂雕、立雕技术相结合而制成的新型产品,它不仅进一步表现出雕漆手法,也扩展了新的内容。它是模拟竹编花篮形象浮雕而成,篮中的花有月季、牡丹、桂花、梅花等,花瓣、花蕾、花叶、花枝相间交错,姿色万千,是通过立雕、镂雕而成的,仔细观赏,整个花篮突破画面,有很好的立体感,宛如一簇盛开的鲜花。这件作品是雕漆技艺进一步提高的代表作,受到工艺美术界高度的评价,多次在国内外展出,并在全国工艺美术品展览会上被评为优秀作品。又如"雕漆球",可以说是北京雕漆新工艺、新造型的体现。它是用多种漆的颜色套雕的多层漆球，层层都有精美的图案和花纹，球的每一层都可以灵活地转动。

雕漆产品的生产周期较长，多数产品从设计到出厂要半年时间，高档产品则需要两三年的时间。这是由于在雕刻以前，需将调配好的漆料反复多层地涂在胎型上，待漆半干时（由液体变成固体），才可用刀在上面雕刻出各种图案、纹样，并衬托以各种精美的锦纹，使漆层具有浮雕效果。由于所用漆色和技法不同，分别有剔红、剔黄、剔黑、剔彩、剔犀之称。两种或三种色漆以一定厚度交替涂在胎型上，然后按一定的角度刻出云头或回纹等图案，在刀口的断面上可以看出不同漆层的叫剔犀。北京雕漆以剔红、剔黑为主，其他如红底黑花、黑底红花、黄底红花、绿底红花以及黄、绿、红三色的剔彩也常见。雕漆产品的制作包括设计、制胎、光漆、画工、雕刻、烘干磨光等制作技艺和过程，代表作有《木兰从军周夔耳大瓶》《剔红四方戽角镂空花篮盘》《五子献寿荷叶盘》等。

2. 福州脱胎漆器

福州脱胎漆器产于福建省福州市，已有180多年历史。福州脱胎漆器是具有独特民族风格和浓郁地方特色的艺术珍品，与北京的景泰蓝、江西的景德镇瓷器并称为中国传统工艺"三宝"，享誉国内外。

福州漆器始于南宋。脱胎漆器发展源于清乾隆年间，漆匠沈绍安在一座寺庙里发现大门的匾额虽然木头已经朽烂，但是漆灰夏布裱褙的底坯却完好无损。细心的沈绍安从中得到启发，回家后不断琢磨试验，继承发扬了传统漆艺，创造出了最早的脱胎漆器。沈绍安因此成为福州脱胎漆器的鼻祖。

福州"脱胎漆器"是沈绍安通过对旧匾额的分析，了解了失传已久的汉代"夹纻"技法的基本材料成分，经过不断尝试，将"夹纻"技法还原，并在手法、材料上有所创新的一种新型漆工艺，它的原理与传统的"夹纻"技术息息相关。"夹纻"制作技术，源于战国，兴于西汉，魏晋时期走向成熟。寺庙大佛，多用"夹贮"法塑造，首先竖立木柱支架，竹篾绑扎、细麻、稻草、泥土及漆灰糊封，涂上漆泥，塑出骨肉、糙漆、磨光、漆彩漆、贴金饰，开光点睛，完成后，把像内木架等重物酌量拆除，减轻重量，以供当年庙会出巡时需要。

福州脱胎漆器的制作方法有两种：一是脱胎，就是以泥土、石膏等塑成胎坯，以大漆为黏剂，然后用夏布（苎麻布）或绸布在胎坯上逐层裱褙，待阴干后脱去原胎，留下漆布雏形，再经过上灰底、打磨、髹漆研磨，最后施以各种装饰纹样，便成了光亮如镜、绚丽多彩的脱胎漆器成品了；二是木胎及其他材料胎，它们以硬材为坯，不经过脱胎直接髹漆而成，其工序与脱胎基本相同。

福州脱胎漆器特点是质地轻巧坚牢、造型雅致大方、色泽鲜艳古朴、做工精细，还具有耐热、耐酸、耐碱等优点。福建脱胎漆器多年来一直是我国著名的国际礼品和重要出口产品，被誉为"真正的中国民族艺术"。

3. 扬州镶嵌漆器

江苏省扬州市漆器历史悠久，早在战国时代就已生产，在明朝时达到全盛时期，成为全国漆器制作中心。扬州镶嵌漆器以木、漆、灰、玉、石、贝、骨、箔等千余种材料，采用涂、绘、勾、刻、填、雕、镂、磨、贴、镶、嵌、作、洒等多种特殊工艺手法，如"雕漆""雕漆嵌玉""点螺""刻漆""骨石镶嵌""平磨螺钿""彩绘""雕填""磨漆画""木雕镶嵌"等，生产各种屏风、地屏、橱柜、桌椅、几凳、瓶盘、台屏、茶具、餐具、烟具、文房用品，各类礼品，旅游纪念品，漆艺装饰壁画以及成套漆器家具等两千多个花式品种，其产品以镶嵌螺钿最具特色，造型古朴典雅，做工精巧细致，纹样优美多姿，色彩和谐，缤纷绚丽，产品具有欣赏性和适用性，远销世界六十多个国家和地区，并在国内旅游城市和地区的宾馆、酒店、涉外商场、各大商店经销旅游纪念品、礼品、壁画装饰、家具、酒店用具等漆艺品，也为国内外新建、改建的重要接待、会议、餐饮、娱乐、办公等室内而承担大型装饰壁画和高档阵列品的制作，以及家居装饰品的制作，扬州漆器已成为内外销、全方位的大市场，深受国内外各界人士的欢迎。

4. 平遥推光漆器

平遥推光漆器是山西省著名的传统手工艺品。作为一种工艺性质的油漆器具，以手掌推出光泽而得名。平遥推光漆器为推光漆器代表。平遥推光漆器是中国四大名漆器之一，以手掌推光和描金彩绘技艺著称。它始于魏晋南北朝时期，唐开元年间有了极大发展，盛于明清，距今已有千年的历史。平遥漆器作为一种古老的传统艺术珍品，历来是三晋名产，平遥三宝之首，曾屡获国家级金、银奖。在唐朝（618—907年），推光漆工艺基本形成地方特色，到明清时已具相当规模，开始出口到英、俄等国。

平遥推光漆器制作工序复杂，刮灰需要五到六次，每次都必须等到刮上去的灰完全干透，才能进行下一次刮灰。平遥推光漆器用料讲究，使用的是在黄土高原广泛分布着的漆树刮掉树皮后流出来的一种天然漆料——大漆。平遥推光漆器的生产，分木胎、灰胎、漆工、画工和镶嵌等五道工序。木胎车间使用松木做出各种家具的木胎后，灰胎车间就用白麻缠裹木胎，抹上一层用猪血调成的砖灰泥，这叫作"披麻挂灰"。

漆工车间的工序是非常细致和复杂的。在灰胎上每刷一道漆，都要先用水砂纸蘸水擦拭，擦拭毕，再用手反复推擦，直到手感光滑，再进行刷漆，多则刷七遍，少则刷六遍，其后的推擦就更细致了。先用粗水砂纸推，再用细水砂纸推，用棉布推，丝绢推，卷起一缕人发推，手蘸麻油推，手蘸豆油推，掌心反复推。凭眼力，凭心细，凭感觉，凭次数，推得漆面生辉，光洁照人。

画工和镶嵌车间，对技术的要求更高，画工必须学习绘画四年以上，掌握了绘画的基本技巧，才允许在漆面上勾红点翠，独立操作。刻绘工人的刀锋，要求像笔锋一样，粗细相间，深浅适度，起落自如。镶嵌原件的制作台上，团团烟光紫气，叮叮有声，工人们把河蚌壳、螺钿、象牙以及彩色石头加工成各种原件，由镶嵌工人根据图案的要求，巧妙地镶妥粘牢。清朝以前，推光漆器为素底描金，清初开始以金漆器为主，中期创出了增厚漆层、推出光泽新工艺，自此，平遥推光漆器形成以磨推漆面与描金彩画相结合的独特工艺风格。漆面要达到光亮如镜的效果，以后会越擦越亮，适于长期摆放，绘饰出山水花鸟、亭台楼阁或人物故事，工序细致复杂，具有构造精细、漆面光洁、彩绘富丽、防潮防热等特点。

三、玉器

（一）中国玉器的发展历程

中国从原始社会开始生产玉器，随着社会生产力的发展，逐步形成了独立的专业。据考古学家和历史学家考证，中国玉器诞生于原始社会新石器时代早期，至今约有8000年的历史。奴隶社会制玉是以青铜工具为主，封建社会由青铜工具逐步变为铁制工具。从出土的玉器考证，玉器盛行于上下约3000年，我国是世界上用玉最早，且延绵时间最长的国家，素有"玉石之国"的美誉。

在中国南方，良渚文化的大型玉璧和高矮不同的多节玉琮，标志着制玉工艺与石器工艺的分离。玉器造型较为复杂，已能碾琢阴线、阳线、平凸、隐起的几何形及动物形图案装饰，具有朴素雅拙的风格。商周时代的玉器形象简单、神态突出，多用双勾隐起的阳线装饰细部为其特征，并出现了俏色玉器。春秋战国时期的玉器工艺有了广泛的发展，各诸侯国竞相碾制，精益求精。秦汉玉器与精雕细刻的春秋战国玉雕相比，在艺术风格上趋向雄浑豪放。汉玉隐起处常用细如毫发的阴线雕饰，犹如古画上的游丝描一般刚劲有力，以弥补其立体感不强的特点，这是汉玉技法上的一个特点，对后世的玉器制作有深刻的影响。唐宋玉器色如羊脂、光泽晶莹、质地精良、技法精湛，禽兽化卉的题材和玲珑剔透之器增多，写实能力大为提高，开始出现世俗化的倾向，在形神兼备上达到极高的造诣。这与当时绘画、雕塑艺术的成熟有密切的关系。元明清时期，南北两地玉器普遍发展，是中国玉器史上极为光辉的时代。在继承宋代玉器特点的同时，出现了加工粗放或碾琢烦琐的两种相互排斥的倾向。元明玉器还受到文人书画的影响，发展了碾琢文人诗词和写意山水画的玉器，也往往镌刻名家款识，追求文人的高雅情趣。清代乾隆年间，因皇帝提倡和社会的需要，且技艺成熟，此时玉器制作达到空前高峰。另外，中国维吾尔族的碾玉工艺具有地方色彩，成为中华民族玉器艺术宝藏的组成部分。

（二）玉器的文化内涵

中国历史文化源远流长，博大精深。玉器，又称玉雕，是我国的特种工艺品之一。距今约7000年的新石器时代晚期就有玉质工具，玉器是从玉质工具发展而来的。广义的玉器是指以硬玉、软玉、碧玉、蛇纹石、水晶以及珊瑚等为原料而制作的工具、装饰品、祭器和陈设品等。中国古代对玉的定义即泛指温润而有光泽的美石。

中国是爱玉之国、崇玉之邦。古人佩戴玉和赏玉已成为一种社会风气。"佩玉"多为成串的组合，这种被编串在一起的玉器佩在人身上，走起路来铿锵有声。苏东坡曾说"更爱玉佩声银铛"。由于玉佩只有在不快不慢、富于节奏的步伐下，才会发出悦耳动听的声音，因此佩玉的君子行走时必须温文尔雅，没有丝毫的邪念。玉器在中国一直是美好的象征，孔子说天下没有不重视玉的，因为它象征道德。孔子解释了玉的种种美德：天质温柔滋润而有恩德，象征固致密而有威严，象征智净利、有气节而不伤人，象征义；雕琢成器的玉佩整齐地佩挂在身上，象征礼；玉上的斑点掩盖不了玉的美，同样，美玉也不会去掩藏斑点，象征忠；光彩四射而不掩蔽，象征信。因此，君子佩戴它，才能表现出自己的儒雅气质。东汉许慎在《说文解字》中则提出玉有五德之说，即仁、义、智、勇、洁。《礼记》云："古之君子必佩玉。"君子佩戴玉，目的是时时提醒自己提高自身的道德修养，像玉一样冰清玉洁，保持高尚的品格。

在古代中国，玉已经成为个人品位和品质的象征，成为我国玉器久盛不衰的精神支柱。中国玉文化包含着伟大的民族精神，有"宁为玉碎"的爱国民族气节；"化干戈为玉帛"的团结友爱风尚；"润泽以温"的无私奉献品德；"瑕不掩瑜"的清正廉洁气魄；"锐廉不挠"的开拓进取精神。

（三）玉器的分类

玉雕大致可分为件活（炉、瓶、茶具、人物、花卉等）和零碎活（小活包括别针、戒指、印章、烟嘴等）两类。

中国的玉石主要产于新疆维吾尔自治区和田地区和田市、河南省南阳市的独山、辽宁省鞍山市的岫岩满族自治县等地。和田玉，产于新疆维吾尔自治区和田地区和田市。因其采自塔里木盆地南缘的昆仑山中，古称昆山玉，简称昆玉。该玉属软玉，有韧性，质地细腻，光泽柔润，尤其是称为羊脂玉的白玉为和田玉中最佳品。和田玉块型大，北京团城的元朝大玉瓮《渎山大玉海》和故宫的清朝《大禹治水图》都是用整块和田玉雕琢而成的。中国的玉石雕刻的原材料还有很多，如江苏省连云港市东海县和海南的水晶以及台湾和海南的珊瑚等。东海水晶的储量、产量和质量均位居全国第一。东海县素有"水晶之乡""水晶王国"之称。所产水晶杂质少、品种全，故有"东海水晶甲天下"的美誉。珊瑚产于热带海洋中，它既可作贵重陈设品，也可制成首饰或者工艺美术品。台湾珊瑚，产于台湾周围海域，以桃色珊瑚品种为最优，目前全省产量占世界产量的80%，有"珊瑚王国"之誉，澎湖占全省70%，有"珊瑚之乡"的美称。

（四）玉器的主要产地

玉雕的主要产地是北京市、江苏省、上海市、广东省、甘肃省、新疆维吾尔自治区、辽宁省、黑龙江省等地。

1. 北京玉雕

北京玉雕产于北京市，系采用贵重而坚硬的玉石材料雕琢而成。清代不断有南方匠人到北京传艺，有些高手到北京落户，因此北京玉雕集南北技艺之长，形成了自己的独特风格。所作产品造型古朴典雅，结构严谨，章法得体，生动传神，用色绝俏，工艺精湛，其价值以每件作品玉质优劣、作品质量的高低以及市场的需求而定，故有"金银有价玉无价"之谓。

2. 扬州玉雕

扬州玉雕产于江苏省扬州市，系选用优质白玉、翡翠、珊瑚、芙蓉石及岫岩石等为原料制成。制作技艺上讲究立雕、浮雕、镂空雕相结合，因材施艺。度势造型，制成的成品雄浑古朴，圆润典雅，秀丽精细，玲珑剔透。其总体风格为：以"南方之秀"为主，兼具"北方之雄"的独特形式。扬州地理位置优越，一向经济繁荣，百业兴旺。

扬州琢玉工艺源远流长。据出土文物表明，早在夏商时期匠人已能识别玉石、雕琢成器。至隋唐波斯大食的胡商携来宝石、玛瑙、象牙、猫眼等商品进行交易，更为当地琢玉技艺增辟材料来源，唐代的扬州玉器工艺达到新高峰。元代又创山子雕，将三雕技术结合为一体；清乾隆年间定玉雕为"扬州八贡"之一，供宫廷享用，如《会昌九老图》《大禹治水图》等均为当年扬州玉雕珍品。清代乾隆年间扬州玉雕进入全盛时期，有着"天下玉，扬州工"的说法。

扬州玉雕创造性地将阴线刻、深浅浮雕、立体圆雕、镂空雕等多种技法融于一体，形成了"浑厚、圆润、儒雅、灵秀、精巧"的基本特征，总体风格以"南方之秀"为主，兼具"北方之雄"的独特形式。扬州玉雕尤以"山子雕"及"链子活"技艺独具一格，显示了扬州玉雕艺人精湛的技艺。扬州玉雕于2006年被列入第一批国家级非物质文化遗产名录。

3. 苏州玉雕

苏州是中国玉雕发源地之一。苏州玉雕始于宋代，宋元明清历代均作为贡品进献皇室。草鞋山、吴江梅堰古文化遗址中上层都发现经过琢磨的玉璜、玉符等文物，这是我国迄今发现的最早玉器。早在原始社会石器时代，先民就能制作十分精良的玉器，当地出土的良渚文化时期的玉石礼器，闪烁着吴地（苏州）先民的聪明智慧和审美情趣。苏州玉雕因其加工精巧、历史悠久，素以"苏帮"而著称。历宋、元、明、清数代，均作为贡品进献皇室。"良玉虽集京师，工巧则推吴郡。"至晚清时期，当地玉器作坊达800余家。

苏州玉雕沿用传统技艺，选材严密，设计强调因材施艺，量料取材，循其规律，讲究造型。有炉瓶、花卉、人物、禽兽、杂件等品种。苏州工匠善雕琢中小件，以

"小、巧、灵、精"出彩。"巧"是构思奇巧，特别是巧色巧雕尤其令人叫绝；"灵"是灵气，作者有灵气，作品有灵魂；"精"是一刀一琢皆精致细到。特别是苏州的薄胎器皿件，充分运用圆雕、浮雕、镂空雕、阴阳细刻、打钻掏膛技术等不同的雕刻工艺，使其更加华美而精巧，成为"苏作"细作工艺的扛鼎之作。

四、景泰蓝

（一）景泰蓝概述

景泰蓝又称"铜胎掐丝珐琅"，诞生于元末明初，结合了中国的青铜器、西方金属的掐丝技术和中国的彩釉烧结技艺，是最具中国特色的传统手工艺品之一，距今已经有600多年的历史。因为景泰蓝在明朝的景泰年间最为盛行，制作技艺比较成熟，使用的珐琅彩釉多以蓝色为主，故而得名。

景泰蓝是中国金属工艺品中的重要品种。制作景泰蓝先要用紫铜制胎，接着工艺师在上面作画，再用铜丝在铜胎上根据所画的图案粘出相应的花纹，然后用色彩不同的珐琅釉料镶嵌在图案中，最后再经反复烧结，磨光镀金而成。景泰蓝的制作既运用了青铜和瓷器工艺，又融入了传统手工绘画和雕刻技艺，堪称中国传统工艺的集大成者。这种铜的珐琅器创始于明代景泰年间，因珐琅彩底釉多为蓝色，故名景泰蓝。现代景泰蓝已变成了一种工艺品名称，而不是颜色了。

景泰蓝工艺不仅运用了青铜工艺，又吸收了瓷器工艺，同时大量引进传统绘画和雕刻技艺，是集冶金、铸造、绘画、窑业、雕、錾、锤等多种工艺为一体的复合性工艺过程，堪称集中国传统工艺之大成，因而自古便有"一件景泰蓝，十箱官窑器"之说。泰和坊景泰蓝工艺技术得到了继承，并开发研究了新的技术，同时泰和坊景泰蓝还可以根据自我喜好，进行私人定制。

景泰蓝是古代劳动人民智慧的结晶。在历经元、明、清三代王朝的历史变革中，勤劳智慧的工匠艺人用他们的双手创造了灿烂的景泰蓝文化。他们用简单的工具锤击紫铜板制成胎型、手工瓣丝掐成花卉等各种不同类型的图案、用小铲填充各种彩色釉料、用炉火将釉料烧结在掐好丝的铜胎上、游人还可以看到那时留下来的为数不多的景泰蓝艺术珍品，现今民间亦流传着一些的元、明、清朝代时的景泰蓝珍品。

（二）景泰蓝的类别

如果说瓷器像茉莉花一样清新高雅，那么景泰蓝一定是美艳的牡丹花高贵大气，虽然他们各有千秋，但不同于瓷器的是景泰蓝的制作工序更为复杂，造型也更多变。

景泰蓝的主要种类：

1. 铜（金、银）胎掐丝珐琅器

人们一般将铜胎掐丝珐琅器称为景泰蓝，也有人称之为金属胎掐丝起线珐琅器。这类制品，由于采用铜丝掐花起线的方法，通常被称作"铜胎掐丝珐琅"，这是景泰蓝的主导产品，市场上95%以上的景泰蓝均为"铜胎掐丝珐琅"，金、银胎掐丝珐琅由于胎体比较贵重，市场需求也非常少，所以基本没有生产厂家。

2. 金属錾胎珐琅器

金属錾胎珐琅器亦称"嵌珐琅"，是将金属雕錾技法运用于珐琅器的制作过程中。金属雕錾技法是古代一种传统的金属器加工方法。远在商周时期，当时的工匠已将这种技艺广泛地运用到青铜器的装饰上，制作出许多装饰精美的青铜器工艺品。金属錾胎珐琅器的制作工艺，是在已制成的比较厚的铜胎上，依据纹样设计的要求描绘出图案的轮廓线，然后用金属雕錾技法，在图案轮廓线以外的空白处进行雕錾减地，使得纹样轮廓线凸起，再在凹下处施珐琅釉料，经焙烧、磨光、镀金而成。

3. 金属锤胎珐琅器

金属锤胎珐琅器简称"锤胎珐琅器"。按照图案设计要求，在金、铜等金属胎上锤出凹凸不平的图案花纹之后，再在花纹内点蓝、烧蓝、镀金而成。珐琅呈隐起效果，恰似在金碧辉煌的地子上镶嵌的宝石，光彩夺目。锤胎珐琅工艺多用于制造七珍八宝等供器。锤胎珐琅器和錾胎珐琅器的相同之处，都是在金属胎上直接运用金属加工工艺制作出凹凸的图案轮廓线。两者的主要区别在于，錾胎起线的珐琅器，是于金属的表面施以雕錾减地的技法起了线来；而锤胎起线的珐琅器，则是在金属胎背面施以锤击技法，使表面起出线来。

4. 铜胎画珐琅器

铜胎画珐琅又称"画珐琅"，俗称"烧瓷"。制作工艺是先在铜胎上挂釉，再用釉色绘纹饰，经填彩修饰后入炉烧结，最后镀金而成。烧瓷工艺品一般有两类，一种是在胎体上精雕细錾或配上錾雕耳子花活进行配饰，然后彩绘；另一种是在光胎上进行彩绘。前者属高档工艺品，后者为普及品。画珐琅大约于17世纪初经欧洲传入中国，主要流行于18世纪以后。现存最早的烧瓷制品是清康熙年间制作的五福瓶、玉堂富贵瓶，造型精巧，色泽艳丽，描绘精细。清乾隆年间，在清宫供职的意大利画家郎世宁曾指导宫廷烧瓷，用西洋画法表现西洋和中国的景物，形成早期烧瓷彩绘中的"洋味儿"。

5. 金属胎露地珐琅器

金属胎露地珐琅器俗称"金地景泰蓝"。金属胎珐琅制品，多采用红铜制胎，这是由于红铜软，其延展性比较好，易成型，在制胎过程中不易开裂，且红铜与釉料的附着力比较好的缘故。传世珐琅制品中亦有用黄金为胎者，其釉料显色比较鲜亮。有的作品只在轮廓线内填敷珐琅釉料，轮廓线外则显露金地，可谓灿烂辉煌。这类以金为胎的珐琅制品数量很少，多为18世纪以后的作品。后来流行的金地景泰蓝，均采用红铜胎，掐丝轮廓线为双线并行成纹样，或轮廓线相衔接处交代明确清晰，只在轮廓线内点填釉色，其余部位保留原胎形不点填釉色，待烧蓝、磨光后，丝纹和原胎形露地处镀上黄金。如金地葫芦瓶、金地狮顶罐等，凡露地凹处镀上金色，凸起处点填有彩色釉色，效果似浮雕，金色与釉色相映生辉，别具一格。

6. 透明珐琅器

透明珐琅器包括金属胎透明珐琅器和无胎掐丝透明珐琅器。金属胎透明珐琅器一般称为"透明珐琅器"，俗称"银蓝"或"烧银蓝"。制作工艺是将具有透明性的各种釉料涂饰在做过艺术加工的金胎、银胎（或铜镀银胎）上，经几次饰涂烧结后，露出胎上的花纹。釉料一般用紫、蓝、绿、黄四色，可用单色，亦可用复色。器胎处理分錾花、锤花，或錾、锤兼用，或錾花之后再贴金片，或在透明珐琅上描金。银蓝釉料的烧结温度低于景泰蓝釉料，但其透明度和细腻程度却高于景泰蓝釉料。银蓝的最大特点在于烧完后不用磨光就具有平滑细腻、光亮如镜的自然美，这种工艺多用于花丝首饰、徽章、标牌等工艺品。

有人将烧银蓝称为"金属胎浅浮雕珐琅器"，是因为其坯胎需先用金属錾刻或锤花技法施以加工后，再罩以具有透明或半透明性质的珐琅釉料，经过烧制后，显露出因图案线条粗细和深浅不同，而引起一种视觉上的浓淡、明暗多变的效果。这种制作加工工艺，主要是利用珐琅釉料的透明或半透明特点。这一工艺是在金属錾胎珐琅工艺衰落的时候兴起并发展起来的。

我国的金属胎透明珐琅器始见于清雍正时期，而又以清乾隆年间广州所制造的最为著名。广州所产的盆、瓶、五供等，器胎轻薄、錾花后再贴金银图案，涂上紫、蓝、绿三色珐琅，甚为瑰丽。此外，属清代内务府的广储司中设有"银作"，也生产"银发蓝"一类的器物。这类器物以银为胎，凿錾花纹后涂饰半透明性质的珐琅釉料，经烧制而成，常用于制作一些小件的首饰品，其表面效果与半透明珐琅器相似，因此也是景泰蓝工艺中的一种。

无胎掐丝透明珐琅器是将炭粉加白及粉用水调和成泥状，塑成器皿形状后，再用掐丝方法装饰出纹样，填入釉料，经烧结后，再将塑好的胎形取即可。

7. 金属胎综合工艺珐琅器

金属胎综合工艺珐琅器是将多种加工技艺和珐琅釉综合施于金属胎上制成的，有人将这种制品称为"复合珐琅"。它是两三种工艺融于一器的制品，如以掐丝珐琅工艺与錾胎珐琅工艺相结合的珐琅器，或以画珐琅工艺、掐丝珐琅工艺、錾胎珐琅工艺相结合的珐琅器。珐琅工艺还可与镶嵌、錾花、累丝等工艺结合应用。这种综合工艺在清代乾隆年间以后的皇家金玉手工艺中经常使用。

8. 机制景泰蓝

机制景泰蓝是1958年以后由艺人们研制成功的，是根据设计纹样开出凹凸形模具后，运用机制冲压铜片的方法制出胎坯。这种机制冲压出来的胎坯在平面的铜板呈现出与掐丝相似的图案纹样，然后将冲压合格的平面四块或六块铜片焊成立体形，制成瓶、罐胎形。有的可以将平面坯弯成圆形后制成粉盒，也有的可以用上下两片焊接成立体小动物的坯型。由于机制冲压出的丝纹不可能达到很高的高度，所以在点填釉料并烘烧后无须磨活。机制景泰蓝丝工纹饰较简洁，大多为小件成套的瓶、罐、粉盒等。

9. 多种原料、多种工艺相结合的景泰蓝

多种原料、多种工艺相结合的景泰蓝俗称"景泰蓝结合产品"，是以景泰蓝为主体，结合其他诸如玉雕、花丝镶嵌、象牙、雕漆、红木雕刻，以及内画工艺等多种原材料和工艺技术加工制成的工艺美术品。

10. 金属胎平面掐丝珐琅画

传统的景泰蓝工艺大多用于三维工艺造型，如器皿类的瓶、罐，陈设类的塔、鹤、马等。后来艺术家将绘画等引入景泰蓝工艺，形成了绘画与景泰蓝工艺相结合的新画种——金属胎平面掐丝珐琅画，简称"景泰蓝装饰画"。在工艺制作程序上，金属胎平面掐丝珐琅画与一般景泰蓝的制作工艺基本相同。但是，从立体到平面，景泰蓝在装饰画中有了更为广阔的艺术表现空间。景泰蓝装饰画在创新中大胆借鉴油画、工笔画、写意画、漆画、版画，以及民间剪纸的技法和意韵。景泰蓝装饰画除有单幅之外，还有一块块拼组而成的大幅装饰画，用以作为楼堂馆所建筑内的大型装饰壁画。景泰蓝珐琅画的大小受烧活炉体大小的制约，国内最大的烧活大炉是北京市珐琅厂于2011年初建成的天然气智能烧活大炉，此炉能够烧制最大画幅为3平方米的景泰蓝画。金属胎平面掐丝珐琅画的不足之处是平整度不好，面积越大，越不平。

11. 木胎平面掐丝珐琅画

木胎平面掐丝珐琅画又称"景泰蓝铂晶画""沙画"，是艺人们在20世70年代初发明的。之所以称为景泰蓝铂晶画是因为其工艺借鉴了景泰蓝中的掐丝、点蓝工艺，且色彩均使用景泰蓝釉料。只是在制作过程中不经烧制，用的丝并非铜丝，而是用扁铝丝。其制作原理是先在木板上进行掐丝、点蓝、喷胶、干燥，最后在表面铺上树脂，配上外框。由于景泰蓝釉料比较贵重，成本高，2005年以后，大部分景泰蓝铂晶画都不再使用景泰蓝釉料，而是采用细砂染色来代替。严格说，景泰蓝铂晶画并非景泰蓝类别中的一种。

（三）北京景泰蓝

北京市中国景泰蓝的发祥地，也是最重要的产地。北京景泰蓝是驰名中外的工艺美术品之一。13世纪由云南省传到北京市盛于明朝景泰年间，又多用宝石蓝、孔雀蓝等蓝色珐琅釉料，因此称之为景泰蓝。由于北京景泰蓝是一种铜和珐琅相结合的工艺品，故又称"铜掐丝珐琅"，它有五道主要制作工序：首先把紫铜片制胎，再用镊子把扁铜丝掐成各种纹样粘焊在胎上进行"掐丝"，接着把各色釉料按设计填充上去进行"点蓝"，放进炉火中进行"烧蓝"，经过反复烘烤烧结，直至将纹样内的釉料填到与掐丝纹相平；最后磨光与镀金，直至一件斑斓夺目的景泰蓝制出。景泰蓝的品类多样，造型优美，纹样丰富，色泽深厚，富丽堂皇而蜚声中外。它和福建省福州市脱胎漆器、江西省景德镇市瓷器并称中国传统工艺"三绝"。1904年美国芝加哥世界世博会中国景泰蓝荣获头等奖，1915年巴拿马万国博览会上再获一等奖。从此景泰蓝在五洲四海名声大振，受到了各国人民的喜爱和称赞。

中华人民共和国成立后，随着景泰蓝艺人文化和艺术水平的不断提高、景泰蓝行业认真继承和吸收了传统景泰蓝造型稳重丰富图案饱满、色彩鲜明、丝工精细的长处，恢复了炉、鼎、壶、立体兽、蜡台，以及过去认为最美而又最难做的六瓣瓶、梅瓶、海棠瓶等传统产品的生产。这一新的尝试既保持了原物的古雅之风，又丰富了景泰蓝的品种。1959年，为庆祝中华人民共和国成立十周年，设计人员与艺人为人民大会堂创作了新颖的金鱼荷花大鱼缸造型浑厚质朴，纹样生动活泼，富有情趣。1997年6月5日，由北京珐琅厂设计制作的普天同庆对瓶，作为北京市政府赠送给香港特别行政区的礼物，举行了隆重的起运仪式。2005年，景泰蓝工艺师们复活了铸胎技术，制作了取自佛教典籍的以八件作品组合而成的"佛宝天龙八部"。这种铸胎景泰蓝是以铜浇胎形，然后再掐丝、填釉、烧蓝、镏金，呈现出敦实、厚重、器型复杂多变的特点。

知识拓展

乾隆田黄三链章

乾隆田黄三链章，又名乾隆田黄三联玺。现珍藏于故宫博物院，属国宝级文物。田黄三链章是由三枚印章组成，三枚印章由三条石链连成一个整体。像这样造型奇特的印章极为罕见，无论是材料的选择，图文字样的篆刻，还是做工的技巧方面，都有其不同寻常之处。

田黄三链章的用料是产于福建省福州市北部山区寿山乡的田黄玉，这里也是世界上田黄玉石的唯一产地。一件上乘的田黄玉色泽浓艳俏丽，握在手中如同婴幼儿的肌肤，温嫩细润。因此，田黄玉有"石中之王"的雅号美誉。

三枚印章中有两枚是正方形，一枚刻有"乾隆宸翰"，一枚刻有"惟精惟一"的字样；另外一枚呈椭圆形，刻有"乐天"字样。三枚印章上的玺文"惟精惟一"和"乐天"都出于儒家经典，乾隆想以此来表明自己精益求精、专一其心、不偏不倚的施政思想和乐天知命的处世态度。"乾隆宸翰"和"乐天"玺文被处理成印章的凸起部分；"惟精惟一"则是印章的凹陷部分。这两种刻印方式就是篆刻中所说的阳文和阴文。在布局上，"乾隆宸翰"采用的是传统的标准格式；"乐天"印则是字画结合，在字的两边增加了螭纹修饰，使整个玉玺充满了动感灵性；"惟精惟一"采用中国汉代私印形式，采取回文法排列，使整个印面显得饱满匀称。

三链章由三条细小的石链连在一起，这三条石链的小环大小相同，最后由中间的一个较大的石环相连，彼此不可拆分，成为一个共同体。三链章的所有石环全部是完全闭合的，没有任何裂缝黏合的痕迹。能把硬邦邦的石头雕刻成环，其技术难度之大可想而知，由此也说明了200多年前清代工匠的高超技艺。田黄三链章备受乾隆帝及以后皇帝的喜爱。难怪当年末代皇帝溥仪被逐出皇宫后，在他一直随身携带的几件宝物中，就有这组三链章，直到新中国成立后才归于国家。

课后练习

1. 我国"瓷都"景德镇位于（　　）省，其所产瓷器素有"白如玉、薄如纸、明如镜、声如磬"的美誉。

　　A. 江西　　　　B. 陕西　　　　C. 山西　　　　D. 广西

【答案】A. 江西

2. 唐三彩是盛行于（　　）的一种低温釉陶器。唐三彩釉色的主要成分为硅酸铅，釉色呈绿、蓝、黄、白、赭、褐等色彩，以黄、绿、褐等色为常见，故名"唐三彩"。

　　A. 汉代　　　　B. 唐代　　　　C. 宋代　　　　D. 元代

【答案】B. 唐代

3. （　　）与湖南湘绣、江西景德镇瓷器齐名，被誉为"中国工艺美术三长"。

　　A. 北京漆雕　　　　　　　　B. 福州脱胎漆器

　　C. 扬州镶嵌漆器　　　　　　D. 平遥推光漆器

【答案】A. 北京漆雕

4. （　　）系选用优质白玉、翡翠、珊瑚、芙蓉石及岫岩石等为原料制成，创造性地将阴线刻、深浅浮雕、立体圆雕、镂空雕等多种技法融于一体，形成了"浑厚、圆润、儒雅、灵秀、精巧"的基本特征，总体风格以"南方之秀"为主，兼具"北方之雄"的独特形式。

　　A. 北京玉雕　　B. 扬州玉雕　　C. 苏州玉雕　　D. 鞍山玉雕

【答案】B. 扬州玉雕

5. （　　）又称"铜胎掐丝珐琅"，诞生于元末明初，结合了中国的青铜器、西方金属的掐丝技术和中国的彩釉烧结技艺，是最具中国特色的传统手工艺品之一。

　　A. 唐三彩　　　B. 和田玉　　　C. 雕漆　　　　D. 景泰蓝

【答案】D. 景泰蓝

任务二　中国名锦与名绣

情景导入

2023年7月,导游员小杨接到一个带团任务,带领游客到华东五市游玩。接到任务后,小李考虑到华东五市行程相对比较紧凑,如何让游客玩好的同时印象深刻还能有所收获,于是小杨查阅大量的资料,结合团队行程,他决定为游客详细介绍一下中国的名锦与名绣方面的知识,特别是到了南京、苏州等地,把云锦、宋锦和苏绣等内容都向游客进行细致地介绍和讲解。下面我们一起跟随小杨开始认真准备,一起学习一下吧。

基础知识

一、中国名锦

织锦是用染好颜色的色彩经纬线,经提花、织造工艺织出图案的织物。中国丝织提花技术起源久远。中国是世界上最早饲养家蚕和缫丝织绸的国家,使其在服饰上、经济上、艺术上及文化上均散发着灿烂的光芒,使丝绸衣披天下。

(一) 云锦

"云锦"是南京传统提花丝织物的总称,其历史可追溯到宋朝在南京设立的官营织造——锦署,开始织锦,以其华贵,多彩灿烂,变换如云霞而得名。云锦在明清时代非常流行,专为宫廷织造,主要用作"御用供品",供宫廷服饰和赏赐用。直至晚清以后才流传至民间。因现代只有南京一地生产,故通常称为"南京云锦"。南京云锦因其绚丽多姿、灿若云霞而得名,如今仅有云锦保持着传统的特色和独特的技艺,保留着传统老式提花木机织造。目前这种靠人记忆编织的传统手工织造方法仍无法用现代化机器来替代。因此,云锦是公认的"中华一绝""东方瑰宝"。

云锦的传统工艺主要有"妆花""织金"和"金宝地"等。妆花锦用色变化丰

富,一种织物上的花纹配色多达十余种,最多可达20~30种,图案的布局严谨庄重,简练概括。织金锦的花纹图案全部用金线或银线,或金银线并用织成。金宝地锦的花纹图案全部用金丝织满地,再在金地上织出五彩缤纷、金彩辉映的花纹。现代织锦在传统品种的基础上开发成功,既保持云锦的传统风格,又适应现代生活需要的新品种,如雨花锦,敦煌锦、金银妆、菱锦等。

南京云锦是最华贵、最精美的工艺美术品之一,它广泛用于制作元、明、清皇室御用龙袍、冕服,官吏士大夫阶层的贵妇衣装,以及民间宗室的喜庆、婚礼服饰等。现在,云锦多用于馈赠的礼品或个人收藏、装饰。2006年云锦列入中国首批非物质文化遗产名录,并于2009年9月成功入选联合国《人类非物质文化遗产代表作名录》。

(二)蜀锦

蜀锦又称蜀江锦,它起源于战国时期四川省成都地区所出产的锦类丝织品。

蜀锦,汉至三国时蜀郡(今四川成都一带)所产特色锦的通称。蜀锦多用染色的熟丝线织成,用经线起花,运用彩条起彩或彩条添花,用几何图案组织和纹饰相结合的方法织成。蜀锦有两千年的历史,大多以经线彩色起彩,彩条添花,经纬起花,先彩条后锦群,方形、条形、几何骨架添花,对称纹样,四方连续,色调鲜艳,对比性强,是一种具有汉民族特色和地方风格的多彩织锦。与南京的云锦、苏州的宋锦、广西的壮锦一起,并称为中国的四大名锦。

四川古称"蜀""蜀国"和"蚕丛之国",这里桑蚕丝绸业起源最早,是中国丝绸文化的发祥地之一。蜀锦兴于春秋战国而盛于汉唐,因产于蜀地而得名,在传统丝织工艺锦缎的生产中,历史悠久,影响深远。成都是蜀锦的故乡,公元前316年秦灭蜀后,便在成都夷里桥南岸设"锦官城",置"锦官"管理织锦刺绣。汉朝时成都蜀锦织造业便已经十分发达,朝廷在成都设有专管织锦的官员,因此成都被称为"锦官城",简称"锦城";而环绕成都的锦江,也因有众多织工在其中洗濯蜀锦而得名。十样锦是蜀锦的主要品种之一,简称"什锦"。至今蜀锦仍沿袭传统的染色熟丝织造的方法,其质地柔软,色彩艳丽,品种多样,牢固耐用,主要用作被面、衣料及壁挂等。2006年,蜀锦织造技艺经国务院批准列入第一批国家级非物质文化遗产名录,传承单位是成都蜀锦织绣博物馆。

（三）宋锦

宋锦产于江苏苏州，是一种历史悠久的高级丝织物。宋锦起源于隋唐，因兴盛于宋代而得名。相传在宋高宗南渡后，为了满足当时宫廷服装和书画装帧的需要开始生产，特别是装帧裱画业的崛起，形成了特殊用途与独特的艺术风格。

宋锦有两种含义：一是指宋代由官府锦院主持生产的织锦，二是指明、清时期由苏州织造府主持生产的宋式锦。宋锦是以纯桑蚕丝或桑蚕丝经线和有光人造丝彩纬色织彩纬显色的纬锦，采用二枚斜纹组织、两种经线（面经用本色生丝，底色用有色熟丝）、三种有色纬线（花纹与地兼用的色纬和两种专用织花纹的色纬）织成。

宋锦纹样繁复多变，图案灵活多姿，题材广泛多样。在南宋时，已有青楼台锦、紫鸾鹊锦、皂方团百花锦、柿红色背锦、八角织锦、八角回龙、球路锦、衲锦、定胜四方、如意小龙、金钱如意、福寿全宝、春意纹菊、环藤莲花、藤凤菊枝、翠色狮子、倒仙牡丹、天下乐、练鹊、绶带、瑞草、八达晕、银钩晕、白蛇龟纹、水藻戏鱼、红七宝金龙、红遍地芙蓉、黄地碧牡丹、红遍地朵花、方胜等四十余种，以狮、象、鹿、鹤、孔雀、鸳鸯、蝙蝠、虫草和想象动物龙凤等巧妙结合。

宋锦的实用性非常强，它质地柔软坚固、图案精美绝伦、耐磨且可以反复洗涤，适用范围非常广泛。目前，人们结合传统的制作工艺和现代的审美观念，将宋锦创新应用到了箱包、服装、家纺、工艺品等众多领域，使原本只能用作书画装裱的宋锦真正走入了寻常百姓家。2006 年，宋锦被列入第一批国家级非物质文化遗产名录，传承单位为苏州丝绸博物馆。

（四）壮锦

壮锦是广西壮族自治区传统的著名丝织物，约起源于宋代，在宋代，壮族称为僮族，故壮锦又称僮锦。忻城县是广西壮锦的起源地之一，有着悠久的历史和深厚的文化底蕴，忻城壮锦曾经是广西壮锦中的精品，作为贡品晋献皇宫。

壮锦作为工艺美术织品，是壮族人民最精彩的文化创造之一，其历史也非常悠久。据说，早在汉代，当地就已经产生了"细者宜暑，柔熟者可御寒"的"峒布"。聪明智慧的壮族人民，充分利用植物的纤维，织制出葛布，络布作为衣料。据《广东新语》转引当时记载说，这种布料，"细者宜暑，柔熟者御寒"。新中国成立后，考古工作者在广西罗泊湾汉墓的七号残葬坑内发掘出土了数块橘红色回纹锦残片，证实汉代广西已有织锦技艺。唐代，据《唐八曲》和《元和郡县志》记载说：当时壮族人民所织出的蕉布、竹子布、吉贝布、班布、都洛布、麻布、纻布、丝布、食单等九种布料，已被封建王朝列为贡品。但真正能够称为"锦"的纺织品则出现于宋代。宋代"白质方纹，佳丽厚重"的布，就是早期的壮锦。北宋元丰年间，吕大防在四川设蜀锦院，织锦四种之中，即有广西锦（即壮锦），为上贡的锦帛之一，可见壮锦之名贵。早期的壮锦具备"厚重"和织有方格纹图案的基本特征。宋代壮族的手工纺织业很发达，宋王朝需要"绸绢纳布丝锦以供军需"，在四川设了"蜀锦院"，有大量的蜀锦运来广西，再由广西输出其他地区。壮锦不仅成了壮族人民日常生活中的用品和装饰品，编织壮锦更是壮族妇女必不可少的"女红"，壮锦是嫁妆中的不可或缺之物。清末民初，壮锦开始衰落。

壮锦以棉纱股线或麻纱股线为经、桑蚕丝为纬的色织提花织物，也有采用染色桑蚕丝为经、染色有光人造丝或金（银）皮作纬织造。采用两组经线和四组纬线在缎纹组织地纹上提织各色纬花，形成对称花纹，或用多种彩纬线挑出花纹。壮锦的花纹图案接近剪纸图案，变化千姿百态。壮锦的主要产地分布于广西靖西、忻城、宾阳等县。传统沿用的壮锦纹样主要有二龙戏珠、回纹、水纹、云纹、花卉、动物等20多种，近年来又出现了"桂林山水""民族大团结"等80多种新图案，富有民族风格。壮锦品种繁多，按服装和服饰用途，可分为花边绸、腰带绸、头巾、围巾、被面、台布、背带、背包、坐垫、围裙、床毯、壁挂巾、锦屏等等。

历经一千多年的发展，以壮锦艺术为典型代表的广西民族织锦艺术已成为我国传统民间艺术的重要组成部分。壮锦在广西各族人民长期的劳动实践中，产生丰富而精彩的纹样，强烈地反映了他们对生活、大自然和民族文化的热爱和崇敬，渗透着民族文化的乐观精神，凝聚着人们的美好向往，表达出真诚的情感，在满足生活基本需要的同时，把物质的实用功能与精神需求紧密结合，成为承载民族文化记忆的"活化石"。

二、中国名绣

刺绣属于织绣工艺品，它是以蚕丝为原料的纺织品和刺绣品的总称。刺绣起源于中国，是中国著名的三大特产之一，并于汉代之后通过"丝绸之路"远销中亚、西亚和地中海沿岸各地。刺绣是用针引线在绣料上穿刺出一定图案和色彩花纹的装饰织物。明代上海顾名世家的刺绣品顾绣尤其闻名。

我国的刺绣在我国的大部分地区都有传承，其中经过各地区文化习俗的差异逐渐演变融入不同的地方特色以及手艺人们不断地改进"刺绣"逐渐演变成了不同的流派，江苏的苏绣、湖南的湘绣、广东的粤绣、四川的蜀绣，既继承古老的优良传统，又有所创新，各具特色，被誉为我国"四大名绣"。

（一）苏绣

苏绣主要产于江苏苏州、南通一带，因产地苏州而得名。苏绣具有图案秀丽、构思巧妙、绣工细致、针法活泼、色彩清雅的独特风格，地方特色浓郁。绣技具有"平、齐、细、密、和、光、顺、匀"的特点，被誉为"东方明珠"。"平"指绣面平展；"齐"指图案边缘齐整；"细"指用针细巧，绣线精细；"密"指线条排列紧凑，不露针迹；"和"指设色适宜；"光"指光彩夺目，色泽鲜明；"顺"指丝理圆转自如；"匀"指线条精细均匀，疏密一致。在种类上，苏绣作品主要可分为零剪、戏衣、挂屏三大类，装饰性与实用性兼备。其中以"双面绣"作品最为精美，双面绣《猫》是苏绣现代作品的代表。

苏绣始于春秋时期，清代是苏绣的全盛时期，真可谓流派繁衍，名手竞秀。苏州刺绣至今已有2000余年的历史，早在三国时期（220—280年）就有了关于苏绣制作的记载。此后经过历代的不断发展完善，到明代（1368—1644年）时，苏绣已成为苏州地区一项普遍的群众性副业产品，形成了"家家养蚕，户户刺绣"的局面。清代（1644—1911年）的苏绣以"精细雅洁"而闻名，当时的苏州更有了"绣市"的誉称。清代中后期，苏绣在绣制技术上有了进一步发展，新出现了精美的"双面绣"，仅苏州一地专门经营刺绣的商家就有65家之多。民国时期（1912—1949年），由于常年战乱，苏绣业曾一度衰落。新中国成立后，苏绣得到进一步的恢复和发展。1950年后，国家专门设立了苏绣研究所，并开办刺绣训练班。苏绣的针法由原来的18种发展到今天的四十余种。

苏绣注重运针变化，苏绣常用的苏绣针法有：齐针、散套、施针、虚实针、乱针、打点、戳纱、接针、滚针、打子、擞扣针、集套、正抢、反抢等。苏绣按用途分可分为：装饰类（单面绣、双面绣）、实用类（手帕、荷包）。苏绣按观感分可分为：单面绣与双面绣两类。苏绣针法至近代分为：乱针绣与平绣两大类。苏绣按针法可以分为：乱针绣与平针绣两类。乱针绣，顾名思义是针刺很乱的一种绣法，其实这是一种似乱不乱的刺绣，是有一定规律可循的。用这种针法绣出的作品通常由

直斜，横斜线错综组合，交叉掺和而成，再经过一次再次的分层掺色，疏密，直至光、色、形相似为止。而平针绣相对乱针绣来讲，线条的排列比较整齐，起针和落针都非常有规律，用这种针法绣出的作品较为平整，在绣制植物尤其是花类时较为常见。

苏绣具有重要的传承价值。一是具有很大的历史价值。苏绣在两千多年的历史发展过程中经历了春秋、战国、秦汉、唐宋、明清等朝代，每个朝代的苏绣作品都带有强烈的时代烙印。刺绣最早多为实用，及至宋元及书画之制作，成为艺术珍赏之用。故宫所藏之刺绣，多属此类。苏绣经历多代的创新发展，各具特色，皆有高度的成就。苏绣具有深邃的文化价值。二是具有很高的文化价值。苏绣作为一项传统手工技艺，历来与中国的传统文化紧密结合，成为中国传统文化的一个重要组成部分。从宋代起，山水、花鸟、佛像等画作就开始成为苏绣的绣稿；明代受"吴门画派"影响，苏绣形成了精细雅洁的独特艺术风格，四大名家的画作也成为刺绣艺人喜爱的题材；直到当代，国画仍然是苏绣的重要表现题材。近年来，苏绣完美地表达了吴冠中、袁运甫等当代国画名家的作品，受到这些画家的高度赞赏，当代中国的文化艺术在苏绣作品上也得到了充分的表现。三是具有很高的艺术价值。苏绣的艺术价值主要表现在苏绣技艺之精湛。苏绣艺人以针代笔、以线代色绣出作品，由于丝光的艺术效果，绣品上的书画图案显得更加鲜活生动。苏绣的色彩丰富，针法种类繁多，更为巧妙的是，苏绣艺术家能运用劈丝技术，使作品充分表现苏绣"精细雅洁"的艺术特征，无论是表现山水、花鸟、动物还是人物，精湛的苏绣技艺都能使之达到栩栩如生的境界。也正因为如此，苏绣才被世界各国人民誉为"东方的明珠"。苏绣艺术作品的艺术价值已为众多的鉴赏家和收藏家所青睐。四是具有一定收藏价值。苏绣传承的是一门古老而传统的工艺，民族特色非常浓郁，它的增值潜力主要源于作品的资源的稀缺和独特性。从资源方面来看，除了苏绣所采用纯天然的蚕丝线的供应逐渐减少这一因素，同时苏绣的每道手工程序特性使得高贵的苏绣难在世上找到同一相同作品。即使是同一绣娘也会因为气候、天气、光线、心情等其他内外因素的影响而在针法的使用上有所变化，这种细微的差别必然使得作品变得独特，使得越来越多的人了解苏绣独特的艺术魅力，加入收藏的队伍之中。

（二）湘绣

湘绣是湖南省长沙市一带绣品的总称，已有2000多年的历史。它是在湖南民间刺绣工艺的基础上，吸取了苏绣和粤绣的精华而发展起来的刺绣工艺品，形成了自己独特的风格，强调写实，质朴而优美，形象生动。湘绣在配色上善于运用深浅灰及黑白色，加上适当的明暗对比，增强了质感和立体感，结构上虚实结合，善于利用空白，突出主题，形成了湘绣水墨画般的素雅品质。湘绣的传统题材是狮、虎、松鼠等，特别是以虎最为多见。民间有"苏猫、湘虎"之说，湘绣《狮虎》毛纹刚健直竖，眼球有神，几可乱真，今已发展到异色、异形、异面的双面全异绣。

湘绣作为古老而传统的民间手绣技艺，具有浓郁的地方文化特色，代代相传已有两千多年的历史，不仅是我国艺海之林的一朵奇葩，也是中华民族的文化艺术瑰宝，更是湖湘文化的杰出代表，有"魔术般的艺术""最珍贵的刺绣品"之美誉。湘绣历史源远流长，可追溯到2000多年前的春秋战国时期。从长沙战国楚墓和马王堆西汉古墓出土的大量绣品中，可以窥见当时湖南地方刺绣技艺已经达到令人惊讶的高度。1958年，在长沙楚墓中发现的龙凤图案绣品图案之精美，绣工针法之细腻，早为世人叹而观止。1972年，长沙马王堆西汉古墓中出土了四十来件刺绣衣物，说明远在2100多年前的西汉，湖南地方刺绣即湘绣已发展到了较高的水平。"辉煌灿烂的楚绣与马王堆汉绣，不但是中国刺绣史上足资骄傲与自豪的一章，也是湘绣顺理成章的最初发展之源。"湘绣在湖南民间刺绣的基础上，还吸取了苏绣、粤绣、京绣等绣系的优点，发展成为清代刺绣艺苑的后起之秀。湘绣是在湖南民间刺绣的基础上发展而来的。湖南民间很早就能够刺绣。清代嘉庆年间，长沙县就有很多妇女从事刺绣。光绪末年，湖南的民间刺绣发展成为一种独特的刺绣工艺系统，成为一种具有独立风格和浓厚地方色彩的手工艺商品走进市场。

新中国成立后，湘绣的发展经历了三个阶段：20世纪50年代的"黄金期"。借助毛泽东主席携带《斯大林绣像》等大批湘绣产品访问苏联的"东风"，湘绣产品迎来了面向苏联与东欧的第一个出口高潮。中苏关系破裂后，湘绣出口一度受阻，生产跌入低谷。20世纪70年代初，进入产业调整期。实现了日用湘绣与装饰湘绣并举，同时由向苏联出口转向对香港的转口贸易。到80年代初出现"湘绣四大厂家"鼎立局面，形成第二个发展高潮。一直到1987年，湘绣都是湖南轻工行业第一出口创汇大户。20世纪90年代初，进入"百家争鸣"期。随着乡镇企业和个体经济的兴起，"四大企业"只余一家，企业起落成为常态。21世纪初，湘绣被列入中国第一批非物质文化遗产保护项目名录。2012年前后，湘绣产业再次回暖，但持续

时间短暂。

湘绣具有重要的历史价值、艺术价值、品牌价值与商业价值等。湘绣作为一门独特的传统文化艺术,其艺术内涵博大精深。绣师们以针代笔,以线作色,将中国传统的绘画艺术融于湘绣之中,通过针、线将人物、山水、风景、花鸟、走兽、字画、书法、金石等多种艺术融会贯通,进行艺术再创造,从而使绣品更加生动逼真、质感强烈、栩栩如生。湘绣作为湖南的"省粹",历史悠久,闻名海内外,并多次作为国礼赠送给国外元首和政要,被赞誉为"奇异的手,绝妙的作品"。湘绣系列产品因湘绣的传统工艺特征和中华民族独特的文化内涵而享誉海内外,广泛用于馈赠、装饰、收藏以及服装、服饰、头巾、床上用品,产品销往欧、美、亚、非及港、澳、台二十多个国家和地区,新中国成立初期至改革开放初期,曾经是湖南的出口支柱产业。湘绣得到保护和发展,不仅可起到弘扬中华文化、振兴传统产业的作用,而且可极大地解决农村妇女劳动力就业,为地方经济建设作出贡献。

(三)粤绣

粤绣产于广东省广州市与潮州市,起源于唐代。粤绣,包括潮绣和广绣,以潮绣之精良闻名海内外,是中国四大名绣之一,是产于广东地区的刺绣品,以潮州和广州为中心。潮绣以戏服为主。它以布局满、图案繁茂、场面热烈、用色富丽、对比强烈、大红大绿而著称。其最大的特点就是布局满,往往少有空隙,即使有空隙,也要用山水草地树根等补充,显得热闹而紧凑;粤绣的另一个独特现象,就是绣工多为男工,和其他地区绣工均为女子不同,在绣制大件时,绣工常手拿长针站着施绣。粤绣题材广泛,其以龙、凤、博古等最具特色的题材,充分体现了当地人民的审美情趣。金银线垫绣是粤绣中具有特色的工艺之一,使绣上的景物形象富有立体感。粤绣的代表作有《百鸟朝凤》,形象逼真,富丽夺目,生机盎然。

潮绣有绒绣、钉金绣、金绒混合绣、线绣等品种,各具特色。绒绣,在各种丝、绸、缎上,以平绣针法用丝绒绣出平的画面;题材多为飞禽、博古,用作画片、挂屏等。钉金绣,又称金银绣;以金银线为主,绒线为辅的叫金绒混合绣。钉金绣针法复杂,有过桥、踏针、捞花瓣、垫地、凹针、累钩绣等60多种针法,其中"二针企鳞"针法为其他绣种所无。钉金绣运用垫、绣、贴、拼、缀等技术处理,可产生浮雕式的艺术效果。线绣,纯用丝线平面绣制。

广绣的针法主要有7大类30余种,包括直扭针、捆咬针、续插针、辅助针、编绣、饶绣、变体绣等以及广州钉金绣中的平绣、织锦绣、饶绣、凸绣、贴花绣等 6 大类 10 余种针法。而"潮绣"则有 60 多种钉金针法以及四十余种绒绣针法，同时，艺人还运用了折绣、插绣、金银勾勒、棕丝勾勒等多种技巧，使"潮绣"在"绣、钉、垫、贴、拼、缀"等技艺上更趋完善，产生"平、浮、突、活"的艺术效果。

粤绣除采用丰富而多变的针法外，在创作设计方面还注重主意，善于把寓意吉祥和美好的愿望融入绣品中。在创作方法上采用了源于生活而又重视传统，不满足于现实的描绘而追求着更为美好的理想，与此同时，还善于摄取绘画和民间剪纸等多种艺术形式的长处，使绣品的构图饱满，繁而不乱，针步均匀，光亮平整，纹理清晰分明，物象形神兼备，栩栩如生，惟妙惟肖，充分地体现了粤绣的地方风格和艺术特色。

（四）蜀绣

蜀绣是四川省成都市的传统刺绣工艺品。蜀绣历史悠久，东晋以来与蜀锦并称"蜀中瑰宝"软缎和彩丝为原料技艺讲究施针严谨、针脚精细，掺色柔和、虚实得体、图案美观。以构图精巧、刻画细腻、形神兼备、色彩明丽而著称。蜀绣品种繁多，主要有高级艺术绣屏。蜀绣的代表作有《蜀宫乐女演乐图》挂屏、《水草鲤鱼》座屏、《熊猫》座屏和陈列在北京人民大会堂四川厅的巨幅作品《芙蓉鲤鱼》等。

蜀绣的发展基于蜀地富饶，尤其是所产丝帛质好量大。据文献记载，蜀国最早的君王蚕丛已经懂得养殖桑蚕。汉末三国时，蜀锦蜀绣就已经驰名天下，作为珍稀而昂贵的丝织品，蜀国经常用它交换北方的战马或其他物资。唐代末期，南诏进攻成都，掠夺的对象除了金银、蜀锦、蜀绣，还大量劫掠蜀锦蜀绣工匠，视之为奇珍异物。宋代，蜀绣之名已遍及神州，文献称蜀绣技法"穷工极巧"，蜀绣的发展达到鼎盛时期，绣品在工艺、产销量和精美程度上都独步天下。清朝中叶以后，蜀绣逐渐形成行业。清末至民国初年，蜀绣在国际上已享有很高声誉，在"民国"四年（1915 年）国际巴拿马赛中荣获金奖。民国后，蜀绣虽然不再绣制朝衣和贡品，但绣制日用品的范围却越来越广，几乎包括人们日常生活的方方面面。小到幼儿的披衫、鞋帽，大到结婚时的床上用品、室内装饰品及馈赠酬酢用品。这是蜀绣民间性突出的方面，城乡妇女闲时多自绣鞋帽枕套头巾甚至帐帏被面等，操练极精者即成高手。

新中国成立后，在四川设立了成都蜀绣厂，使蜀绣工艺的发展进入了一个新阶段，技术上不断创新。如产生了表现动物皮毛质感的"交叉针"，表现人物发髻的"螺旋针"，表现鲤鱼鳞片的"虚实覆盖针"等，大大丰富了蜀绣的表现形式和艺术风格。20世纪70年代末，川西农村几乎是"家家女红，户户针工"，人数达四五千之多，相当于刺绣工厂在职职工的15倍。她们除刺绣被面、枕套、头巾、手巾、衬衣、桌布等几十个品种外，还积极生产外贸出口的生纺绣片、绣屏等。绣品仍保持浓厚的地方特色。1981年后，蜀绣有了较大发展，除蜀绣厂专业从事刺绣的工人外，农村郊县加工刺绣的人员迅速增至七八千人。1982年的中国工艺美术品第二届百花奖评选，以及1985年的巴黎博览会，蜀绣都赢得了极高的荣誉。

蜀绣题材多为花鸟、走兽、山水、虫鱼、人物，除以古代名家画作，如苏东坡的怪石丛条、郑板桥的竹石、陈老莲的人物等为粉本，又请当时名画家设计绣稿，由刺绣工艺师加工再创造的一幅佳作。绣制流行图案既有山水花鸟、博古、龙凤、瓦文、古钱一类，又有民间传说，如八仙过海、麻姑献寿、吹箫引凤、麒麟送子等，也有隐喻喜庆吉祥荣华富贵的喜鹊闹梅、鸳鸯戏水、金玉满堂、凤穿牡丹等，富于浓郁地方特色的图案如芙蓉鲤鱼、竹林乌鸡、山水熊猫花鸟人物等也深受东西方人青睐。

知识拓展

缂丝技艺

缂丝又称"刻丝"，是我国传统丝绸艺术品中的精华是一种挑经显纬、极具欣赏装饰性的丝织品。缂丝有其专用的织机——缂丝机，这是一种简便的平纹木机。宋元以来，缂丝一直是皇家御用织物之一。因其织造过程极其细致，摹缂常胜于原作，而存世精品又极为稀少，因而有"一寸缂丝一寸金"和"织中之圣"的说法。苏州缂缂丝画与杭州丝织画、永春纸织画、四川竹帘画并称中国的"四大家织"。

缂丝是一种经彩纬显现花纹，形成花纹边界，具有犹如雕琢镂刻的效果，且富双面立体感的丝织工艺品。缂丝的编织方法不同于刺绣和织锦。它采用"通经断纬"的织法，而一般锦的织法皆为"通经通纬"法，即纬线穿通织物的整个幅面。缂丝有其专用的织机缂丝机,这是一种简便的平纹木机。缂织时,先在织机上安装好经线,经线下衬画稿或书稿,织工透过经丝,用毛笔将画样的彩色图案描绘在经丝面上,然后再分别用长约十厘米、装有各种丝线的舟形小梭依花纹图案分块缂织。

　　缂丝能自由变换色彩,因而特别适宜制作书画作品。缂织彩纬的织工须有一定的艺术造诣。缂丝织物的结构则遵循"细经粗纬""白经彩纬""直经曲纬"等原则。即:本色经细,彩色纬粗,以纬缂经,只显彩纬而不露经线等。由于彩纬充分覆盖于织物上部,织后不会因纬线收缩而影响画面花纹的效果。

　　缂丝其实并非真的用刀来雕刻,这是一种以生蚕丝为经线,彩色熟丝为纬线,采用通经回纬的方法织成的平纹织物:纬丝按照预先描绘的图案,各色纬丝仅于图案花纹需要处与经丝交织不贯通全幅,用多把小梭子按图案色彩分别挖织,使织物上花纹与素地、色与色之间呈现一些断痕,类似刀刻的形象,这就是所谓"通经断纬"的织法。古人形容缂丝"承空观之如雕镂之像"。旧时刻丝著录所说的"通经断纬",即指此意。其成品的花纹,正反两面如一。

　　缂丝技艺起源于河北定州在宋代以后不断发展,至清代缂丝业中心已移至苏州一带,所用彩色纬丝多达6000种颜色,采用缂丝法临摹的名人书画,工艺精湛、形象逼真。缂丝制品至今仍然被作为高级工艺品生产、收藏。缂丝作品一般有三个特点:首先是缂丝作品大多是一种集体创作的作品,后人判断这类作品价值的高低只能看其作品本身的工艺和艺术价值;其次是缂丝的创作往往很费功夫和时间,有时为了完成一件作品需要几个月乃至一年以上,所以,一件缂丝作品的完成往往倾注著作者大量的心血;再次,缂丝作品具有很高的观赏性。许多缂丝作品既有平涂色块的平缂,也有构图造型的构缂、齐缂。缂丝作品一般立体感很强,加上缂丝作品的题材都是人们喜闻乐见的,故其艺术和观赏价值完全可以和名家书画分庭抗礼,甚至有所超越。从缂丝作品在拍卖场上的迭创新高的表现看,未来缂丝作品再创佳绩是可以预期的。

课后练习

1.(　　)是南京传统提花丝织物的总称,其历史可追溯到宋朝在此地设立的

官营织造锦署，开始织锦，以其华贵，多彩灿烂，变换如云霞而得名。

A．云锦　　　　B．蜀锦　　　　C．宋锦　　　　D．壮锦

【答案】A．云锦

2．（　　）起源于战国时期四川省成都地区所出产的锦类丝织品。

A．云锦　　　　B．蜀锦　　　　C．宋锦　　　　D．壮锦

【答案】B．蜀锦

3．忻城县是广西（　　）的起源地之一，有着悠久的历史和深厚的文化底蕴。

A．云锦　　　　B．蜀锦　　　　C．宋锦　　　　D．壮锦

【答案】D．壮锦

4．双面绣《猫》是（　　）现代作品的代表。

A．苏绣　　　　B．湘绣　　　　C．粤绣　　　　D．蜀绣

【答案】A．苏绣

5．（　　）包括潮绣和广绣，以潮绣之精良闻名海内外，是中国四大名绣之一。

A．苏绣　　　　B．湘绣　　　　C．粤绣　　　　D．蜀绣

【答案】C．粤绣

任务三　文房四宝、年画、剪纸和风筝

情景导入

林苑导游员小李接到一个导游任务，带领游客到安徽参观游览，本次团队的游客有些特别，游客中有不少小朋友，他们此次的安徽行不光是旅行，也属于研学之旅。接到任务后，小李赶紧准备，把有关文房四宝的相关知识找来学习，查找资料，充分准备。最终小李圆满完成了此次导游任务，为游客和小朋友们讲解安徽的文房四宝知识，获得了游客的一致好评。

中国拥有着深厚的文化底蕴与悠久的传统技艺传承，接下来就让我们一起学习吧。

基础知识

一、文房四宝

笔墨纸砚素称文房四宝，湖笔、徽墨、宣纸、端砚，被称为文房四宝之首。

（一）湖笔

湖笔产于浙江省湖州市善琏镇。古属湖州府，故称湖笔。湖笔自元代以后取代了宣笔的地位，湖笔选料讲究，工艺精细，品种繁多，粗的有碗口大，细的如绣花针，具有尖、齐、圆、健四大特点。尖：指笔锋尖如锥状；齐：笔锋撮平后，齐如刀切；圆：笔头圆浑饱满；健：笔锋挺立，富有弹性。湖笔分羊毫、狼毫、兼毫、紫毫四大类；按大小规格，又可分为大楷、寸楷、中楷、小楷四种。湖笔选料严格，制作讲究，一般要经过浸、拔、并、梳等70余道工序。湖笔被赞为"笔中之冠"。

湖州毛笔简称湖笔，是毛笔中的佼佼者，以制作精良、品质优异而享誉海内外，又成为毛笔的代名词。湖笔是湖州文化的典型代表，孕育、产生于湖州丰富的文化环境中。作为文物之邦，湖州为书于竹帛时代的人们贡献了辉煌灿烂的湖笔文化。湖笔不仅是中华文明历史长河中的一朵奇葩，更是湖州文化的骄傲与投影。

湖笔精湛的制作工艺是具有鲜明地域特色的湖笔文化的重要组成部分。但是社会文化的转型、书写工具的革新、对经济效益的片面追求，导致湖笔生产中出现次品泛滥、工匠流失、传承乏人的状况，传统湖笔技艺受到很大冲击，急需采取积极措施加以保护。此状况引起国家相关部门的高度重视，2002年2月，湖笔被批准为地理标志保护产品，2006年5月，湖笔制作技艺经国务院批准列入第一批国家级非物质文化遗产名录，湖笔的保护和传承从此走上了规范、健康的发展之路。

（二）徽墨

徽墨产于安徽省黄山市歙县和休宁县等地，因历史上属于徽州，故名。徽墨创始人是河北易州制墨名家奚氏。唐末五代奚超携子奚廷珪来到歙州，利用当地茂密的松林，总结了北方制墨的经验，改进捣松、和胶、配料等技术，制出了"丰肌腻理，光泽如漆"的好墨，南唐后主李煜赐其国姓李。明代的制墨业空前繁荣，形成了以徽州地区为中心的"歙派"和以休宁地区为中心的"休派"两大派系。自清代初年开始，形成了清代墨界的四大家。道光以后唯胡开文一家，独领墨艺风骚。从此徽墨驰名天下，其特点是色泽黑润，经久不褪，素有"落纸如漆，万载存真"之

誉。徽墨有高、中、低三种规格。高档墨有超顶漆烟、桐油烟、特级松烟等。

徽墨品种繁多，主要有漆烟、油烟、松烟、全烟、净烟、减胶、加香等。高级漆烟墨，是用桐油烟、麝香、冰片、金箔、珍珠粉等10余种材料制成。徽墨集绘画、书法、雕刻、造型等艺术于一体，使墨本身成为一种综合性的艺术珍品。徽墨有落纸如漆，色泽黑润，经久不褪，纸笔不胶，香味浓郁，丰肌腻理等特点，素有拈来轻、磨来清、嗅来馨、坚如玉、研无声、一点如漆、万载存真的美誉。

（三）宣纸

宣纸产于安徽省宣城市泾县，因历史上属宣州府，故名。宣纸始产于唐代，它的原料是青檀皮。唐天宝年间，在全国各地运到京城长安的进贡之物中，宣城郡船中有"纸、笔"等贡品，这说明当时宣城郡已生产纸、笔。宋元，曹氏一支辗转迁徙到安徽泾县小岭后，开始了全面系统地以青檀皮为原料制作"宣纸"的历程。明朝宣德年间（1426—1435年）由皇室监制的"宣纸"加工纸的出现。清代才掺和稻草，改变了用料比例。宣纸分生熟两种，生宣渍水渗化，作写意画最好，熟宣经过胶矾浸染，不渗化，宜于工笔，细描细写，为书画最理想的用纸。宣纸具有纸质柔韧，洁白平滑、细腻匀整、不起皱、不掉毛、不怕舒卷、抗老化、久不变色、不蛀不腐、卷折无损等特点，便于收藏，因此自古有"纸中之王、千年寿纸"的称誉。安徽宣纸造纸技艺已被列入《人类非物质文化遗产代表作名录》。

（四）四大名砚

端砚、歙砚、洮砚、澄泥砚被誉为中国的四大名砚。

1. 端砚

端砚产于广东省肇庆市，因隋在肇庆设端州府，所以称端砚。端石是一种水层岩，开采于唐，宋代已为世所重，其特点是石质细、易发墨，墨汁细稠而不滞，不易干涸。端石以紫色为主，名贵的石品有青花、鱼脑冻、蕉叶白、苏青、冰纹等。端砚贵有石眼，它是天然生长在砚石上的石核形状的眼，人们利用石眼花纹雕刻的砚台尤为名贵，有"端石一斤，价值千金"之说。端石块大的不多，故多随形雕刻，追求气韵。端砚为四大名砚之首。

端砚之所以称雄于世一千余年，满誉天下，主要是它具有质刚而柔的优良石质和丰富多彩的天然石品花纹而使历代无数人为此陶醉、痴迷。端砚石的原始母岩形成于距今4亿年前的泥盆纪中期。在地球演化史上，4亿年前，肇庆这个位置是一条沿东北方向延伸的滨岸潮坪，广州一带为古陆，当时的大海在广西方向，海水从西部进入肇庆地区。肇庆位于古陆与半岛之间的海陆交替处，两侧的古陆为沉积提供了物源。古陆风化剥蚀下来的大量泥沙被海水带到滨岸停下来，按比重和粒级的大小依次沉积堆积成层，较轻的漂浮物被水水解后停留在潮坪较低洼的湖区，缓慢沉降，最后沉积成层。这就是端石最初的物质聚集。

出产端砚石的砚坑，主要分布在肇庆城郊端溪一带故端溪泛指为端砚产区。据清道光何传瑶《宝砚堂砚辨》所记载，历史上共开采过70多个砚坑，其中绝大多数已枯竭、停采，新中国成立以来，仍在开采的砚坑还有10多个。主要分布在：端溪东侧，斧柯西麓；西江北岸，羚山南麓；北岭一带；桃溪、沙浦；高要金渡、端州黄岗等地。

2. 歙砚

安徽省黄山市歙县、屯溪区两地制作的石砚称为歙砚。砚石主要产于今江西省婺源县龙尾山，又称龙尾砚；历史上，婺源县龙尾山属于歙州，故名。

歙砚的制作材料被称为歙石或歙砚石，一般需要5亿—10亿年的地质变化才能形成，其中最适合制砚的是轻度千枚岩化的板岩，其主要矿物成分为绢云母、石英、黄铁矿、磁黄铁矿、褐铁矿、炭质等，主要砚锋为片状砚锋。歙石石质优良，色泽曼妙，莹润细密，有"坚、润、柔、健、细、腻、洁、美"八德。嫩而坚，砚材纹理细密，兼具坚、润之质，有涩不留笔、滑不拒墨的特点，扣之有声，抚之若肤，磨之如锋，宜于发墨，长久使用，砚上残墨陈垢，入水一濯即莹洁，焕然如新，被誉为"石冠群山""砚国名珠"。

歙砚石以青色为主，其花纹结构十分突出，分为鱼子纹、螺纹、金晕纹、眉纹、刷丝纹等类型。由于其矿物粒度细，微粒石英分布均匀，故有发墨益毫、滑不拒笔、涩不滞笔的效果，受到历代书法家的称赞。造型浑朴，浮雕、浅浮雕、半圆雕等手法是歙砚台的工艺风格和特点。歙砚制作石料稀珍，开采艰难，雕刻费力，以浮雕浅刻为主，精细工整，被称为"艺林瑰宝"。

3. 洮砚

洮砚产于甘肃省甘南藏族自治州卓尼县洮砚乡。洮砚采用当地临洮河绿漪石为料，砚石色泽如碧玉。洮砚以发墨快而耐用，蓄水持久而不耗，笔吸墨匀而护毛，书画流畅而清爽的特点闻名于世。砚常设盖，纹饰刻盖上。

制作洮砚最好的石料是"老坑石"，产于卓尼县喇嘛崖和水泉湾一带。而老坑石中的极品，当数"鸭头绿"，碧绿如蓝，轻抚如婴儿肌肤，储量极少，自宋末就已断采，能否重现不得而知，现今每得一块鸭头绿可视之为千年古董。硬度在莫氏3.1左右，最适宜研磨，颗粒直径0.01mm以下，发墨快而颗粒细，密度在3.05左右，储墨久，容易清洗不渗墨。老坑石中的其他石品，有绿漪石、鹦哥绿、鹧鸪血，市场储量依然不足2%，下发好和稀有是洮砚位列四大名砚的根本，尤其是在端砚、歙砚老坑石已枯竭的今天，"老坑洮砚"更是备受追捧。

自唐代成名以来，老坑洮砚一直是皇室文豪、富商巨贾才能拥有的。如宋代赵希鹄曰："除端、歙二石外，唯洮河绿石，北方最贵重。绿如蓝，润如玉，发墨不减端溪下岩。然石在大河深水之底，非人力所致，得之为无价之宝。"晁无咎《砚林集》中有诗并铭：洮之崖，端之谷，匪山石，唯水玉。不可得兼，一可足温。然可爱，目鸲鹆，何以易之，鸭头绿。金代元好问曰：王将军为国开临洮（今甘肃岷县），有司岁馈，可会者，六百钜万，其于中国得用者，此砚材也。近代"老坑洮砚"作品屡次作为国礼赠予国外元首，敦煌菩萨砚以甘肃省政府名义赠予新加坡总理李光耀、反弹琵琶砚赠予日本前首相竹下登。

洮砚（比端、歙更稀有）老坑石在四大名砚中储量最少、最难采集，特级老坑石早在宋末（1175年）就已断采，每得一块洮砚特级老坑石都相当于是得到千年的古董。宋初，王𨙸（zōu）收复洮砚石材产地洮州（今属甘肃省卓尼县），被封为赵土司管理矿区，洮砚被选为皇宫贡品，只有皇朝高官、文豪富商能够拥有，百姓只是听闻甚至难得一见。可见洮砚老坑发墨不弱于端砚老坑（即下岩），但采集难度更大、石料稀有、更难获取。郭培元《论洮砚》："世人知洮砚之妙，至有胜端歙之处。自宋以后名隐而不显者，因地处边陲，得之不易，兼无专书著录之故，非才不良也，诚为憾事"。已道出洮砚虽有胜端、歙，但自宋之后老坑石逐渐绝迹，得之不易。

砚台的实用功能是磨墨，其中下墨、发墨是衡量砚材好坏的重要指标之一，简单说，下墨，是通过研磨，墨从墨块到水中"砚台上"的速度。发墨，是指墨中的碳分子和水分子融合的速度、细腻程度。发墨好的墨如油，在砚中生光发艳，随笔旋转流畅，所以画画的用砚比书法的用砚要求更高。下墨讲求快慢，发墨讲求粗细，但往往下墨快的发墨粗，发墨好的下墨慢。所以，下墨发墨均佳的砚极其珍贵。

4. 澄泥砚

澄泥砚曾产于山西省运城市绛县、晋城市一带将澄浆泥淘洗、除杂质，制成各样砚形坯，加上纹饰入窑焙烧而成。山西省绛县的澄泥砚最著名。

绛州澄泥砚始创于唐代（618—907年），历史悠久，当时曾被列为"贡砚"。后来由于种种原因，到清代（1644—1911年）时其制作工艺就已失传。随着澄泥砚制作方法的失传，绛州澄泥砚的生产出现了一个近三百年的断档；直至20世纪80年代末，版画艺术家蔺永茂携其子蔺涛历经千辛万苦终将澄泥砚恢复生产后，绛州澄泥砚又重新在砚海中展露新姿，重新成为古城绛州的一大地方特产。

澄泥砚的砚体形有圆、椭圆、半圆、正方、长方、随意形的。雕式有号、耳瓶、二龟坐浪、海兽哮月、八怪斗水、仿古石渠阁瓦等立体砚。平面雕刻有山水人物、草树花卉、走兽飞禽；又有犀牛望月、台山白塔、嫦娥奔月等。这些雕砚刀笔凝练，技艺精湛，产地却莫衷一是，虽各有说法，但都没有离江河太远，古人说取河泥澄而制砚不假。只是这个制法却颇费周折，光是淘洗澄结便要一二年，出泥后"令其干，入黄丹团和搜如面，作二模如造茶者，以物击之，令其坚。以竹刀刻作砚之状，大小随意。微阴干，然后以利刀刻削如法，曝过，间空垛于地，厚以稻糠并黄牛粪搅之，而烧一伏时"。然后再用黑蜡、米醋相参蒸多次。如此繁复的工序，使砚台坚如铁石。今日所见古澄泥砚极为稀少，上品更是难求，其原因之一，恐怕就在于制作工艺繁复而产量甚低了。加上石砚中的佳砚理当比泥砚更胜一筹，流传久远者当然比泥砚更多。到清代，澄泥砚已经没落衰微，偶有较好的，也多是世俗之品。

澄泥砚用特种胶泥加工烧制而成因烧过程及时间不同，可以是多种颜色，有的一砚多色，尤其讲究雕刻技术，有浮雕、半起胎、立体、过通等品种。澄泥砚由于使用经过澄洗的细泥作为原料加工烧制而成，因此澄泥砚质地细腻，犹如婴儿皮肤一般，而且具有贮水不涸，历寒不冰，发墨而不损毫，滋润胜水可与石质佳砚相媲美的特点，因此前人多有赞誉。今日所见古澄泥砚极为稀少，上品更是难求。

二、年画

年画是我国传统的民俗艺术品。大都用于新年时张贴，装饰环境，含有祝福新年吉祥喜庆之意，故名。木版年画出现于雕版印刷术发明之后的宋代，明代中叶起已成为一种独立的艺术形式，著名年画产地应运而生，清乾隆年间更为盛行。传统民间年画多用木版水印制作。中国的雕版印刷技艺已被列入《人类非物质文化遗产代表作名录》。

著名年画产地主要有：天津市杨柳青、江苏省苏州市桃花坞、山东省潍坊市杨家埠、四川省德阳市绵竹市（被誉为中国四大木版年画产地）、河南省开封市朱仙镇、广东省佛山市等地。近年来，随着文创经济的发展，年画大量用于日常家居的挂饰、灯饰或装饰，年味在减少，市场却更加广阔。

（一）杨柳青年画

杨柳青木版年画，产于天津市杨柳青地区。始于明朝崇祯年间，到清中后期最为风行，有"家家会刻版，人人善丹青"之誉。这里的年画是木刻水印和手工彩绘

相结合，保留了民间绘画的技法，并受到清代画院的影响。多取材于旧戏剧，形象有美女、胖娃娃等，构图丰满，线条工整，色彩艳丽，人物的头脸多粉金晕染，极富装饰性。与南方著名的苏州桃花坞年画并称"南桃北柳"。

（二）苏州桃花坞年画

苏州桃花坞木版年画，产于江苏省苏州市城内桃花坞一带，创始于明末，盛行于清雍正、乾隆年间，是我国南方流传最广、影响最大的一种民间木刻画。桃花坞年画以木版雕刻，用一版一色传统水印法印刷，色彩鲜艳夺目，构图精巧，形象突出，主次分明，富于装饰性，形成了一种优美清秀、严密工整的独特风格。主要表现吉祥喜庆、民俗生活、戏文故事、花鸟蔬果和驱鬼辟邪等汉族民间传统审美内容。民间画坛称之为"姑苏版"。

（三）山东省潍坊市杨家埠年画

山东省潍坊市杨家埠木版年画，产于潍坊市杨家埠，兴起于明代，清代达到鼎盛时期。

杨家埠年画生产分绘画、雕刻、印刷、装裱等几道工序，每道工序都极为精细准确。其做法是先将画稿勾出黑线稿，贴到刨平的梨木或棠木板上，雕刻出主线版。待印出主线稿后，再分别用不同颜色，刻出色版，套色印刷，最后修版装裱而成。杨家埠木版年画构图完整、饱满、匀称，造型夸张、简练、粗犷、朴实。

（四）四川绵竹年画

四川绵竹年画起源于北宋，兴于明代，盛于清代。绵竹年画以彩绘见长，具有浓厚的民族特点和鲜明的地方特色。绵竹年画构图讲求对称完整、饱满、主次分明、多样统一；色彩上采用对比手法，设色单纯、艳丽，强烈明快，构成红火、热烈的艺术效果；题材内容广泛绵竹年画归纳起来有辟邪迎祥、风俗习惯、生活生产、戏曲故事、历史人物、神话传说、讽刺幽默、花鸟虫鱼等。

三、剪纸

（一）概述

中国剪纸是用剪刀或刻刀在纸上剪刻花纹，用于装点生活或配合其他民俗活动的一种民间艺术。始于北朝，唐代剪纸已处于大发展时期，南宋时期，已经出现了以剪纸为职业的行业艺人。明、清时期剪纸手工艺术走向成熟，并达到鼎盛时期。在中国，剪纸具有广泛的群众基础，交融于各族人民的社会生活，是各种民俗活动的重要组成部分。其传承赓续的视觉形象和造型格式，蕴含了丰富的文化历史信息，表达了广大民众的社会认知、道德观念、实践经验、生活理想和审美情趣，具有认知、教化、表意、抒情、娱乐、交往等多重社会价值。2006年5月，剪纸艺术遗产经国务院批准列入第一批国家级非物质文化遗产名录。2009年10月，中国剪纸项目被列入《人类非物质文化遗产代表作名录》。

（二）分类

1. 中国剪纸的用途

从具体用途看剪纸大致可分四类：

一是张贴用，即直接张贴于门窗、墙壁、灯彩、彩扎之上以为装饰。如窗花、墙花、顶棚花、烟格子、灯笼花、纸扎花、门笺。

二是摆衬用，即用于点缀礼品、嫁妆、祭品、供品。如喜花、供花、礼花、烛台花、斗香花、重阳旗。

三是刺绣底样，用于衣饰、鞋帽、枕头。如鞋花、枕头花、帽花、围涎花、衣袖花、背带花。

四是印染用，即作为蓝印花布的印版，用于衣料、被面、门帘、包袱、围兜、头巾等。

（1）窗花

用于张贴窗户上作装饰的剪纸。以北方为普遍，北方农家窗户多是木格窗，有竖格、方格或带有几何形花格，上面糊一层洁白的"皮纸"，逢年过节便更换窗纸并贴上新窗花，以示辞旧迎新。窗花的形式有装饰窗格四角的角花，折团花，各式花样动物花草、人物，还有连续成套的戏文或传说故事窗花。

（2）喜花

婚嫁喜庆时装点各种器物用品和室内陈设用的剪纸。一般是将剪纸摆衬在茶具、皂盒面盆等日用品上，还有贴在妆镜上。喜花图案多是强调吉祥如意、喜气洋洋的寓意。色彩为大红，外形样式有圆形、方形、菱花形、桃形、石榴形等，配置以各种吉祥的纹样，如龙凤、鸳鸯、喜鹊、花草、牡丹等。

（3）礼花

摆附在糕饼、寿面、鸡蛋等礼品上的剪纸。在广东潮州一带称作"糕饼花""果花"，浙江平阳一带称作"圈盆花"。礼花题材多取吉祥喜气的图案。在山东为庆贺生子的"喜蛋"上贴剪纸，或将蛋染红露出白色花纹。在福建农村互相馈赠寿礼用乌龟图案以象征长寿。有龟形糕饼，也有龟形剪纸。

(4) 鞋花

用作布鞋鞋面刺绣底样的剪纸。其形式一般有三：一是剪成小团花或小散花，绣于鞋头，称"鞋头花"；二是适合着鞋面的形状剪成月牙形，称"鞋面花"；三是由鞋头花的两端延伸而至鞋帮，称"鞋帮花"。鞋花布局一般多疏朗，题材有花草、小鸟等。

(5) 门笺

又称"挂笺""吊钱""红笺""喜笺""门彩""斋牒"。一般用于门楣上或堂屋的二梁上。其样式多为锦旗形，天头大、两边宽，下作流苏。多以红纸刻成，也有其他颜色的或套色的。图案多作几何纹或嵌以人物、花卉、龙凤及吉祥文字的。如"普天同庆""国泰民安""连年有余""风调雨顺""金玉满堂""喜鹊登梅""福、禄、寿、喜、财""五业兴旺"等。张贴时或一张一字、或一张一个内容，成套悬挂，一般以贴五张为多。贴门笺除有迎春除旧之意外，也有祈福辟邪之意。

(6) 斗香花

一种套色剪纸，多用于祭祖祀神等汉族民俗活动时的装饰，剪纸的题材多选用戏文、历史故事、民间传说、花卉、人物等吉祥图案。配色一般用金色和大红、桃红、绿、蓝、橘黄、淡黄、黑等蜡光纸组成，颜色丰富，效果十分强烈。

2. 剪纸的地域分布

中国剪纸地域分布十分广泛，形成各种流派和地方特色，主要由以下几处的剪纸较为有名。

(1) 蔚县剪纸

河北蔚县剪纸源于明代，其制作工艺在中国众多剪纸中独树一帜，这种剪纸不是"剪"，而是"刻"，它是以薄薄的宣纸为原料，拿小巧锐利的雕刀刻制，再点染明快绚丽的色彩而成。蔚县剪纸题材广泛，意寓深长，生活气息浓郁。构图朴实饱满，造型生动优美逼真，色彩对比强烈，带有浓郁的乡土气息。

(2) 山西剪纸

山西剪纸的体裁格式，根据各地民俗与实用需要因物、因事制宜。最常见的是窗花，它的大小根据窗格的形状来定。如晋北一带窗户格式有菱形、圆形、多角等样式，窗花也随窗而异，小的寸许，大者有四角、六角、八角呼应的"团花"。山西剪纸的风格总体来说，具有北方地区粗犷、雄壮、简练、淳朴的特点。但是，因地域环境、生活习俗、审美观念的不同，各地剪纸又有差异。如晋南、晋中、晋东南、晋西北、吕梁山区的剪纸，多为单色剪纸，风格质朴、粗犷。而流行于雁北地区的染色剪纸，则婉约典雅、富丽堂皇，尤以"广灵剪纸"为代表。

（3）陕西剪纸

陕西剪纸有"活化石"之称，它较完整地传承了中华民族阴阳哲学思想与生殖繁衍崇拜的观念。如古老的造型纹样"鱼身人面""狮身人面"，与周文化相似的"抓髻娃娃"，与汉画像相似的"牛耕图"等。陕西剪纸因地区不同而风格各异。陕北剪纸淳厚、粗壮，线条有力，剪纹简洁；定边、靖边剪纸较细致。线条多直线，流利奔放；宜川剪纸线条粗而曲线多；关中剪纸线条细似针尖。风格别致。总的来说，陕西剪纸造型古拙、风格粗犷、寓意明朗、形式多样，包含着浓郁的泥土气息和鲜明的地域特色。

（4）扬州剪纸

扬州是中国剪纸流行最早的地区之一，早在唐代，扬州已有剪纸迎春的风俗。立春之日，民间剪纸为花、春蝶、春钱等，或悬于佳人之首，或缀于花木之下，相观以取乐。据传，嘉庆、道光年间，著名艺人包钧的剪纸，花、鸟、鱼、蝶无不神形兼备，故有"神剪"之称。中华人民共和国成立后，扬州剪纸得到了国家和地方政府的重视。1955年，扬州成立了民间工艺社。1979年剪纸艺人张永寿被国家授予"中国工艺美术大师"称号，20世纪50年代的《百花齐放》、70年代的《百菊图》和80年代的《百蝶恋花图》三部剪纸集为其代表作。扬州剪纸题材广泛，有人物花卉、鸟兽虫鱼、奇山异景、名胜古迹等，尤以四时花卉见长。

（5）浙江剪纸

浙江剪纸始于五代，浙江省的窗花剪纸各地都有，风格各有不同，用途亦各异。金华地区多为窗花和灯花，纹刻用于装饰龙盘灯，平阳一带送礼时放在礼物上的"圈盆花"最有特色。浙江剪纸中的戏曲窗花也有独到之处，其善取戏中典型的场面情节，充分体现人物的身段之美。在大的影像轮廓中剪出细阴线，使形象结构与画面的节奏都增添成色。

（6）佛山剪纸

佛山剪纸在宋代已有流传，盛于明清时期。从明代起佛山剪纸已有专门行业大量生产，产品销往省内及中南、西南各省，并远销南洋各国。佛山剪纸艺术在制作

上有剪、刻两大类，风格金碧辉煌、苍劲豪放，结构雄伟奔放，用色夸张富丽，具有独特的地方风格。刻纸利用佛山本地特产的铜箔、银箔，用剪、刻、凿等技法，套衬各色和绘印上的各种图案，具有鲜明的地方特色。

四、风筝

风筝是以线牵拉，借助风力升空的传统玩具与艺术欣赏品。相传山东省为中国风筝的发源地。早在2000年前鲁国公输般用于侦察敌情，至唐以后转实用为娱乐，到了宋代流传更为广泛。由于文人的加入，风筝在扎制和装饰上都有了很大的发展。明时期是中国风筝发展的鼎盛时期，清乾隆年间已遍及城乡。大约在12世纪，中国风传到了西方，此后经过不断发展，逐渐形成各具特色的东西方风筝文化。近年来，中国风筝事业得到了长足的发展，放风筝开始为体育运动项目和健身娱乐活动普及起来。

中国风筝有着悠久的历史和高超的技艺。中国风筝的技艺概括起来只有四个字即扎、糊、绘、放。也就是扎架子，糊纸面，绘花彩放风。"扎"要扎得对称，使风筝左右两侧的受风面积相当；"糊"要保证整体平整，干净利落；"绘"要做到远眺清楚，近看真实；"放"要依据风力调整提线角度。风筝的种类主要分为"硬翅"和"软翅"两类。"硬翅"风筝翅膀坚硬，吃风大，飞得高。"软翅"风筝柔软，飞不高，但飞得远。在样式上，除传统的禽、兽、虫、鱼外，近代还发展出了人物风筝等新样式。

山东省潍坊市被世界各国人民称为"风筝的故乡"，在清乾隆、嘉庆年间形成盛大风筝集市。潍坊风筝创作构思源于生活而不拘泥于生活，具有浓郁的东方艺术风格和强烈的乡土气息。从1984年开始，每年在该市举行"国际风筝节"。

广东省阳江市是南国风筝之乡，1993年被国家体委授予"全国风筝之乡"。阳江风筝已有1400多年的历史。阳江风筝种类繁多，造型美观，技术精巧，形神兼备，栩栩如生。每逢九九重阳日，秋高气爽，正是纸鸢放飞的最佳时节。阳江风筝在全国比赛中多次获奖。阳江的"灵芝"风筝被评为世界风筝十绝之一。

此外，北京市风筝（"风筝哈"）、天津市风筝（"风筝魏"）也很著名。

知识拓展

俞飞鹏与澄泥砚的学术研究

澄泥砚是四大名砚中唯一一种由泥合成的名砚，它色彩多变，造型独特，在中国砚文化的历史长河中，澄泥砚占据非常重要的地位，历来被文人墨客所推崇。澄泥砚具有"贮墨不耗，积墨不腐、呵气生津，触手生晕、发墨而不损毫"的特点。澄泥砚由泥而来已是不争的事实，那么为什么笔者还要把澄泥砚姓什么作为命题来探讨呢？这要缘于前段时间做澄泥砚的经历。

大师俞飞鹏大师做了一批试验性质的澄泥砚，这次做澄泥砚，目的很明确，就是要另辟蹊径，做出和当下市面上不一样的澄泥砚。当第一次从俞飞鹏大师那里听到"澄泥砚姓泥而不姓石"的时候，心头不禁为之一震，真是一语惊醒梦中人啊。到底有多少制砚者能想到澄泥砚姓"泥"而不姓石呢？多年来，澄泥砚虽贵为名砚，但因历史的原因，它的传承出现了断层。澄泥砚的制作，很大程度上是在运用模具进行，而雕刻，总是在沿袭着石砚，虽然，澄泥砚的制作者在竭尽所能，但因人的固有观念以及泥的特性所致，人们在认识上，总觉得澄泥砚逊于石砚。澄泥砚姓什么？澄泥砚的特色在哪里？

一、澄泥砚为什么姓泥？

这似乎是一个简单得不能再简单的话题，知道澄泥砚的人，都了解澄泥砚由泥烧制而成。但是为什么还要强调澄泥砚姓泥呢？因为既然姓泥，它就应该具有泥的特性。但是，在当今澄泥砚的制作中，人们往往忽略了它的泥性，而用模具的方式框着它，固化它，用石砚的成砚面貌来修正它，细化它，结果，做出的澄泥砚不仅既失去了泥料的本真，泥味，同时，亦达不到石砚的细腻和逼真，一方本可以自然出趣，个性分明的名砚，或因此被扼杀在一个错误的认识里。所以我认为，澄泥砚应当姓泥，因为只有姓泥，才能展示她的独有，个性，不可多得，才能回归名砚的本来，再现名砚的辉煌。

1. 古今澄泥砚的比较

（1）古代澄泥砚

砚的型制变化，最根本的一次变化是从"研"到"砚"的变化，作为非石质砚，澄泥砚代表着古代合成砚的制作高峰。远在汉唐，澄泥砚一度非常流行，从型制来看，宋代澄泥砚更是变化多端，如珍藏在台北故宫博物院的澄泥虎符砚和蕉叶砚，较唐时的澄泥砚更是让人耳目一新。在尚武轻文的元代，澄泥砚虽远不如唐宋时期的鼎盛，但是民间制砚并未中断，多以动物型、人物型、花卉型为主体。明代，澄泥砚不仅注重造型，色调更是异彩纷呈，雕刻技艺也更加细腻丰富，最典型的代表作莫过于朱砂红荷鱼砚，同时，带有文学色彩的砚铭也被雕刻到砚台上，从而使明代澄泥砚从实用工具开始步入收藏品和艺术品的行列。而到了清代，随着制作、风貌上的一味仿古，澄泥砚逐渐步入衰落期，澄泥砚的历史出现了断层。

(2) 澄泥砚的学术研究

作为四大名砚之一，澄泥砚的研究价值显而易见。以古砚谱和当代出版的砚著看，澄泥砚的学术研究，以记录古砚或古法制澄泥的居多，研究澄泥砚制作方向的极少，研究澄泥砚如何烧制，窑变的产生与变化的更是鲜见。似乎澄泥砚沿用固有的雕刻方法已是既定的不可变更的模式，至于澄泥砚姓什么，澄泥砚应怎么样，它有怎样的独具一格的砚雕语言，作品是否有砚雕家独到的个性，具地域人文特色，是否灵动机变，不泥一格，随泥随心则鲜见论及。不少人以为，当下澄泥砚的面貌，只是泥料的问题，与制砚者无甚关联。也因此，让很多人产生了误解：以为澄泥砚就是那样，只能这样……

2. 澄泥砚和石砚的比较

澄泥砚和石砚比，比什么呢？它的材质不同，决定了澄泥砚和石砚的制作手法不同。

(1) 从材质而论

澄泥砚以材质而论，它姓"泥"，而石砚姓"石"。两类不同的材质注定了不同的品性、从而影响到它的造型、构图，以及雕刻等种种手法的不同。在对澄泥砚做了大胆的创新和尝试后，俞飞鹏大师曾对它们各自的特性作了如下形象化的概括："如果说，做石砚的功夫是少林功夫，那么，做泥砚的功夫更像是绵柔的太极。又如果，石砚是男人，充裕的是阳刚之气，那么，泥砚如女性，流溢的则是和柔之美。"

(2) 从砚的雕刻到成型而论

在亲历试验性质的澄泥砚研制过程中，笔者目睹了俞飞鹏大师手制澄泥砚的全过程，并有幸参与其中，这批澄泥砚，没有一方经由过模具，更没有刻意比照石砚的雕刻，没有图纸，没有雷同，一团泥拿在手中，全是灵感的再现和胸有成竹的操作，泥听话了，砚就自然了，这就是天人合一。它没有砚石的硬度，只有让你触手可及的温柔和沁人心脾的泥的清香。于是，美妙的构思在手中幻化成不同的造型，多彩的图样，笔者第一次体验到和做石砚完全不同的感受和兴奋。原来，砚也可以这样做！正如俞飞鹏大师所言："泥砚的魅力在泥性，做澄泥砚，不应等同于做石砚。"

二、理解澄泥砚姓"泥"的必要性

对于石砚来说，我们只能做减法，对于澄泥砚而言，我们要做的是可加可减。明白澄泥砚的泥性，对于未来澄泥砚的传承和发展有着举足轻重的作用。时下如工厂生产产品一样用模具生产澄泥砚的做法，无疑会给当前澄泥砚的市场雪上加霜。同样，那种生硬照搬石砚的雕刻手法，也会因泥的特性和石砚完全不同，最终成型的澄泥砚不过是在努力地步石砚的后尘，这样做出的泥砚，不但线条生分，更无艺术性和创造性可言。所以倡导，理解澄泥砚姓"泥"，很有意义，非常必要。

1. 理解澄泥砚姓"泥"的科学意义

任何一件事物都有它遵循的规律，作为四大名砚之一的澄泥砚也不例外。运用独具匠心的智慧去构筑一方砚固然重要，但不讲科学、不从澄泥砚泥的特性出发去做砚，无疑会造成事倍功半之后果。到最后耗时费力，做出来的砚仍然达不到理想的效果。所以理解澄泥砚姓"泥"的科学意义，可以避免走弯路或少走弯路。

2. 理解澄泥砚姓"泥"的艺术价值

一方砚的收藏价值和艺术价值，体现在砚雕者的综合素养以及他的雕刻水平上。作为泥砚，更有砚雕者对泥性的认知和发掘上，只有这样，他才能了解泥，和泥进行沟通，进行对话，才能把具有砚的语言和泥的符号的作品呈现在大众面前。当一部作品能和它的收藏者融合的时候，才能引起收藏者的共鸣。所以说，理解澄泥砚姓"泥"对提升一方砚的艺术价值非常重要。

3. 理解澄泥砚姓"泥"的创新意义

毋庸置疑，这种个性化的澄泥砚的做法，给当今澄泥砚的市场注入了新鲜血液。当市场上那种你一方，我一方，方方都一样的澄泥砚消失在某个角落的时候，相信作为四大名砚之一的澄泥砚，会再度回到收藏者的视野当中。继承传统，而不是一味地固守传统，让创新的风尚把传统的东西发扬光大，既是历史赋与我们的重任，也是我辈共同努力的方向。希望有一天，当这种创新的清风吹遍砚林每一个角落的时候，澄泥砚也会像其他名砚一样被众多收藏者青睐和追捧。

课后练习

1. （　　）选料讲究，工艺精细，品种繁多，粗的有碗口大，细的如绣花针，具有尖、齐、圆、健四大特点。

   A. 湖笔　　　　B. 徽墨　　　　C. 宣纸　　　　D. 端砚

   【答案】A. 湖笔

2. （　　）是中国四大名砚之首？

   A. 端砚　　　　B. 歙砚　　　　C. 洮砚　　　　D. 澄泥砚

   【答案】A. 端砚

3. 下列（　　）与南方著名的苏州桃花坞年画并称"南桃北柳"。

   A. 四川省德阳市绵竹年画　　　　B. 江苏省苏州市桃花坞年画

   C. 山东省潍坊市杨家埠年画　　　　D. 天津市杨柳青年画

   【答案】D. 天津市杨柳青年画

4. 陕西剪纸造型古拙、风格粗犷、寓意明朗、形式多样，包含着浓郁的泥土气息和鲜明的地域特色，有"活化石"之称。

   A. 山西剪纸　　B. 陕西剪纸　　C. 扬州剪纸　　D. 浙江剪纸

   【答案】B. 陕西剪纸

5. 风筝是以线牵拉，借助风力升空的传统玩具与艺术欣赏品，（　　）被世界各国人民称为"风筝的故乡"。

   A. 浙江省杭州市　　　　B. 辽宁省沈阳市

   C. 山东省潍坊市　　　　D. 山西省太原市

   【答案】C. 山东省潍坊市

模块七：

中国旅游景观

学习目标

一、知识目标

1. 了解水体旅游景观类型。

2. 熟悉中国主要地貌类型及代表性地貌景观。

3. 熟悉动物、植物景观类型，并能列举出几种我国珍稀动植物名称。

4. 掌握不同气象气候、天象旅游景观的成因以及类型。

二、能力目标

能欣赏中国旅游景观的自然之美，能简要表述不同景观的成因。

三、素质目标（含思政目标）

1. 培养学生对美的鉴赏能力，增强其民族自豪感。

2. 通过对中国旅游景观的学习，使同学们了解到祖国的大美河山，增强同学们对祖国的认同感和自豪感。

重点难点

1. 不同旅游景观的类型。

2. 山、水、气象气候、天象等旅游景观的成因。

任务一 地貌与水体旅游景观

情景导入

明代著名的地理学家、旅行家、探险家和文学家徐霞客开辟了系统地观察自然、探索自然的新方向。他的游记《徐霞客游记》主要是对祖国山河美景的记录和描绘，用词非常绚丽多姿，并具有很高的科学性。《游记》中提到的"粤西面目"，"岭忽乱石森列，片片若攒刃交戟。""石片层层，尽若鸡距龙爪下蹲于地，又如丝瓜之囊，盘缕外络而中系透空。""诸危峰分峙叠出于前，愈离立献奇，联翩角胜矣。石峰之下，俱水汇不流，深者尺许，浅仅半尺。诸峰倒插于中，如出水青莲，亭亭直上。"作者描述的是哪种类型的地貌呢？

地貌类型多样，千姿百态，特点各异，下面就让我们来了解常见的地貌类型。

基础知识

地貌和水体景观是地球自然之美的精华所在。在这片广袤的大地上，地球的形态变化和水的流动创造了无数壮丽的景观，成为人们探索和欣赏的对象。这些自然景观不仅令人叹为观止，更是生态系统的精髓，是人与自然和谐共存的见证。接下来将带您深入探索地质地貌景观和水体景观的奇妙世界，欣赏大自然的创造之美。

一、地质地貌概述

地质地貌景观承载着地球亿万年演变的痕迹，形态多样，风貌独特。这些景观的形成常常受到地质构造、风化侵蚀、水的作用等因素的影响。地质地貌旅游景观具有以下特点：

丰富多样的形态：地质地貌景观涵盖了高山、峡谷、平原、湖泊、瀑布等多种形态，呈现出丰富多样的地貌风貌。

地球演化的见证：这些景观是地球演化过程的见证，展示了地壳的抬升、沉降、构造运动等历史变迁。

地理教育意义：地质地貌景观可以为人们提供地理知识的教育机会，让人们更深入了解地球的形成和变化。

自然生态系统：许多地质地貌景观同时也是自然生态系统的组成部分，为众多生物提供了独特的生存环境。

文化价值：地质地貌景观常常与人类的历史、文化紧密相连，是文化遗产的一部分。

（一）常见地貌类型

1. 花岗岩地貌景观

花岗岩地貌是由花岗岩构成的地貌景观。花岗岩是一种深层岩石，形成于地壳深处的岩浆冷却结晶。这种地貌常常呈现出坚硬的岩石质地，多为高耸的山脉、悬崖峭壁等。

（1）花岗岩地貌的成因、特点：花岗岩是地壳深处岩浆冷却结晶形成的，其密度高、耐风化。花岗岩地貌常常具有高耸的山峰、陡峭的岩壁等特点。

（2）中国著名的花岗岩地貌旅游景观：黄山是著名的花岗岩地貌胜地，以其奇松、怪石、云海等著名景点吸引着游客。此外，武夷山、庐山等地也有独特的花岗岩地貌景观。

2. 岩溶地貌景观

岩溶地貌是由于溶蚀作用在石灰岩、大理石等可溶性岩石上形成的地貌景观。地下水在岩石中溶解，形成洞穴、地下河流等特殊地貌。

（1）岩溶地貌的成因、特点：地下水在可溶性岩石上溶蚀形成洞穴、石柱、地下河流等。岩溶地貌常常表现为石灰岩台地、喀斯特山峰等特点。

（2）岩溶地貌的分类：岩溶地貌分为台地式岩溶、石林式岩溶、峰丛式岩溶等不同类型。

（3）中国岩溶地貌旅游景观：桂林是著名的岩溶地貌胜地，以其"山水甲天下"的风景而闻名。漓江、阳朔的喀斯特地貌景观吸引着游客。同时，贵州的黄果树瀑布、广西的龙胜梯田等也是岩溶地貌的代表。

3. 丹霞地貌景观

丹霞地貌是由于风化、侵蚀作用在红色砂岩等岩石上形成的地貌景观。其特点是地表呈现出丰富多彩的红色，同时也形成了壮观的峰丛、峡谷、峭壁等景观。

（1）丹霞地貌的成因、特色：丹霞地貌是红色砂岩因风化、水侵蚀形成的，其呈现出多彩斑斓的颜色，形成了特有的景观。

（2）丹霞地貌的分布：丹霞地貌分布广泛，尤以广东、广西、湖南等地区为著名。

（3）中国著名的丹霞地貌景观的分布：广东韶关的丹霞山是中国著名的丹霞地貌景区，以其绚丽多彩的地貌景观吸引了众多游客。在湖南张家界、广西桂林等地也有丹霞地貌的代表景点。

4. 熔岩地貌景观

熔岩地貌是由于火山活动产生的熔岩在地表冷却凝固而形成的地貌景观。熔岩地貌常常表现为起伏的熔岩平原、熔岩洞穴等。

（1）熔岩地貌景观的成因、特点：熔岩地貌是由火山活动形成的，熔岩冷却凝固后形成了多样的地貌。熔岩地貌可能具有平原、台地、火山口等特点。

（2）熔岩地貌景观的分类：熔岩地貌分为浅层火山地貌、深层火山地貌等不同类型。

（3）中国熔岩地貌旅游景观的分布：中国的熔岩地貌主要分布在内蒙古的阿尔山、黑龙江的五大连池等地。这些地区常常展示出火山活动的痕迹，吸引着对地质和火山学感兴趣的游客。

5. 石英砂岩峰林地貌景观

石英砂岩峰林地貌是坚固的石英砂岩由于地壳上升，地下流水对岩石垂直节理的侵蚀以及重力作用所产生的断裂、崩塌，加之长期风化所形成的奇特的石英砂岩峰林地貌景观。

（1）石英砂岩峰林地貌的成因、特点：石英砂岩峰林地貌是石英砂岩由于地壳升降运动，并受到风化、水蚀、重力崩塌等因素影响雕琢而成的众多形状奇特的山峰。石英砂岩峰林地貌常常表现为奇峰林立，形象险峻，造型生动，沟壑幽深，植被繁茂等特点。

（2）石英砂岩峰林地貌的构成：石英砂岩峰林地貌主要由方山、台地、峰墙、峰丛、峰林、石门、天生桥及峡谷、嶂谷等构成。

（3）中国著名的石英砂岩峰林地貌景观分布：中国著名的石英砂岩峰林地貌景

观非湖南武陵源风景名胜区莫属，其石英砂岩峰林均属国内外罕见，千姿百态的石峰、石柱等在云海的映衬下，绚丽多姿、神采焕发。

6. 冰川地貌景观

冰川地貌是由冰川侵蚀和堆积形成的地貌景观。冰川地貌常常呈现出冰川谷地、冰碛丘等特点。

7. 荒漠地貌景观

荒漠地貌是由于风化侵蚀作用在干旱地区形成的地貌景观。雅丹地貌和沙漠、戈壁地貌是荒漠地貌的典型代表。

（1）雅丹地貌：雅丹地貌是由于风化、水侵蚀在流沙地区形成的，呈现出奇特的石柱、石林等景象。

（2）沙漠、戈壁景观：沙漠、戈壁地貌常常由于风化、水侵蚀和风沙作用而形成，呈现出广袤的沙丘、戈壁滩等景观。

8. 海岸地貌景观

海岸地貌是由海水侵蚀、波浪作用在海岸地区形成的地貌景观。

（1）海积沙滩海岸景观：海积沙滩是海浪冲积而成，呈现出宽广的沙滩景观。

（2）海蚀地貌景观：海蚀地貌是海水侵蚀形成的，常常形成峡湾、海蚀洞穴等特点。

（3）生物海岸景观：生物海岸是由于生物作用在海岸地区形成的，如珊瑚礁景观。

（二）中国旅游名山简介

中国以其壮丽的山脉和丰富的地貌景观而闻名于世。这些山脉不仅是地质地貌的珍贵产物，更承载了深厚的文化底蕴。以下将为您介绍中国的旅游名山：

1. 五岳

五岳分布在我国东南、西北、中南等不同地区，是中国古代封建社会中的重要文化象征。

（1）东岳——泰山

东岳泰山，简称泰山，位于中国山东省泰安市境内，是中国五岳之首，也是中国著名的名山之一。泰山以其雄伟的山势、悠久的历史和丰富的文化内涵而著名，被誉为"五岳之首，天下之尊"。

地理特点：

泰山位于山东省中部，其主峰玉皇顶海拔1545米，虽然相对于全球而言并不是最高的山峰，但由于其独特的地势和文化价值，使得泰山在中国历史和文化中具有特殊地位。

历史与文化：

历史悠久：泰山的历史可以追溯至远古时代，早在商朝时期就有人登临泰山朝拜。其历史上被称为"东岳"，被视为五岳之首，具有重要的宗教和文化意义。

文化遗产：泰山以其历史悠久、文化深厚的特点，被联合国教科文组织列为世界文化与自然双遗产。在泰山上保存着众多的文化古迹、碑刻、庙宇等，其中最有名的要数天街和碑林。天街是一条通往山顶的石阶路，上有数千级石阶，蜿蜒而上。碑林则是保存了众多历代名人题刻的地方，反映了泰山在中国历史上的重要地位。

宗教意义：泰山自古以来就被视为道教和儒家的圣地，许多文人墨客和帝王将相都曾前来泰山朝拜。在泰山上有众多的庙宇，其中最著名的是泰山庙，是封建社会皇帝祭祀天地的地方。

景观和名胜：

玉皇顶：泰山的主峰，海拔1545米，是登临泰山的最高点，也是泰山的最高点。从这里俯瞰山下景色，视野开阔。

南天门：位于天街的终点，是登临泰山的入口，也是泰山的标志之一。

十八盘：是通往玉皇顶的主要登山路线之一，以其陡峭的阶梯而闻名。

日观峰和月观峰：这两座峰位于泰山主峰的两侧，分别是看日出和月出的最佳地点，被游客称为"看日出的第一峰"和"看月出的第一峰"。

中天门：位于泰山的中部，是通往南天门和玉皇顶的必经之路。

碑林：保存了众多历代名人题刻的地方，记录了泰山的历史和文化。

泰山以其雄伟的山势、独特的地势和丰富的文化内涵吸引着众多游客，无论是登山健身、观赏日出日落，还是领略历史文化，都使人流连忘返。它不仅是中国历史文化的瑰宝，也是人们对大自然景色和人文底蕴的敬仰之地。

（2）西岳——华山

西岳华山，简称华山，位于中国陕西省渭南市华阴市境内，是中国五岳之一，也是中国著名的名山之一。华山以其险峻的山势、壮丽的自然景观和深厚的文化底蕴而闻名于世，被誉为"奇险秀丽"的自然胜地。

地理特点：

华山位于陕西关中平原的北部，其主峰南峰海拔 2154.9 米，是中国五岳中海拔最高的山峰之一，也是华山的最高点。华山地形险峻，山势陡峭，以其"险"而闻名。

历史与文化：

历史悠久：华山的历史可以追溯至古代，早在春秋战国时期就已经成为道教和儒家文化的重要场所。其历史上被称为"西岳"，作为五岳之一，具有重要的宗教和文化意义。

文化遗产：华山是中国著名的历史文化名山，被联合国教科文组织列为世界文化与自然双遗产。在华山上保存了众多的古建筑、碑刻、雕塑等文化遗产，其中最著名的要数华山道教建筑群。

宗教意义：华山自古以来就是道教的重要圣地，被尊为"玄岳"。在华山上有众多的道观、庙宇，其中最著名的是位于南峰的华山道教建筑群，如金锁关、南天门、华山仙院等。

景观和名胜：

金锁关：金锁关位于华山的南峰，是通往华山主峰的必经之路，以险峻的山势和悬崖峭壁而著名。

南天门：南天门位于华山的南峰，是通往金锁关和主峰的必经之路，也是华山的标志之一。

玉女峰：玉女峰位于华山的西北部，以其特有的石柱景观和险峻的山势吸引着游客。

东峰：东峰位于华山的东北部，是观赏日出的好地点，每年吸引众多游客前来。

北峰：北峰位于华山的北部，以其壮观的悬崖景观和悠久的历史而著名。

西峰：西峰位于华山的西部，是华山五峰之一，也是登山者的重要目标之一。

华山以其壮丽的自然景观和深厚的文化底蕴吸引着众多游客，无论是登山健身、探访历史文化，还是领略自然美景，都是一种难忘的体验。它不仅是中国历史文化的瑰宝，也是人们对大自然景色和人文底蕴的敬仰之地。

（3）南岳——衡山

南岳衡山，简称衡山，位于中国湖南省衡阳市境内，是中国五岳之一，也是中

国著名的名山之一。衡山以其秀丽的山水景色、悠久的历史和深厚的文化内涵而著名，被誉为"南岳"。

地理特点：

衡山位于湖南省中部，其主峰祝融峰海拔1300.2米，是中国五岳中海拔较低的山峰，但衡山以其秀丽的山势和多姿多彩的景色而闻名。

历史与文化：

历史悠久：衡山的历史可以追溯至古代，早在春秋战国时期就已经成为宗教和文化的重要场所。其历史上被称为"南岳"，是五岳之一，具有重要的宗教和文化意义。

文化遗产：衡山被联合国教科文组织列为世界文化与自然双遗产，其融合了儒家、道家、佛家文化，保存了丰富的文化遗产。在衡山上有众多的庙宇、古建筑、碑刻等，其中最著名的是南岳大庙。

宗教意义：衡山自古以来就是道教和佛教的重要圣地，被尊为"南岳"。南岳大庙是衡山的主要宗教建筑，是中国著名的古建筑之一，保存了大量的文化遗产。

景观和名胜：

祝融峰：衡山的主峰，海拔1300.2米，是登临衡山的最高点，也是衡山的重要景点之一，"祝融峰之高"被誉为"南岳四绝"之首。

芙蓉峰：芙蓉峰以其秀丽的山水景色和多彩的花卉而著名，每年吸引众多游客。

金鸡岭：金鸡岭位于衡山的北面，以其陡峭的山势和壮丽的景色而著名。

南岳大庙：南岳大庙是衡山的主要宗教建筑，保存了丰富的文化遗产，是游客了解衡山历史和文化的重要地点。

仙人桥：仙人桥是一座横跨山谷的桥梁，位于衡山南面，被认为是仙人的通道。

衡山索道：为了方便游客登山，衡山修建了多条索道，使得登山变得更加便捷。

衡山以其秀丽的自然景色、悠久的历史和丰富的文化底蕴吸引着众多游客，无论是登山健身、探访历史文化，还是领略自然美景，都是一种独特的体验。它不仅是中国历史文化的瑰宝，也是人们对大自然景色和人文底蕴的敬仰之地。

(4) 中岳——嵩山

中岳嵩山，简称嵩山，位于中国河南省登封市境内，是中国五岳之一，也是中国著名的名山之一。嵩山以其壮丽的山水景色、深厚的文化底蕴和古老的历史而著名，被誉为"中岳"。

地理特点：

嵩山位于河南省西部，其主峰峻极峰海拔1492米，是中国五岳中海拔较低的山峰之一，但嵩山以其秀丽的山势、清幽的气氛和丰富的文化内涵而吸引着游客。

历史与文化：

历史悠久：嵩山的历史可以追溯至古代，早在周朝时期就已经成为文化和宗教的重要场所。其历史上被称为"中岳"，是五岳之一，具有重要的宗教和文化意义。

文化遗产：嵩山作为中国历史文化名山，被联合国教科文组织列为世界文化与自然双遗产。在嵩山上保存了众多的古建筑、碑刻、庙宇等文化遗产，其中最著名的是嵩山少林寺。

宗教意义：嵩山自古以来就是道教和佛教的重要圣地，被尊为"中岳"。嵩山少林寺是中国著名的佛教寺庙，也是世界著名的武术名胜，以其历史悠久、文化丰富而闻名。

景观和名胜：

峻极峰：嵩山的主峰，海拔1492米，是登临嵩山的最高点，也是嵩山的标志之一，从这里可以俯瞰整个嵩山景色。

少林寺：少林寺位于嵩山的南麓，是中国著名的佛教寺庙，也是世界著名的武术名胜。寺内保存了丰富的佛教文化和武术文化。

宝顶山：宝顶山位于嵩山的东部，以其险峻的山势和古老的庙宇而著名。

菩提洞：菩提洞位于嵩山少林寺内，是少林武术的发源地之一，也是佛教修行的场所。

大嵩岩：大嵩岩位于嵩山的北麓，以其巨大的岩石和古老的碑刻而著名。

水帘洞：水帘洞是嵩山景区内的一处溶洞，以其美丽的瀑布景色和清凉的气氛吸引着游客。

嵩山以其深厚的文化底蕴、秀丽的自然景色和古老的历史吸引着众多游客，无论是登山健身、探访历史文化，还是领略自然美景，都是一种独特的体验。它不仅是中国历史文化的瑰宝，也是人们对大自然景色和人文底蕴的敬仰之地。

(5) 北岳——恒山

北岳恒山，简称恒山，位于中国山西省大同市境内，是中国五岳之一，也是中

国著名的名山之一。恒山以其险峻的山势、壮丽的景色和深厚的文化底蕴而著名，被誉为"北岳"。

地理特点：

恒山位于山西省北部，其主峰天峰岭海拔2017米，是中国五岳中海拔较高的山峰之一，也是恒山的最高点。恒山地势险峻，山势陡峭，以其"险"而闻名。

历史与文化：

历史悠久：恒山的历史可以追溯至古代，早在战国时期就已经成为宗教和文化的重要场所。其历史上被称为"北岳"，是五岳之一，具有重要的宗教和文化意义。

文化遗产：恒山以其深厚的文化底蕴和丰富的历史，被联合国教科文组织列为世界文化与自然双遗产。在恒山上保存了众多的古建筑、碑刻、庙宇等文化遗产，其中最著名的要数恒山大观。

宗教意义：恒山自古以来就是道教和佛教的重要圣地，被尊为"北岳"。恒山大观是恒山的主要宗教建筑，是中国著名的古建筑之一，保存了大量的文化遗产。

景观和名胜：

天峰岭：恒山的主峰，海拔2017米，是登临恒山的最高点，也是恒山的标志之一，从这里可以俯瞰整个恒山景色。

恒山大观：恒山大观是恒山的主要宗教建筑，保存了丰富的文化遗产，是游客了解恒山历史和文化的重要地点。

玉女峰：玉女峰位于恒山的东南部，以其秀丽的景色和陡峭的山势而著名。

千佛阁：千佛阁位于恒山大观内，是古老的佛教建筑，保存了众多的佛像和碑刻。

古碑林：古碑林位于恒山大观内，保存了众多历代名人题刻的碑刻，反映了恒山的历史和文化。

韩国庙：韩国庙位于恒山的东麓，是为了纪念中国和韩国两国友谊而建的寺庙。

恒山以其险峻的山势、壮丽的景色和丰富的文化底蕴吸引着众多游客，无论是登山健身、探访历史文化，还是领略自然美景，都是一种独特的体验。它不仅是中国历史文化的瑰宝，也是人们对大自然景色和人文底蕴的敬仰之地。

2. 四大佛教名山

这些名山是佛教信仰的重要场所，也是中国传统文化的瑰宝。

(1) 五台山

五台山，位于中国山西省忻州市境内，是中国四大佛教名山之一，也是著名的宗教圣地和旅游胜地。五台山以其丰富的宗教文化、壮丽的自然景观和丰富的历史遗迹而著名。

地理特点：

五台山地处山西北部，五台山以其五座山峰而得名，包括东台、西台、南台、北台、中台，每座山都有其独特的景色和历史意义。

历史与文化：

宗教意义：五台山自古以来就是佛教的重要圣地，被尊为"北方佛国"。五台山拥有丰富的佛教文化遗产，数百座寺庙和庵堂分布其中，吸引着无数的虔诚信徒前来朝拜和修行。

历史悠久：五台山的佛教历史可以追溯至公元3世纪，经历了多个历史时期的建设和发展。其历史遗迹丰富，寺庙建筑、雕塑、碑刻等见证了千百年的沧桑变迁。

景观和名胜：

五台山风景区：五台山风景区是五台山的核心景区，包括东台寺、西台寺、南台寺、北台寺和中台寺等，这些寺庙是五台山佛教文化的代表，也是游客朝拜和观光的重要地点。

悬空寺：悬空寺位于五台山东台，以其建在悬崖上的独特建筑风格而著名，是中国著名的古建筑之一。

五塔寺：五塔寺位于五台山西台，以其五座塔楼而著名，塔楼造型各异，为五台山增添了独特的景色。

晋祠：晋祠是五台山南台的重要景点，是为了纪念晋朝文化而建的，保存了许多历史文化遗迹。

菩提院：菩提院位于五台山中台，以其古老的寺庙建筑和佛教文化而著名。

地藏殿：地藏殿位于五台山北台，是五台山的重要寺庙之一，供奉地藏菩萨。

五台山以其深厚的宗教文化、壮丽的自然景观和丰富的历史遗迹吸引着众多游客和虔诚的信徒，无论是朝拜佛教圣地、探寻历史文化，还是欣赏自然美景，都是一种独特的体验。五台山不仅是佛教信仰的重要场所，也是人们对宗教文化和历史的尊重与敬仰之地。

（2）峨眉山

峨眉山，位于中国四川省乐山市境内，是中国四大佛教名山之一，也是世界自然与文化双遗产，以其雄伟的山峰、秀丽的自然景色和深厚的佛教文化而著名。

地理特点：

峨眉山地处四川盆地和青藏高原之间，峨眉山主峰金顶海拔3099米，是中国四大佛教名山中海拔最高的，也是峨眉山的最高点。峨眉山以其险峻的山势和多样的自然景观而著名。

历史与文化：

宗教意义：峨眉山自古以来就是佛教的重要圣地，被尊为"西天第一名山"。峨眉山拥有丰富的佛教文化遗产，寺庙、庵堂、塔庙等遍布山间，形成了独特的佛教文化景观。

历史悠久：峨眉山的佛教历史可以追溯至公元1世纪，经历了多个历史时期的发展和建设。寺庙建筑、雕塑、壁画等保存了千百年的历史和文化。

景观和名胜：

金顶：峨眉山的主峰，海拔3099米，是峨眉山的最高点，也是游客登临的主要目的地。金顶有众多的寺庙和佛教文化景点，如金顶寺和千手千眼观音像等。

九天洞：九天洞是峨眉山著名的溶洞，内有众多的钟乳石和石笋，形成了幽静的地下景观。

万年寺：万年寺位于峨眉山的山脚，是峨眉山的起点，供奉普贤菩萨。

峨眉山大佛：峨眉山大佛位于山腰，是全球最大的青铜佛像之一，高达71米。

华藏寺：华藏寺是峨眉山的主要寺庙之一，保存了丰富的佛教文化遗产，寺内有千手观音像等著名雕塑。

卧佛寺：卧佛寺位于峨眉山脚，供奉卧佛菩萨，是游客朝拜和参观的重要地点。

峨眉山以其深厚的佛教文化、壮丽的自然景色和丰富的历史遗迹吸引着众多游客和虔诚的信徒，无论是朝拜佛教圣地、探寻历史文化，还是欣赏自然美景，都是一种独特的体验。峨眉山不仅是佛教信仰的重要场所，也是人们对自然与宗教文化的敬仰与追求之地。

（3）普陀山

普陀山，位于中国浙江省舟山市境内，是中国四大佛教名山之一，也是著名的佛教圣地和旅游胜地。普陀山以其美丽的海岛风光、丰富的佛教文化和深厚的历史底蕴而著名。

地理特点：

普陀山位于东海中，普陀山是一个海上山岛，由一座主岛和许多小岛屿组成，以其美丽的海滩、蔚蓝的海水和青山绿水而著名。

历史与文化：

宗教意义：普陀山自古以来就是佛教的重要圣地，被尊为"东方佛国"。普陀山寺庙众多，是中国南方佛教文化的重要中心之一，吸引着众多虔诚信徒和游客前来朝拜和修行。

历史悠久：普陀山的佛教历史可以追溯至公元4世纪，经历了多个历史时期的建设和发展。寺庙建筑、雕塑、经典等见证了千百年的沧桑变迁。

景观和名胜：

观音菩萨像：普陀山有众多的观音菩萨像，其中以观音大士金身最为著名。金身高约33.8米，是普陀山最重要的佛教文化景点之一。

法华寺：法华寺是普陀山的主要寺庙之一，保存了丰富的佛教文化遗产，是游客朝拜和修行的场所。

南海普陀：南海普陀是普陀山的主岛，以其美丽的海滩和清澈的海水吸引着众多游客。游客可以乘船前往南海普陀，欣赏海上的美景。

千岛屿：普陀山周围有许多小岛屿，组成了壮观的海岛风光，每个岛屿都有其独特的景色和特色。

普陀山风景区：普陀山风景区包括了许多寺庙和文化景点，如南海普陀、法华寺、观音菩萨像等，是游客了解普陀山文化和历史的重要地点。

普陀山以其美丽的海岛风光、丰富的佛教文化和深厚的历史底蕴吸引着众多游客和虔诚的信徒，无论是朝拜佛教圣地、感受海岛度假，还是体验宗教文化，都是一种独特的体验。普陀山不仅是佛教信仰的重要场所，也是人们对自然与宗教文化的敬仰与追求之地。

（4）九华山

九华山，位于中国江西省庐山市境内，是中国四大佛教名山之一，也是著名的宗教圣地和旅游胜地。九华山以其秀丽的自然景色、丰富的佛教文化和古老的历史

遗迹而著名。

地理特点：

九华山地处江西省东北部，九华山主峰十王峰海拔1342米，是中国四大佛教名山中海拔较低的，但其独特的山势和景色仍然吸引着众多游客。

历史与文化：

宗教意义：九华山自古以来就是佛教的重要圣地，被尊为"中天第一名山"。九华山拥有丰富的佛教文化遗产，寺庙、塔庙、庵堂等遍布山间，形成了独特的佛教文化景观。

历史悠久：九华山的佛教历史可以追溯至公元4世纪，经历了多个历史时期的建设和发展。寺庙建筑、雕塑、经典等见证了千百年的历史和文化。

景观和名胜：

十王峰：九华山的主峰，海拔1342米，是游客登临的主要目的地。十王峰是九华山最高的山峰，也是九华山的标志之一。

大乘法宝寺：大乘法宝寺是九华山的主要寺庙之一，保存了丰富的佛教文化遗产，寺内有众多的佛像和雕塑。

千佛殿：千佛殿位于九华山的主要景点区，内有许多的佛像和壁画，是游客了解佛教文化的重要地点。

文殊阁：文殊阁供奉文殊菩萨，是九华山的重要寺庙之一，保存了许多的文化遗产。

慧苑寺：慧苑寺是九华山的古老寺庙之一，供奉着普贤菩萨，也是佛教文化的代表。

九华山以其秀丽的自然景色、丰富的佛教文化和古老的历史遗迹吸引着众多游客和虔诚的信徒，无论是朝拜佛教圣地、探寻历史文化，还是欣赏山水之美，都是一种独特的体验。九华山不仅是佛教信仰的重要场所，也是人们对自然与宗教文化的敬仰与追求之地。

二、水体旅游景观概述

（一）江河景观

江河景观是自然地理景观的一种，通常指河流及其周边环境所呈现出的各种景观特征，包括河流的水体、河岸的地貌、植被、动物生态等。中国作为一个地域广阔、地形多样的国家，拥有众多著名的江河景观，下面将简要介绍一些著名的中国江河景观：

1. 长江

长江，中国最长的河流，被誉为"中国母亲河"和"亚洲之江"，是中国乃至世界上重要的江河景观之一。它不仅拥有雄伟壮观的自然景色，还承载了中国丰富的历史、文化和经济活动。

地理位置：长江发源于青藏高原的唐古拉山脉，流经中国西南部，穿越西部、中部、东部地区，最终注入东海。其全长约6300公里，是世界上第三长的河流，仅次于尼罗河和亚马孙河。

自然景观：长江流经多个地形地貌类型，包括高山、平原、峡谷等。在长江三峡地区，景色壮美，峡谷纵深，瀑布、奇石、悬崖等景观令人叹为观止。长江还流经巨大的洪泽湖、鄱阳湖等湖泊，形成了宽阔的水域景观。另外，长江流域的大部分地区属于亚热带季风气候，气候温和，植被丰富。

历史文化：长江流域是中国古代文明的发源地之一，有着丰富的历史和文化底蕴。沿江地区有众多古代遗址、文化名城，如荆州、武汉、南京、上海等，见证了中国几千年的历史。长江也是文人雅士赞美的题材，许多古代诗词歌赋中都有长江的身影。

经济作用：长江流域是中国重要的农业、工业和经济中心，沿江地区发达，有着丰富的资源。长江还是中国内河水路的重要组成部分，上游的长江三峡大坝更是世界上最大的水利工程之一，为电力供应和防洪提供了重要保障。

长江江河景观凝聚了中国自然、历史和文化的精华，是国内外游客探索中国多样风貌的绝佳目的地。无论是欣赏自然美景还是体验文化魅力，长江都能带给人们深刻的感受。

2. 黄河

黄河，又称为中国母亲河，是中国第二长的河流，承载着丰富的历史文化和自然景观，对中国的经济和社会发展起着重要作用。以下是黄河江河景观的简要介绍：

地理位置：黄河发源于青海省巴颜喀拉山，流经九个省区，最终注入渤海。它全长约5464公里，流域面积广阔，涵盖了中国的西北、华北和东北地区。

黄河壶口瀑布：位于河南省焦作市境内，是黄河上游的一处壮丽瀑布景观。黄河从这里经过，水流奔腾，冲击着巨大的岩石，形成了水雾飞扬、声势磅礴的瀑布景象。

河岸景观：黄河流经不同地域，形成了多样的河岸景观。在上游地区，黄河穿越了青藏高原，流经峡谷、高山草甸等景观；在中游地区，黄河流经黄土高原，形成了奇特的黄土崖壁；在下游地区，黄河经过平原地带，河水平稳，水域广阔。

历史文化：黄河流域是中国古代文明的发源地之一，有着丰富的历史文化遗产。黄河流域有许多古代遗址、古城镇，如大禹故里龙门、古代都城西安等，见证了中国几千年的历史发展。

经济作用：黄河流域是中国重要的农业生产区，为中国提供了丰富的粮食资源。此外，黄河还是工业和水利发展的重要支撑，有许多水库、水利工程用于水资源调节、灌溉和发电。

环境挑战：由于黄河流域的人口密集、水资源短缺，长期以来存在水土流失、水污染等环境问题。国家采取了一系列的保护和治理措施，以改善黄河流域的生态环境。

黄河是中国的重要自然和文化景观，它的壮丽风景和丰富历史使其成为吸引游客和研究者的目的地。无论是感受自然之美还是探寻中国文明的源头，黄河都有着独特的魅力。

3. 松花江

松花江，位于中国东北地区，是中国主要的内陆河流之一，它流经黑龙江省、吉林省和辽宁省，拥有丰富多样的自然景观和文化遗产。以下是松花江江河景观的简要介绍：

地理位置：松花江发源于吉林省的长白山脉，流经黑龙江省，最终汇入黑龙江。其全长约1840公里，流域面积广阔，涵盖了中国东北的广大地区。

自然景观：松花江流域地貌多样，上游地区山脉起伏，中游地区是平原和山丘，下游地区则形成了宽阔的河口平原。松花江周围环境优美，河水清澈，两岸植被茂盛，湖泊、湿地等景观丰富多样。

河岸景观：松花江两岸分布着大片的森林、湿地和农田，形成了独特的自然景色。河岸地区还有一些历史古迹和风景名胜，如位于吉林省的哈尔滨等城市，都有着丰富的文化底蕴。

历史文化：松花江流域是中国少数民族聚居区，包括鄂温克族、赫哲族等。这里有着浓厚的少数民族文化，如独特的传统服饰、音乐、舞蹈等。同时，流域内还有许多历史遗迹和民俗村落，见证了这片土地的丰富历史。

经济作用：松花江流域是中国重要的农业和工业区，也是黑龙江省的主要经济支柱。河流水资源丰富，为当地农田灌溉和水产养殖提供了条件。

环境保护：由于人类活动和环境污染的影响，松花江流域也面临一些环境挑战，如水污染和水土流失等。政府和社会各界采取了一系列措施，以保护和恢复松花江流域的生态环境。

松花江江河景观融合了自然美景和人文文化，为游客提供了独特的体验。不仅可以欣赏其优美的自然景色，还可以感受到这片土地丰富的历史和多元的文化。

4. 珠江

珠江，是中国南方的一条重要河流，流经广东、广西、湖南等地，被誉为"珠江母亲"和"南国之母"，拥有丰富多彩的自然景观和文化底蕴。以下是珠江江河景观的简要介绍：

地理位置：珠江发源于云贵高原乌蒙山系马雄山，流经广东、广西、湖南等多个省份，最终注入南海。其全长约2320公里，流域面积广大，涵盖了中国南方的广大地区。

三角洲景观：珠江三角洲地区是中国最繁荣的地区之一，包括广州、深圳、珠海等城市。这里的珠江水网密布，河水清澈，同时也有独特的珠江三角洲湿地生态景观。

岛屿风光：珠江流域有众多大小岛屿，如广州市的荔湾区陈家祠岛、中山市的中山岛等。这些岛屿以独特的自然风光和人文景观吸引着游客前来探访。

历史文化：珠江流域有着丰富的历史文化遗产，广州是中国重要的历史名城之一，有着众多古代建筑和文化遗迹。而广府文化、岭南民俗等都是这片土地上独具特色的文化。

美食文化：珠江流域以其丰富多样的美食文化而闻名，广东菜、粤菜被誉为中国八大菜系之一，珠江流域的美食包括了各种鲜美的海鲜、烧腊等。

经济作用：珠江流域是中国南方重要的经济中心，广东省为中国的经济先行区之一。这里的经济发展和开放带来了繁荣，也造就了众多的商业中心和现代化城市。

环境保护：尽管经济发展迅速，珠江流域也面临一些环境挑战，如水污染、水资源紧缺等。政府和社会各界正致力于推动环境保护和可持续发展。

珠江江河景观凝聚了自然、历史和文化的魅力，是中国南方一个不可错过的旅游和探索目的地。无论是欣赏水上风光还是体验城市生活，都能在珠江的怀抱中找到自己喜欢的体验。

5. 淮河

淮河，位于中国东部，是中国重要的内陆河流之一，流经安徽、河南、江苏等地，拥有丰富的自然景观和人文历史。以下是淮河江河景观的简要介绍：

地理位置：淮河发源于河南省南阳市桐柏山区，流经安徽、河南、江苏、湖北四省，干流在江苏、扬州三江营入长江。其全长约1000公里，流域面积广阔，影响了中国华东地区的发展。

平原景观：淮河流域主要是华北平原和江淮平原，地势平坦，有丰富的农田和水网。这里的景色以稻田、湖泊和河流交织成的田园风光为主。

历史遗产：淮河流域历史悠久，有着丰富的文化遗产。如安徽的黄山、徽州古城，河南的古都开封等，都有着丰富的历史和文化底蕴。

水利工程：由于淮河流域容易发生洪涝灾害，古代和现代都有大量的水利工程进行防洪治理。如清代的扬州瘦西湖、现代的淮河干流防洪工程等。

经济作用：淮河流域是中国重要的农业生产区，以稻米和小麦等主要粮食作物为主。同时，这里也是工业基地，有着一些重要的工业城市。

环境挑战：由于农业和工业活动的影响，淮河流域也面临一些环境问题，如水污染、水土流失等。政府和社会各界在推动环境保护方面付出了努力。

淮河江河景观虽然相对于其他江河可能不够壮丽，但其平静的水流、丰富的农田和古老的文化使其拥有独特的魅力。无论是感受乡村田园风光还是领略古代文化，淮河都为游客提供了一个亲近自然与历史的机会。

6. 嘉陵江

嘉陵江，是中国西南地区的一条重要河流，流经四川省，拥有丰富多彩的自然景观和人文遗产。以下是嘉陵江江河景观的简要介绍：

地理位置：嘉陵江发源于四川省的秦岭葛仙山，流经四川省多个地区，最终注入长江。其全长约 1119 公里，流域面积广大，涵盖了中国西南的广阔地区。

高山峡谷景观：嘉陵江上游地区地势较陡峭，形成了壮丽的高山峡谷景观。如嘉陵江大峡谷，是中国南方著名的峡谷之一，有着险峻的山峦和清澈的江水。

平原景观：嘉陵江流经四川盆地的下游地区，形成了平原和湖泊景观。这里的土地肥沃，农田丰收，有着独特的农村风光。

历史文化：嘉陵江流域有着丰富的历史文化，如成都作为四川省会，有着众多古代建筑、历史遗迹和文化景点。四川是中国少数民族聚居地区，有着多元的民族文化。

川菜文化：嘉陵江流域是川菜的发源地，四川菜被誉为中国八大菜系之一，以麻辣、鲜香而闻名。在这里，可以品尝到地道的四川美食。

自然保护：嘉陵江流域有许多自然保护区和风景名胜区，保护了丰富的生态资源。如四川大熊猫自然保护区，是中国大熊猫的重要栖息地。

嘉陵江江河景观融合了高山峡谷和平原田园的美景，同时又富有浓厚的历史文化底蕴。无论是欣赏壮丽的自然景色还是感受多元的文化体验，嘉陵江都为游客提供了丰富的选择。

7. 黑龙江

黑龙江，是中国东北地区的一条重要河流，流经黑龙江、吉林等省区，拥有壮美的自然景观和丰富的文化遗产。以下是黑龙江江河景观的简要介绍：

地理位置：黑龙江发源于蒙古国境内，流经黑龙江、吉林等省区，最终注入松花江。其全长约 4440 公里，是中国最长的河流之一，涵盖了东北地区广大的土地。

边界河流：黑龙江在很大程度上构成了中国与俄罗斯的国界，形成了中国东北和俄罗斯远东的自然分界线。

壮美景观：黑龙江上游地区有着壮美的高山峡谷景观，如黑龙江大峡谷，以险峻的山峦和清澈的江水吸引着游客。

冰雪文化：黑龙江流域是中国重要的冰雪产区，冬季有着漫长的冰封期，形成了独特的冰雪文化。黑龙江流域举办的冰雪节等活动吸引了大量的游客。

历史文化：黑龙江流域有着丰富的历史文化遗产，如黑龙江边上的哈尔滨市是中国东北的重要城市之一，有着欧式建筑和丰富的文化景点。

民族文化：黑龙江流域是多民族聚居区，包括汉族、满族、鄂伦春族、赫哲族

等，有着丰富多样的民族文化。

经济作用：黑龙江流域是中国东北地区重要的农业、工业和交通中心，这里的黑龙江是重要的水运通道，促进了当地的经济发展。

黑龙江江河景观既有自然之美，又融合了丰富的历史和文化。从壮美的峡谷到冰雪的奇观，从多元的民族文化到历史遗迹，黑龙江为游客提供了一个多样性的旅游目的地。

8. 东江

东江，位于中国广东省，是广东重要的河流之一，流经广东省多个地区，拥有丰富的自然景观和人文遗产。以下是东江江河景观的简要介绍：

地理位置：东江发源于江西省赣州市安远县三百山，流经广东省的梅州、惠州、河源等地，最终注入南海。其全长约562公里，流域面积广大，涵盖了广东省的广阔区域。

山水风光：东江流域地势较陡，形成了壮丽的山水景观。如九连山风景区，有着秀丽的峡谷、瀑布和森林，是著名的自然风景区之一。

历史文化：东江流域有着丰富的历史文化，如梅州市作为历史悠久的文化城市，拥有众多古建筑、古镇等。

特色产业：东江流域以农业为主要产业，有着丰富的农产品资源，如梅州是广东重要的茶叶产区之一，以及水果、蔬菜等。

民俗文化：东江流域是多民族聚居区，包括汉族、客家族等。客家文化在东江流域尤为显著，有着独特的客家民俗和建筑风格。

美食文化：东江地区以其特色的客家美食而著名，如客家菜系，以及梅州砂锅粥、肠粉等，吸引了许多美食爱好者。

环境保护：东江流域也面临一些环境挑战，如水污染、生态破坏等问题。政府和社会各界正在努力推动环境保护和可持续发展。

东江江河景观展现了广东自然风光和人文特色，无论是欣赏山水之美还是体验多元的文化，东江都为游客提供了一个独特的旅游体验。

9. 澜沧江

澜沧江，又称澜沧江，是中国西南地区的一条重要河流，发源于青藏高原，流经云南、缅甸等地，拥有雄伟的自然景观和丰富的生态资源。以下是澜沧江江河景观的简要介绍：

地理位置：澜沧江发源于青海省唐古拉山东北部，流经云南省、缅甸，最终注入南海。其全长约4880公里，流域面积广阔，涵盖了中国西南地区和缅甸等国家。

高山峡谷景观：澜沧江上游地区地势陡峭，形成了雄伟的高山峡谷景观。如澜沧江大峡谷，被誉为"天路第一峡"，有着壮观的峡谷地貌。

滇池湖泊：澜沧江在云南省境内形成了滇池，是中国最大的高原淡水湖泊之一，以其美丽的湖光山色吸引了众多游客。

生态多样性：澜沧江流域地域广泛，拥有丰富的生态资源，包括热带雨林、高山草甸等生态类型，是生物多样性的重要保护区。

民族文化：澜沧江流域是多民族聚居区，包括彝族、傣族等。不同民族的文化和风俗在这里交融，形成了独特的文化景观。

茶马古道：澜沧江流域曾是古代茶马古道的重要组成部分，连接着中国内陆和南亚地区，这段历史为这里增添了丰富的历史色彩。

环境保护：由于澜沧江流域丰富的生态资源，环境保护尤为重要。政府和社会各界在推动生态文明建设方面付出了努力。

澜沧江江河景观展示了西南地区的雄伟壮美和多样的生态环境。无论是欣赏高山峡谷的壮丽还是体验多元的民族文化，澜沧江都为游客提供了一个充满探索和惊喜的旅游目的地。

10. 雅鲁藏布江

雅鲁藏布江，又称雅鲁藏布江，是中国西南地区的一条重要河流，流经西藏、印度等地，拥有雄伟的自然景观和深厚的文化底蕴。以下是雅鲁藏布江江河景观的简要介绍：

地理位置：雅鲁藏布江发源于青藏高原，流经西藏、印度等地，最终注入孟加拉湾。其全长约2104公里，是中国西南地区的重要河流之一，涵盖了广阔的领土。

高原河流：雅鲁藏布江是世界上海拔最高的大河之一，其上游区域地势高原丘陵，形成了独特的高原河流景观。

峡谷景观：雅鲁藏布江下游形成了雄伟壮观的雅鲁藏布江大峡谷，是世界上最深的峡谷之一，地质景观极为独特。

文化遗产：雅鲁藏布江流域有着悠久的文化历史，西藏作为佛教的中心之一，

拥有众多的寺庙、古迹和文化景点。

独特的生态系统：雅鲁藏布江流域有着丰富多样的生态系统，包括高原草甸、湖泊、湿地等。其中，雅鲁藏布江大峡谷的生态环境尤为引人注目。

神秘的长藏公路：雅鲁藏布江上有着中国最危险的公路之一，长藏公路，连接了西藏的拉萨和印度的兰卡，成为旅行者勇气和冒险的象征。

独特的民族文化：雅鲁藏布江流域有着多民族聚居，包括藏族、印度的民族等，形成了独特的民族文化和风俗。

雅鲁藏布江江河景观汇集了高原的壮丽和文化的深厚。无论是欣赏大峡谷的壮观还是体验独特的民族文化，雅鲁藏布江都为游客提供了一个神秘而令人难忘的旅游体验。

（二）湖泊景观

中国拥有众多著名的湖泊景观，每个湖泊都有独特的自然风光和人文魅力。以下是一些中国著名的湖泊景观：

1. 西湖

西湖，位于中国浙江省杭州市，是杭州市区的核心景区，是中国重要的自然和人文胜地之一，是中国乃至世界闻名的风景名胜区之一，以其秀美的湖光山色、古典的园林和悠久的历史而闻名遐迩。西湖被誉为"人间天堂"，有着秀美的湖光山色。湖泊面积广阔，湖水碧绿清澈，四季变幻的风景为游客带来不同的体验。

三潭印月：西湖最著名的景点之一，是三个相连的小湖泊，因其形状像"印章"而得名。三潭印月以其宁静的水面和周围的花草树木营造出一幅如诗如画的景象。

苏堤、白堤：苏堤和白堤是西湖两条著名的堤岸，以其精美的园林和悠久的历史而闻名。沿途可以欣赏到湖景、桥梁和古建筑。

雷峰塔：是西湖著名的古塔，高约41米，始建于北宋时期，是杭州著名的历史古迹之一。

龙井茶园：西湖周边的龙井茶园以产茶而闻名，这里种植的龙井茶是中国著名的绿茶之一，游客可以欣赏到茶园的美景和参与采茶体验。

世界文化遗产：西湖是联合国教科文组织认定的世界文化遗产，被誉为"世界文化遗产之精华"。

文人墨客：西湖在历史上吸引了许多文人墨客，他们在这里留下了许多诗词、文章和画作，增添了西湖的文化底蕴。

千岛湖：西湖的一部分，是由堤坝分隔而成的众多小湖泊，形成了千岛湖风景区，以其独特的湖光山色和千岛奇景而闻名。

西湖音乐喷泉：西湖音乐喷泉是近年来兴起的一项夜间景观，以灯光、音乐和喷泉相结合，营造出绚丽的视听盛宴。

西湖湖泊景观以其秀美的自然风光、古典的园林和文化传承，成为中国乃至世界的旅游胜地，吸引着数百万游客前来欣赏其美丽和魅力。

2. 洞庭湖

洞庭湖，位于中国湖南省，被誉为"江南水乡的明珠"，是中国最大的内陆淡水湖之一，以其广袤的湖面和独特的湖光山色而闻名。以下是洞庭湖湖泊景观的简要介绍：

湖泊面积：洞庭湖是中国最大的内陆淡水湖之一，湖泊面积约2820平方千米，湖泊周长约405千米。

湖光山色：洞庭湖的湖光山色秀美迷人，湖水碧绿清澈，湖岸两侧山峦起伏，构成了典型的江南水乡风景。

傍晚渔火：洞庭湖的傍晚渔火是一道独特的景观，成千上万的渔船在湖面上点亮了渔火，映照出美丽的夜景。

湿地生态：洞庭湖及其周边地区是重要的湿地生态区，拥有丰富的湿地生态资源，吸引了众多候鸟和野生动植物。

洞庭湖大桥：洞庭湖大桥是连接湖南省与江苏省的重要桥梁，也是欣赏洞庭湖美景的好地点。

岳阳楼：位于洞庭湖边的岳阳楼是中国古代名楼之一，建于唐代，是欣赏洞庭湖全景的最佳地点之一。

历史文化：洞庭湖流域有着悠久的历史文化，孙中山、毛泽东等革命先驱曾在此地活动。

湿地保护：为了保护洞庭湖的生态环境，湖南省设立了洞庭湖湿地国家级自然保护区，保护了湿地生态和野生动植物。

洞庭湖湖泊景观以其广袤的湖面、秀美的湖光山色和丰富的生态资源而吸引了

众多游客。无论是欣赏湖光山色还是体验湿地生态，洞庭湖都为游客带来了独特的自然体验。

3. 太湖

太湖，位于中国江苏省苏州市和无锡市之间，是中国面积第三大的淡水湖，以其广阔的湖面、美丽的湖光山色和丰富的文化历史而著名。以下是太湖湖泊景观的简要介绍：

地理位置：太湖位于中国江苏省和浙江省交界处，紧邻上海，是杭州湾的一部分。

湖泊面积：太湖的湖泊面积约为2250平方千米，是中国南方最大的淡水湖。

湖光山色：太湖以其广阔的湖面和秀美的湖光山色而闻名。湖水碧绿清澈，湖边山峦起伏，构成了典型的江南水乡风景。

三山五园：太湖周边有着丰富的人文景观，如金山、东山、西山等三山，以及蠡园、怡园、嘉园、惠园、田园等五园，融合了古典园林的美感。

太湖大堤：太湖大堤是太湖岸线上的重要景点之一，沿堤可以欣赏湖光山色，感受太湖的美丽。

鼋头渚：鼋头渚是太湖上的一个大岛，以其秀美的自然风景和人文景点而吸引了众多游客。

太湖渔船：太湖的渔船文化也是一道独特的景观，太湖渔船以其独特的造型和功能在湖面上航行。

茶文化：太湖周边地区是中国著名的茶叶产区之一，如龙井茶、太湖碧螺春等都以其独特的茶文化吸引游客。

历史文化：太湖流域有着悠久的历史文化，如吴越文化、水乡文化等，体现在建筑、乡村风情中。

水上活动：太湖也是水上活动的好去处，如划船、钓鱼等，游客可以在湖上尽情享受水上娱乐。

太湖湖泊景观以其广阔的湖面、秀美的湖光山色和丰富的人文风情而吸引了众多游客。无论是欣赏湖光山色还是体验湖畔文化，太湖都为游客带来了丰富的旅游体验。

4. 滇池

滇池，位于中国云南省昆明市，是中国南方著名的高原淡水湖，以其秀美的自然景色、丰富的生态资源和悠久的历史文化而受到游客的喜爱。以下是滇池湖泊景观的简要介绍：

地理位置：滇池位于中国云南省昆明市，是昆明市区内的一片天然淡水湖泊，是中国最大的高原湖泊之一。

湖泊面积：滇池的湖泊面积约为297平方千米，湖岸线长约172.9千米。

高原特色：由于位于高原地区，滇池具有独特的高原湖泊特色，湖水清澈见底，蓝天、白云、绿水交相辉映。

莲花池：滇池内的莲花池是著名的景点，这里有着成片的荷花，夏季时花开如海，引来众多游客欣赏。

西山：滇池西侧的西山是昆明的标志性山脉，这里有着美丽的自然风景和寺庙，是游客爬山、观景的好去处。

滇池湿地：滇池周边有着丰富的湿地资源，是众多候鸟的栖息地，也是生态研究的重要地点。

历史文化：滇池拥有悠久的历史文化，昆明曾被誉为"滇池之春"，滇池畔有许多历史古迹和传统建筑。

滇池之夜：滇池之夜是夜晚游览滇池的一个特色活动，游客可以在湖边欣赏到夜晚的美景和灯光秀。

水上活动：滇池是水上运动的好地方，游客可以划船、游泳、钓鱼等，体验湖泊的乐趣。

保护与治理：由于长期的水污染和环境问题，滇池的保护和治理工作备受关注，努力恢复湖泊的生态平衡。

滇池湖泊景观以其高原特色、蓝天白云的湖景和丰富的自然文化而吸引了众多游客。不仅可以欣赏湖光山色，还可以体验高原湖泊的独特魅力。

5．鄱阳湖

鄱阳湖位于中国江西省中部，是中国最大的淡水湖，以其广阔的湖泊面积、丰富的生态资源和独特的文化历史而著名。以下是鄱阳湖湖泊景观的简要介绍：

地理位置：鄱阳湖位于中国江西省中部，涵盖了江西省的一部分地区，距离南昌市不远。

湖泊面积：鄱阳湖的湖泊面积约为3583平方千米，是中国最大的淡水湖。

鸟类天堂：鄱阳湖是世界重要湿地之一，湖区有着丰富的湿地生态资源，是众

多候鸟的栖息地和迁徙站。

渔船文化：鄱阳湖上有着丰富的渔船文化，湖面上的渔船是湖区特有的景观，体现了当地的生活方式。

大别山：鄱阳湖的北岸与大别山相邻，大别山是中国的重要山脉，也是红色旅游的重要地点。

龙虾节：鄱阳湖的龙虾节是当地的重要节庆活动，吸引了众多游客前来品尝鄱阳湖特产。

历史文化：鄱阳湖流域有着丰富的历史文化，是古代农耕文化的重要发源地，也有着悠久的渔耕文化。

湖中岛屿：鄱阳湖湖区有着许多小岛，如八公山、石头山等，这些岛屿成为游客探索的目的地。

水上活动：鄱阳湖是水上活动的好地方，游客可以划船、钓鱼、观鸟等，体验湖泊的自然乐趣。

保护与治理：由于长期的水污染和环境问题，鄱阳湖的保护和治理工作不断加强，努力恢复湖泊的生态平衡。

鄱阳湖湖泊景观以其湿地生态、渔船文化和丰富的历史文化而吸引了众多游客。无论是欣赏自然景色还是体验当地文化，都能在鄱阳湖找到独特的旅游体验。

6. 青海湖

青海湖，位于中国青海省东北部，是中国最大的咸水湖，也是中国最大的高原湖泊，以其壮丽的自然景色、高原特色和丰富的生态资源而受到游客的喜爱。以下是青海湖湖泊景观的简要介绍：

地理位置：青海湖位于中国青海省，地处青藏高原东北部，是中国三大盐水湖之一。

湖泊面积：青海湖的湖泊面积约为4500平方千米，是中国最大的咸水湖。

高原特色：位于高原地区的青海湖具有独特的高原湖泊特色，湖泊面积广阔，湖水碧蓝清澈。

鸟类天堂：青海湖是世界重要湿地之一，也是鸟类天堂，是许多候鸟的迁徙站和栖息地。

湖中岛屿：青海湖湖泊内有着数个岛屿，如海螺岛、小海螺岛等，这些岛屿成为游客探索的目的地。

茶卡盐湖：茶卡盐湖位于青海湖湖区，是中国最大的盐湖之一，湖区的盐田和湖水的交融形成了美丽的景观。

环湖旅游道路：青海湖周围有一条环湖旅游道路，沿途可以欣赏湖光山色，领略高原风光。

藏族文化：青海湖地区是藏族文化的重要发源地，游客可以感受到浓厚的藏族风情。

保护与治理：由于长期的人类活动和环境问题，青海湖的保护和治理工作备受关注，努力维护湖泊的生态平衡。

历史遗迹：青海湖湖区也有着古老的历史遗迹，如千年历史的湟源古城等。

青海湖湖泊景观以其高原风光、丰富的生态资源和特色文化而吸引了众多游客。无论是欣赏湖光山色还是感受高原文化，青海湖都为游客带来了独特的旅游体验。

7. 纳木错

纳木错，位于中国西藏自治区那曲地区，是中国最大的高原咸水湖，也是世界上海拔最高的大型湖泊，以其神秘的湖光山色和独特的高原风情而受到游客的热爱。以下是纳木错湖泊景观的简要介绍：

地理位置：纳木错位于中国西藏自治区那曲地区，靠近中国与尼泊尔边境，位于喜马拉雅山脉的东南边缘。

湖泊面积：纳木错的湖泊面积约为1920平方千米，是中国第三大的咸水湖。

高原特色：由于位于高原地区，纳木错湖具有独特的高原湖泊特色，湖水清澈见底，蓝天、白云、绿水交相辉映。

神秘色彩：纳木错以其神秘的湖光山色而闻名，湖水在阳光照射下呈现出不同的颜色，给人一种幽幻的感觉。

朝圣之地：纳木错在藏传佛教中具有重要地位，被认为是朝圣之地，湖畔有许多寺庙和供奉的经幡。

徒步和露营：纳木错湖周围有着丰富的徒步和露营的机会，游客可以沿湖边徒步，或者在湖畔露营，感受大自然的静谧。

摄影圣地：纳木错的湖光山色是摄影爱好者的天堂，无论是日出、日落还是星空，都能捕捉到壮美的瞬间。

保护与治理：由于长期的人类活动和环境问题，纳木错的保护和治理工作备受关注，努力维护湖泊的生态平衡。

高原生态：纳木错湖泊周围的生态系统丰富多样，有着高原特有的植被和动物。

纳木错湖泊景观以其神秘的色彩、高原特色和丰富的生态资源而吸引了众多游客，是探索西藏高原自然和文化的绝佳之地。

（三）泉

中国地域辽阔，拥有众多著名的泉水。以下是一些在中国著名的泉水：

1. 鼎湖泉

鼎湖泉位于中国广东省肇庆市鼎湖区，是广东省著名的自然景观和旅游胜地之一。以下是关于鼎湖泉的详细介绍：

地理位置：鼎湖泉位于广东省肇庆市鼎湖区，距离广州市约200公里，是肇庆市的著名景点之一。

泉水特点：鼎湖泉以其清澈如喷泉般的泉水而闻名，水质纯净，常年涌出。泉水从山体裂隙中涌出，呈现出瞬息万变的景象，有时形如鼎立，有时如飞瀑流泉，美不胜收。

景点分布：鼎湖泉景区包括东湖、西湖、南湖和北湖四个湖泊，湖泊之间通过溪流相连。景区内有许多独特的景点，如东湖的"飞虹泉"、西湖的"龙瀑飞泉"、南湖的"银沙飞瀑"等，每个景点都有其独特的泉水景观。

文化底蕴：鼎湖泉在中国历史上有着悠久的历史和文化底蕴。根据传说，明代文学家辛弃疾曾为鼎湖泉题写"天下第一泉"的赞美诗，赞美其水质之纯净。鼎湖泉还被列为清朝乾隆皇帝"南巡六十四胜地"之一。

旅游活动：游客可以在鼎湖泉景区欣赏泉水景观，还可以参加划船、游览、品尝当地特色美食等多样的旅游活动。

保护和发展：鼎湖泉作为国家AAAAA级旅游景区，受到了广泛的关注和保护。当地政府积极采取措施，保护鼎湖泉的生态环境，促进旅游业的可持续发展。

鼎湖泉以其独特的泉水景观和丰富的历史文化吸引了大量的游客前来参观，成为广东省乃至中国南方一处备受瞩目的旅游胜地。

2. 岳阳楼泉

岳阳楼泉位于中国湖南省岳阳市岳阳楼旅游景区内，是中国著名的泉水景观之一。以下是有关岳阳楼泉的详细介绍：

地理位置：岳阳楼泉位于岳阳楼旅游景区内，位于洞庭湖畔，岳阳市中心区域。

泉水特点：岳阳楼泉水是岳阳楼的一大特色，其泉水清澈凉爽，长年不断。泉水涌出后，流入洞庭湖，使湖水清澈。

景点分布：岳阳楼泉水以其清澈的水质和优美的景色而著名。游客可以在登上岳阳楼的同时，饱览洞庭湖的美景，同时也可以欣赏到泉水涌出的景象。

历史文化：岳阳楼泉水与岳阳楼的历史文化紧密相连。岳阳楼是中国古代文学家范仲淹的故居，其名句"先天下之忧而忧，后天下之乐而乐"广为传颂。登上岳阳楼，不仅可以饱览湖光山色，还可以感受文化底蕴。

旅游活动：游客可以在岳阳楼旅游景区内欣赏泉水景观，登上岳阳楼俯瞰洞庭湖美景。此外，景区还有岳阳楼文化广场、范仲淹纪念馆等相关景点，丰富了游客的旅游体验。

保护和发展：岳阳楼泉作为中国文化和旅游的重要资源之一，受到了当地政府的重视和保护。通过合理规划和管理，保护泉水环境，使其能够持续为游客提供美丽的景观。

岳阳楼泉水不仅是自然景观，更是中华文化的一部分，吸引着游客前来欣赏和体验。

3. 马蹄泉

马蹄泉位于中国陕西省西安市临潼区，是一处著名的泉水景观。以下是有关马蹄泉的详细介绍：

地理位置：马蹄泉位于陕西省西安市临潼区，距离西安市中心约40公里，是临潼兵马俑旅游区的一部分。

泉水特点：马蹄泉以其特殊的形状和清澈的泉水而著名。泉水从泉眼涌出后，流入一个形状独特的池子，恰好形成了马蹄形状，因而得名。

景点分布：马蹄泉景区内有主泉和副泉两个泉池，主泉为马蹄状，副泉则为圆形。两个泉池之间由小河相连，水流清澈。景区内还有寺庙、园林等相关景点。

历史文化：马蹄泉拥有悠久的历史，据说泉水是唐代杨贵妃的浴池之一，后来成为皇家园林。马蹄泉也被称为"美人泉"，与杨贵妃的美丽传说相关联。

旅游活动：游客可以在马蹄泉景区内欣赏泉水景观，漫步在园林中感受历史和文化。此外，景区还有一些文化表演和传统手工艺品展示，增加了游客的旅游体验。

保护和发展：马蹄泉景区作为西安市的重要旅游资源，受到了当地政府的保护和管理。合理规划和保护景区环境，使游客能够在舒适的环境中体验泉水景观和历史文化。

马蹄泉以其独特的形状和美丽的景观吸引着众多游客前来参观，成为西安市的一处重要的旅游胜地。

4. 嵩阳书院泉

嵩阳书院泉位于中国河南省嵩山少林寺内，是一处著名的泉水景观。以下是有关嵩阳书院泉的详细介绍：

地理位置：嵩阳书院泉位于河南省嵩山脚下，距离登封市区约10公里，是少林寺景区的一部分。

泉水特点：嵩阳书院泉水清澈凉爽，泉眼常年涌出，被视为嵩山的重要水源之一。泉水流经嵩阳书院旁，形成一道自然景观。

景点分布：嵩阳书院泉与嵩山少林寺紧密相连，少林寺是中国佛教名寺之一，也是武术的发源地。游客可以在嵩阳书院泉旁感受清幽的寺庙氛围，同时欣赏泉水景观。

历史文化：嵩阳书院泉与嵩山少林寺的历史有着千年的渊源。嵩阳书院是嵩山的古代文化遗址之一，曾是古代文人士人修学的地方。少林寺作为佛教寺庙和武术名胜，与中国的宗教和武学文化紧密相连。

旅游活动：游客可以在少林寺景区内欣赏泉水景观，参观少林寺，了解中国佛教和武术的历史和文化。此外，景区还有一些武术表演和文化展示，丰富了游客的旅游体验。

保护和发展：嵩阳书院泉作为嵩山少林寺景区的一部分，受到了河南省和登封市政府的保护和管理。通过合理规划和保护，使泉水环境得以保持，并为游客提供美丽的景观。

嵩阳书院泉不仅是自然景观，更是中国文化和宗教的一部分，吸引着游客前来感受历史的韵味和景色的美丽。

5. 涌泉寺泉

涌泉寺泉位于中国浙江省绍兴市鲁迅故里景区内，是一处著名的泉水景观。以下是有关涌泉寺泉的详细介绍：

地理位置：涌泉寺泉位于绍兴市越城区鲁迅故里景区内，距离绍兴市中心约5公里，是鲁迅故居的附近景点之一。

泉水特点：涌泉寺泉以其泉水涌动和清澈见底而著名。泉水涌出后，流入一个池塘，池塘内的水质清澈透明，长年不断。

景点分布：涌泉寺泉位于涌泉寺内，是寺庙的一部分。游客可以在涌泉寺内欣赏泉水景观，同时还可以参观鲁迅故居，了解中国现代文学巨匠鲁迅的生平和创作。

历史文化：涌泉寺泉的历史可以追溯到宋代，有着悠久的历史。涌泉寺是一座古老的佛教寺庙，与鲁迅的生平有一定的联系。

旅游活动：游客可以在涌泉寺泉内欣赏泉水景观，同时还可以参观涌泉寺和鲁迅故居，感受文化与自然的融合。景区内还有一些相关的文化展览和艺术表演，增加了游客的旅游体验。

保护和发展：涌泉寺泉作为绍兴市的重要旅游资源，受到了当地政府的保护和管理。通过合理规划和保护，使泉水环境得以保持，为游客提供美丽的景观。

涌泉寺泉既有着自然的美丽，又有着文化的底蕴，吸引着游客前来参观，成为绍兴市的一处重要的旅游胜地。

6. 白水台泉

白水台泉位于中国山东省济南市趵突泉风景名胜区内，是济南市著名的泉水景观之一。以下是有关白水台泉的详细介绍：

地理位置：白水台泉位于趵突泉风景名胜区内，位于济南市中心区域，是济南市的标志性景点之一。

泉水特点：白水台泉是趵突泉的主要组成部分之一，泉水常年涌出，清澈凉爽。泉水经过白水台泉池，形成了一道自然景观。

景点分布：白水台泉位于趵突泉风景名胜区内，与其他几个泉池共同构成了趵突泉群。游客可以在趵突泉风景名胜区内欣赏多个泉水景观，同时还可以参观一些相关的文化建筑。

历史文化：趵突泉是中国著名的泉水群之一，有着悠久的历史。据传说，明代文学家辛弃疾曾在此饮水，留下了"抽刀断水水更流，举杯销愁愁更愁"的名句。白水台泉也因此而名扬天下。

旅游活动：游客可以在趵突泉风景名胜区内欣赏泉水景观，漫步在园林中感受历史和文化。此外，景区内还有一些文化表演和手工艺品展示，丰富了游客的旅游体验。

保护和发展：白水台泉作为济南市的重要旅游资源，受到了当地政府的保护和管理。通过合理规划和保护，使泉水环境得以保持，并为游客提供美丽的景观。

白水台泉不仅是济南的自然景观，更是中国文化的一部分，吸引着游客前来感受历史的韵味和泉水的清凉。

7. 崇安寺泉

崇安寺泉位于中国江苏省南京市鼓楼区，是南京市著名的泉水景观之一。以下是有关崇安寺泉的详细介绍：

地理位置：崇安寺泉位于南京市鼓楼区，距离南京市中心较近，是南京市的重要文化景点之一。

泉水特点：崇安寺泉是崇安寺的一部分，泉水自山脚流出，经过庭院，最终注入崇安寺的池塘中。泉水清澈见底，为寺庙增添了一份静谧的美感。

景点分布：崇安寺泉位于崇安寺内，是寺庙的一部分。游客可以在崇安寺内欣赏泉水景观，同时还可以参观寺内的文化建筑和佛教庙宇。

历史文化：崇安寺是中国著名的佛教寺庙，有着悠久的历史。崇安寺泉水流经寺庙，与佛教文化相结合，为寺庙增色不少。寺内还供奉着释迦牟尼佛的肉身舍利，吸引了众多信教者和游客前来参拜。

旅游活动：游客可以在崇安寺泉内感受宁静的氛围，参观寺内的文化建筑，了解佛教文化和历史。此外，崇安寺附近还有一些购物和美食街区，为游客提供更多的选择。

保护和发展：崇安寺泉作为南京市的文化遗产，受到了当地政府的保护和管理。通过合理规划和保护，使泉水环境得以保持，为游客提供一个宁静的参观场所。

崇安寺泉融合了佛教文化和自然景观，吸引着游客前来感受宗教氛围和历史底蕴。同时，泉水的清澈也为寺庙增添了一份生机和美感。

8. 荣国府泉

荣国府泉位于中国江苏省扬州市，是扬州市著名的泉水景观之一。以下是有关荣国府泉的详细介绍：

地理位置：荣国府泉位于扬州市江都区，距离扬州市区较近，是扬州市的历史文化景点之一。

泉水特点：荣国府泉是荣国府的一部分，泉水从府内的池塘涌出，清澈凉爽。泉水流经府内的花园，形成了一道自然景观。

景点分布：荣国府泉位于荣国府内，是府内的一部分。游客可以在荣国府内欣赏泉水景观，同时还可以参观府内的文化建筑和花园。

历史文化：荣国府是一座古代官府建筑，有着悠久的历史。府内保存了许多明清时期的建筑和文物，展现了当时的生活风貌。荣国府泉水为府内增色不少。

旅游活动：游客可以在荣国府泉内感受宁静的氛围，参观府内的文化建筑，了解古代官府的历史和文化。此外，府内还有一些艺术展览和文化活动，丰富了游客的旅游体验。

保护和发展：荣国府泉作为扬州市的历史文化遗产，受到了当地政府的保护和管理。通过合理规划和保护，使泉水环境得以保持，为游客提供一个了解古代文化的场所。

荣国府泉融合了历史文化和自然景观，吸引着游客前来感受古代官府的韵味和泉水的清凉。同时，府内的建筑和文物也为游客提供了一个了解明清时期风貌的机会。

（四）瀑布

1. 黄果树瀑布

黄果树瀑布位于中国贵州省安顺市镇宁布依族苗族自治县，是中国著名的瀑布景点之一。以下是有关黄果树瀑布的详细介绍：

地理位置：黄果树瀑布位于贵州省安顺市镇宁县的茅台河上游，距离安顺市区约137公里，是镇宁县的著名景点。

瀑布特点：黄果树瀑布是一处瀑布群，由大小数十个瀑布组成。其中最引人注目的是中间的大瀑布，瀑布宽约81米，落差约74米，是中国最大的瀑布之一。

瀑布景观：黄果树瀑布群气势雄伟，瀑布水流从高垂的悬崖上奔流而下，形成了瀑布飞珠溅玉的壮丽景象。特别是在雨季，水流湍急，水雾飞扬，瀑布水花雾氤氲，美不胜收。

特色亮点：黄果树瀑布有一处独特的地质景观，称为"水帘洞"，是瀑布水流穿过悬崖裂隙而形成的，游客可以走进其中，感受水流的清凉和声音的震撼。

历史文化：黄果树瀑布在当地有着深厚的历史文化，是苗族、布依族等民族的聚居区域，游客在欣赏瀑布景色的同时，还可以了解当地的民俗文化。

旅游活动：游客可以在黄果树瀑布景区内观赏瀑布美景，还可以体验瀑布下的水雾和清凉，感受大自然的力量。景区内设有观景平台、步道等，方便游客观赏瀑布风景。

保护和发展：黄果树瀑布景区作为贵州省的旅游资源，受到了当地政府的保护和管理。通过合理规划和保护，使瀑布环境得以保持，为游客提供一个壮美的自然景点。

黄果树瀑布以其壮观的瀑布景色和特色的地质景观吸引了众多游客前来观赏，成为贵州旅游的重要亮点之一。

2. 壶口瀑布

壶口瀑布位于中国山西省壶口镇，是黄河上游的一处著名自然景观，也是中国著名的大瀑布之一。以下是有关壶口瀑布的详细介绍：

地理位置：壶口瀑布位于山西省壶口镇，距离太原市约200公里，是黄河上游的黄河大峡谷内，是黄河的重要支流之一汾河的发源地。

瀑布特点：壶口瀑布是一处大瀑布，被誉为"黄河第一瀑"，瀑布的宽度达到50米，落差高达约20多米，水流湍急，气势雄伟。

瀑布景观：壶口瀑布悬崖峭壁，水流如银练奔涌而下，形成了壮观的瀑布飞珠溅玉的景象。特别是在雨季和冰雪融化时，水流更加磅礴，景色更为壮观。

特色亮点：壶口瀑布附近有一片茂密的松柏树林，以及黄河壶口大峡谷的迷人景色，使得这里不仅有瀑布的壮丽，还有原始的自然风光。

历史文化：壶口瀑布地区是中国古代的著名战略要地，历史悠久，曾经是战国时期的赵国和秦国的边疆之地。

旅游活动：游客可以在壶口瀑布景区内欣赏壮观的瀑布景色，还可以游览周边的黄河大峡谷风景，体验壶口瀑布独特的自然魅力。

保护和发展：壶口瀑布景区作为山西省的自然遗产，受到了当地政府的保护和管理。通过合理规划和保护，使瀑布环境得以保持，为游客提供一个观赏自然景色的场所。

壶口瀑布以其壮丽的瀑布风景和周边的自然风光，吸引着众多游客前来观赏，成为山西旅游的一大亮点。

3. 天池飞瀑

天池飞瀑位于中国新疆维吾尔自治区天山天池景区内，是中国海拔最高的飞瀑，融合了高山美景和瀑布壮丽，成为天山景区的一大亮点。以下是有关天池飞瀑的详细介绍：

地理位置：天池飞瀑位于新疆维吾尔自治区乌鲁木齐市北部，距离乌鲁木齐市约120公里，位于天山天池景区的核心区域。

瀑布特点：天池飞瀑是一处高山瀑布，瀑布水流从悬崖上奔流而下，落差约70多米。由于位于高山地区，瀑布水流较为清澈，而且在高山的映衬下显得格外壮美。

瀑布景观：天池飞瀑在春夏季节融化的雪水供应下，水流汹涌，雾气弥漫，形成了瀑布飞珠溅玉的景象。而在秋季，瀑布水量减少，呈现出一种宁静美丽的景象。

特色亮点：天池飞瀑位于天山天池景区内，周围是雄伟的高山、原始的森林，融合了高山自然景观和瀑布的壮丽，使得这里成为自然探险者和摄影爱好者的理想去处。

旅游活动：游客可以在天池飞瀑景区内欣赏瀑布美景，还可以进行登山、徒步等活动，感受高山环境的独特魅力。此外，天池飞瀑景区还有一些特色的旅游项目和活动，为游客提供多样的体验。

保护和发展：天池飞瀑景区作为新疆旅游资源，受到了当地政府的保护和管理。景区通过限制游客数量、设置保护区域等措施，保护瀑布环境，同时推动旅游业的可持续发展。

天池飞瀑以其高山飞瀑的独特景色，吸引了众多游客前来欣赏，成为天山天池景区不可错过的一处自然景观。

4. 庐山飞瀑

庐山位于中国江西省九江市境内，是中国著名的风景名胜区之一，拥有众多壮丽的飞瀑景观。以下是有关庐山飞瀑的详细介绍：

地理位置：庐山位于江西省九江市东北部，距离九江市区约25公里，是中国南方著名的山水风景区。

瀑布特点：庐山以其众多飞瀑而闻名，其中最著名的包括白鹤飞瀑、龙池飞瀑等。这些瀑布因庐山险峻的地形和丰富的雨水供应，水流汹涌，气势雄伟。

瀑布景观：白鹤飞瀑是庐山最具代表性的瀑布之一，瀑布从悬崖上直泻而下，水雾弥漫,形成了壮观的瀑布飞珠溅玉的景象。龙池飞瀑则是在龙池山下,瀑布宽约30多米,落差约150多米,气势磅礴。

特色亮点:庐山的飞瀑景观不仅美丽壮观,还融合了庐山的山水风光,使得游客不仅可以欣赏瀑布的壮丽,还可以领略到山林的宁静和自然的美好。

历史文化:庐山自古以来就是文人墨客喜欢的地方,有着丰富的文化底蕴。许多古代文人都在庐山留下了诗文作品,增添了这片风景的浪漫与文化底蕴。

旅游活动:游客可以在庐山飞瀑景区内欣赏瀑布美景,还可以进行徒步、登山等活动,感受山水的魅力。此外,庐山还有丰富的旅游资源,如古迹、景点等,为游客提供多样的体验。

保护和发展:庐山作为国家重点风景名胜区,受到了当地政府的保护和管理。通过加强环境保护和规划管理,使庐山的自然景色得以保持,同时促进旅游业的可持续发展。

庐山飞瀑以其壮丽的瀑布景色和丰富的旅游资源,吸引了众多游客前来观赏,成为江西旅游的一大亮点。

5. 雁荡山飞瀑

雁荡山位于中国浙江省温州市南部,是中国著名的风景名胜区之一,拥有多处美丽的飞瀑景观。以下是有关雁荡山飞瀑的详细介绍:

地理位置:雁荡山位于浙江省温州市瓯海区南部,距离温州市中心约80公里,是浙江南部的重要旅游胜地。

瀑布特点:雁荡山有多处飞瀑,其中以碧霞仙子飞瀑和白云飞瀑最为著名。这些瀑布因地势险峻,水流湍急,形成了壮观的飞瀑景观。

瀑布景观:碧霞仙子飞瀑位于雁荡山主峰上,水流如银练飞泻而下,气势雄伟。白云飞瀑则位于另一个峰峦之间,瀑布水流奔涌,犹如白云从山间飘落。

特色亮点:雁荡山以其飞瀑和秀丽的自然风光而著名,这里不仅有瀑布的壮丽,还有茂密的森林、清澈的湖泊,为游客提供了一个远离城市喧嚣的天然避难所。

历史文化:雁荡山是中国道教文化的发源地之一,有着丰富的文化底蕴。许多古代文人墨客也在这里留下了许多诗文,为这片风景增添了文化氛围。

旅游活动:游客可以在雁荡山飞瀑景区内欣赏飞瀑美景,还可以进行徒步、登山等活动,探索山中的美丽。此外,雁荡山还有丰富的旅游资源,如古迹、寺庙等,为游客提供多样的体验。

保护和发展：雁荡山作为国家重点风景名胜区，受到了当地政府的保护和管理。通过加强环境保护和旅游规划，使雁荡山的自然景色得以保持，同时推动旅游业的可持续发展。

雁荡山飞瀑以其自然美景和丰富的文化底蕴，吸引了众多游客前来观赏，成为浙江旅游的一大亮点。

6. 龙泉飞瀑

龙泉飞瀑位于中国广西壮族自治区桂林市阳朔县境内，是桂林风景名胜区的一部分，以其独特的山水景观和飞瀑景色而著名。以下是有关龙泉飞瀑的详细介绍：

地理位置：龙泉飞瀑位于桂林市阳朔县桃花江畔，距离阳朔县城约15公里，是桂林风景名胜区内的一个重要景点。

瀑布特点：龙泉飞瀑是一处自然形成的瀑布，瀑布水流从悬崖上奔流而下，落差约30多米，水流湍急，气势磅礴。

瀑布景观：龙泉飞瀑的瀑布水流如银练飘泻，溅起的水花在阳光的照耀下，闪烁着七彩光芒，形成了美丽的瀑布飞珠溅玉景象。

特色亮点：龙泉飞瀑位于桂林风景名胜区内，周围环境优美，山林、田园、江水交相辉映，使得瀑布景观更显得宜人。

历史文化：龙泉飞瀑周边有丰富的壮族民俗文化，游客可以在欣赏瀑布美景的同时，了解当地的风土人情。

旅游活动：游客可以在龙泉飞瀑景区内欣赏瀑布美景，还可以进行徒步、漂流等活动，体验大自然的魅力。此外，桂林风景名胜区还有许多著名的景点和活动，为游客提供多样的旅游体验。

保护和发展：龙泉飞瀑作为桂林风景名胜区的一部分，受到了当地政府的保护和管理。通过加强环境保护和旅游规划，使龙泉飞瀑的自然景色得以保持，同时促进旅游业的可持续发展。

龙泉飞瀑以其壮丽的瀑布景色和优美的自然环境，吸引了众多游客前来欣赏，成为桂林旅游的一大亮点。

（五）海洋与海滨景观

中国拥有丰富多样的海洋与海滨景观，以下列举了一些著名的海洋与海滨景观：

1. 青岛海滨

青岛是中国山东省的一个美丽海滨城市，以其清新的海风、金色的沙滩和迷人的海景而著名。青岛的海滨区域拥有丰富的旅游资源，吸引了无数游客前来欣赏海洋美景和体验海滨休闲。以下是青岛海滨的一些主要景点：

（1）栈桥：栈桥是青岛的标志性景点之一，建于19世纪末，是一座延伸入海的木质栈道。栈桥连接了市区和海面，游客可以在栈桥上漫步，欣赏海景和远处的青岛市区。

（2）八大关：八大关地区是青岛的历史名区，以其风景秀丽和风格各异的建筑群而闻名。这里有德国风格、法国风格等各式建筑，构成了独特的风景。

（3）奥帆中心：奥帆中心是2008年北京奥运会帆船比赛的举办地，现在已经成为青岛的标志性景点。这里有现代化的建筑、游艇码头和广阔的海景。

（4）石老人海水浴场：石老人海水浴场是青岛最有名的海滩之一，以其绵延的金色沙滩和清澈的海水吸引了大量游客前来度假和游泳。

（5）海底世界：青岛海底世界是一个大型水族馆，内部展示了丰富多样的海洋生物。游客可以近距离观赏各种海洋生物，包括鲨鱼、海龟等。

（6）海水浴场和海滩：青岛拥有众多的海滩和海水浴场，如八大关海水浴场、崂山海水浴场等，供游客在夏季享受海滨的乐趣。

（7）小鱼山：小鱼山是青岛的一座海滨公园，可以俯瞰整个市区和海滨风光，同时还有大型的观景轮供游客体验。

青岛的海滨区域不仅有美丽的自然景色，还有丰富的历史和文化底蕴。游客可以欣赏海景、品尝海鲜、体验海滨活动，是一个非常受欢迎的旅游目的地。

2. 厦门海滨

厦门是中国福建省的一个沿海城市，以其优美的海滨风景、美丽的岛屿和悠久的历史而著名。厦门的海滨区域拥有众多的海滩、岛屿和海岛风光，成为游客度假和休闲的理想目的地。以下是厦门海滨的一些主要景点：

（1）鼓浪屿：鼓浪屿是厦门的一个著名小岛，以其独特的欧洲建筑风格和风景迷人的海滩而闻名。岛上没有汽车，可以步行游览，欣赏古朴的建筑和美丽的海景。

（2）曾厝垵：曾厝垵是一个充满艺术氛围的海滨小村落，有众多的艺术家工作室、小店和咖啡馆，成为一个受游客喜爱的创意文化街区。

(3）厦门大学校园：厦门大学校园位于海滨，拥有悠久的历史和美丽的校园景色，是一个受欢迎的散步和观光胜地。

(4）曼陀罗园：曼陀罗园是一个以植物为主题的主题公园，里面种植着丰富多样的植物，是游客了解植物世界的好地方。

(5）环岛路：环岛路是一条绕厦门市区的海滨马路，可以骑行、散步或驾车，欣赏海滨美景。

(6）日光岩：日光岩是一个位于厦门市区的岩洞景区，里面有独特的岩洞地貌和风景。

(7）黄岗植物园：黄岗植物园是一个集植物科普、生态体验和休闲娱乐于一体的植物园，适合家庭游览。

(8）中山路步行街：中山路步行街是厦门的商业街区，拥有众多商店、餐馆和小吃摊，适合购物和品尝当地美食。

厦门的海滨景色和悠闲的氛围吸引了大量游客前来度假、休闲和观光。无论是欣赏海滩美景，还是品味当地美食，厦门都能为游客提供丰富多样的旅游体验。

3．海南三亚

海南三亚位于中国海南岛的最南端，是一个美丽的热带滨海城市，以其白色的沙滩、蓝色的海水和丰富多样的度假活动而著名。作为一个受欢迎的旅游胜地，三亚拥有多个海滩、岛屿和自然景点，吸引了无数游客前来度假、水上活动和观光。以下是三亚的一些主要景点：

(1）亚龙湾：亚龙湾被誉为"东方夏威夷"，是三亚最有名的海滨度假区之一。这里有绵延的沙滩、清澈的海水和高档度假酒店，是休闲度假的绝佳去处。

(2）大东海：大东海是三亚另一个著名的海滨景点，沙滩平坦，适合游泳和水上活动，同时周边也有各种餐馆和商店。

(3）三亚湾：三亚湾是三亚的主要海湾之一，拥有较宽阔的海滩和适合嬉水的海域，夜晚的三亚湾还有灯光秀等娱乐活动。

(4）分界洲岛：分界洲岛是三亚的一个小岛，以其清澈的海水、丰富的海底生物和水上活动而著名，适合浮潜和潜水。

(5）天涯海角：天涯海角是一个富有浪漫情怀的景点，被誉为"天涯海角"，有美丽的海岸线、巨大的"天涯石"等景观。

（6）南山寺：南山寺是海南岛最大的寺庙之一，寺庙内有巨大的南海观音像，以及美丽的寺庙建筑。

（7）蜈支洲岛：蜈支洲岛是一个独特的岛屿，有丰富的海底生物和水上活动，是潜水和浮潜爱好者的天堂。

（8）西岛：西岛是三亚附近的一个小岛，有美丽的沙滩、水上活动和海滨餐馆。

（9）千古情人洞：千古情人洞是一个古老的海蚀洞穴，传说中是一对古代恋人的约定地点，现在已经成为一个浪漫的旅游景点。

三亚的热带气候、美丽的海滩和多样的旅游资源使其成为一个受欢迎的度假胜地，适合休闲、水上活动和观光游览。无论是沙滩日光浴，还是水上运动，三亚都能满足游客的不同需求。

4. 大连海滨

大连是中国辽宁省的一个滨海城市，以其美丽的海滨风景、多样的旅游资源和现代化的城市设施而著名。大连拥有众多的海滩、公园和海洋活动，吸引了游客前来度假、休闲和观光。以下是大连海滨的一些主要景点：

（1）金石滩：金石滩是大连最著名的海滨景点之一，以其金色的沙滩和辽阔的海景而受欢迎。这里适合沙滩散步、风帆运动等活动。

（2）大连森林动物园：大连森林动物园是中国最大的动物园之一，拥有丰富多样的动物种类，游客可以近距离观赏野生动物。

（3）大连老虎滩国家森林公园：这是一个集森林、山水、海洋于一体的国家级风景名胜区，有着壮美的自然景色。

（4）大连海洋极地世界：这是一个集海洋动物表演、观赏和科普教育为一体的海洋乐园，游客可以近距离接触海洋生物。

（5）大连星海湾：星海湾是大连的一个滨海公园区，有海滨长廊、观景台等，是休闲散步的好地方。

（6）大连海之韵温泉度假村：这是一个集温泉、度假、养生为一体的度假村，游客可以享受温泉、SPA等服务。

（7）大连圣亚海洋世界：这是一个集观赏、互动和娱乐为一体的海洋乐园，游客可以欣赏海洋生物表演和各种水上项目。

（8）大连森林公园：这是一个拥有浓厚自然氛围的公园，有林木葱茏、湖泊倒影等美丽景色。

（9）大连圣亚野生动物园：这是一个集观赏、互动和科普为一体的野生动物园，游客可以近距离观赏野生动物。

大连的海滨风景和丰富多样的旅游资源使其成为一个受欢迎的旅游目的地。无论是休闲度假、观赏海景，还是亲近野生动物，大连都能满足游客的各种需求。

5. 威海刘公岛

刘公岛是位于中国山东威海市的一个著名海岛旅游景区，以其美丽的海滩、清澈的海水和丰富多样的海洋活动而受到游客喜爱。这座小岛以其独特的地理特点和风景而成为威海市的一个重要旅游胜地。以下是威海刘公岛的一些主要特点和亮点：

（1）海滩风光：刘公岛拥有多个美丽的海滩，如金银湾、万平湾等，沙滩绵延，沙质细腻，是游客沐浴阳光、玩水嬉戏的理想地方。

（2）海上活动：游客可以在刘公岛体验各种海上活动，如游泳、浮潜、海底漫步、帆船等，欣赏清澈的海水和多彩的海底生物。

（3）玻璃栈道：岛上的玻璃栈道是一项受欢迎的体验，游客可以漫步于高空之上，俯瞰海景，感受刺激和兴奋。

（4）花岗岩景观：岛上有独特的花岗岩地貌，形成了各种奇特的石头，如海豚石、仙人指石等，是游客拍照留念的好地方。

（5）观景点：游客可以登上岛上的观景台，俯瞰整个岛屿和周围的海域，尽收眼底的美景。

（6）休闲度假：岛上有各类度假酒店和度假村，游客可以在这里度过宁静的假期，享受海滨风光和舒适的住宿。

（7）岛上文化：刘公岛也有丰富的历史文化，游客可以在岛上了解到关于岛屿的故事和传说。

（8）美食：岛上有各种美食餐厅，提供各种当地特色海鲜和美食，让游客品尝地道的海鲜美味。

威海刘公岛以其美丽的海滩、丰富多样的活动和独特的地貌成为威海市不可错过的旅游景点。无论是休闲度假、玩水嬉戏还是观赏海景，刘公岛都能带给游客难忘的旅行体验。

地质地貌景观和水体景观是自然界最美丽的艺术之一，它们以其独特的形态和景色吸引着游客，同时也承载着地球演变的历史和文化的记忆。这些景观的多样性展示了大自然的奇妙创造，也提醒着我们保护自然、珍惜环境的重要性。

知识拓展

罗布泊，消失的湖泊与古国，神秘的生态禁区

罗布泊，曾经是中国境内仅次于青海湖的第二大咸水湖，位于新疆维吾尔自治区若羌县境内。它的水系来源于塔里木河，而塔里木河则发源于天山山脉及喀喇昆仑山。在过去，罗布泊湖域最大时面积约1万平方公里，人烟繁盛，湖中生态丰富。然而，罗布泊的命运开始发生转变。气候变化的影响、人类水利工程的建设以及沙漠化的加剧，使得罗布泊的水源逐渐枯竭。20世纪30年代，人们仍然可以在湖上行舟，湖中的鱼也大而肥美。但随着时间的推移，罗布泊的水域不断缩小，最终在70年代干涸，与塔克拉玛干沙漠连为一体。曾经的巨大咸水海，如今成了广袤的沙漠，流沙滚滚，让人望而生畏。

在罗布泊的西岸，散布着楼兰古国的遗址。这座古国建立于公元前176年，曾经辉煌一时。然而，在630年，楼兰古国却突然消失，成为历史的谜团。王昌龄的诗中写道："黄沙百战穿金甲，不破楼兰终不还。"楼兰古国大概是在城破之后，被屠杀一空，因此完全消失。楼兰古城的发现让罗布泊的神秘程度更加增加。1980年，中国考古人员在罗布泊发现了楼兰古城，这些古城遗址距今已有3800年的历史。另外，楼兰美女古尸的发现也引起了广泛的关注。这些古尸保存完整，是研究古代文明和人类历史的重要发现。

课后练习

1. 不属于常见地貌的有（　　）。

A. 花岗岩地貌　　　　　　　　　B. 岩溶地貌

C. 石英砂岩峰林地貌　　　　　　D. 流岩地貌

【答案】D. 流岩地貌

2. 丹霞地貌在（　　）地区最为典型。
A. 江西龙虎山　　　　　　　B. 浙江朗山
C. 广东韶关　　　　　　　　D. 湖南崀山
【答案】C. 广东韶关

3. 享有"五岳独尊""五岳之首"的盛誉是（　　）。
A. 衡山　　　B. 嵩山　　　C. 华山　　　D. 泰山
【答案】D. 泰山

4. 古称"西海"是我国第一大内陆湖泊，也是我国最大的咸水湖的是（　　）。
A. 鄱阳湖　　　B. 青海湖　　　C. 泸沽湖　　　D. 洱海
【答案】B. 青海湖

5. 纳木错被称为"天湖"，是中国第（　　）大咸水湖。
A. 一　　　B. 二　　　C. 三　　　D. 四
【答案】C. 三

任务二　气象、气候和天象旅游景观

情景导入

"陪你去看流星雨落在这地球上，让你的泪落在我肩膀……"曾经一首《流星雨》打动了多少人的心，而在流星雨下悄悄地许个愿也成为很多人的梦想。因此近年来，越来越多的人开始追求天象旅游，日全食、极光、流星雨……这三种观象类别也被排进了前三名。这些原来通过天文学家和天文爱好者拍出的图片，现在人们也有机会亲临体验了。这些天象是如何形成的？我们一起来寻找答案吧！

基础知识

一、气候气象景观

（一）气候气象景观概述

气候气象景观是指通过旅行和观察，欣赏不同气候和气象条件下所呈现出的独特自然景观。这些景观的形成受到大气环流、温度、湿度、气象现象等多种因素的影响，创造出令人惊叹和难以忘怀的自然奇观。气候气象景观丰富多彩，从天空中的云彩、太阳、星星，到地面上的雾气、冰雪、雨水，都可以成为吸引游客的目标。

在气候气象景观中，人们不仅可以欣赏到大自然的美丽，还可以感受到大气的变化、温度的变化以及不同气象条件对周围环境所产生的影响。这种亲身体验让游客更加深入地了解了气象科学，同时也让他们感受到了自然界的神奇和多样性。

气候气象景观概述具有以下特点：

1. 动态变化

气候和气象条件是不断变化的，因此气候气象景观的呈现也是动态的。从日出到日落，从晴朗到多云，从雨雪到雷电，每一刻都可以呈现出不同的景象，为游客提供了丰富的观赏体验。

2. 瞬间美丽

许多气象景观的美丽是瞬息即逝的，比如日出和日落的光线变化，雨后的彩虹，都需要游客在特定的时刻捕捉。这种短暂的美丽常常让人感到震撼和兴奋。

3. 自然奇观

不同的气象条件和现象可以创造出自然界的奇观，如云海、雾凇、冰川、蜃景等。这些景观不仅美丽，还有时带有神秘感，让人们感受到大自然的神奇和魅力。

4. 季节变迁

气候和气象景观也随着季节的变化而变化。春季的花海、夏季的雷雨、秋季的彩叶、冬季的冰雪，每个季节都有独特的景象，为游客提供了不同的感受和体验。

5. 气象科普

气候气象景观也为人们提供了学习气象科学的机会。游客可以通过观察和解释不同的气象现象，了解大气的运行机制，从而增加对天气和气候的认知。

总之，气候气象景观概述为游客提供了与自然亲近、欣赏美丽景色、学习气象科学的机会。无论是仰望星空、观赏云海，还是感受大雨中的清凉，气候气象景观都能够带给人们身心愉悦和美的享受。

（二）气候气象景观的特点

气候气象景观具有许多独特的特点，使其成为旅游者和自然爱好者追求的目标。这些特点涵盖了景观的多样性、变幻莫测的外貌、对环境的深远影响以及其与人们生活的紧密联系。

1. 多样性

气候气象景观呈现出多种多样的形态。不同的气候条件和气象现象会创造出各种独特的景象，包括云彩的变化、日出和日落的美丽、雨雾的神秘、冰雪的洁白等。这种多样性使得气候气象景观可以满足各种游客的兴趣和喜好。

2. 变幻莫测

气候和气象条件都是时刻变化的，因此气候气象景观的呈现也是瞬息万变的。云彩的形状和颜色、阳光的角度、雨雪的强度等都在不断变化，创造出令人难以预测和捕捉的美丽瞬间。

3. 与环境的关联

气候和气象现象与周围的环境密切相关。例如，山区和海岸地区的气候气象景观会因地理条件而产生显著差异，如云海、蜃景等。这种关联使得气候气象景观不仅仅是观赏，还能够帮助人们更深入地了解地理和自然环境。

4. 影响生态系统

气候和气象条件对生态系统产生深远影响。例如，雨水的降落会滋润植被，影响植物的生长；气温的变化会影响动植物的迁徙和繁殖。因此，气候气象景观不仅仅是美丽的自然现象，还承载着对自然生态的影响和作用。

5. 人与自然的互动

气候气象景观不仅是观赏，还常常需要人们主动去体验和互动。例如，观赏日出时需要早起，观赏雨后彩虹时需要选择适当的位置和时间。这种互动性使得游客

更深切地参与到自然景观中。

6. 气象科学的学习

气候气象景观也为人们提供了学习气象科学的机会。游客可以通过观察和解释不同的气象现象，了解大气的运行机制，从而增加对天气和气候的认知。

总的来说，气候气象景观的特点在于其多样性、变幻莫测、对环境的影响以及与人们互动的方式。这些特点共同构成了一个引人入胜的自然世界，吸引着人们前来探索、欣赏和学习。

二、中国主要的气候气象旅游景观

（一）云海景观

云海景观是一种壮丽、令人陶醉的气候气象景观，通常出现在高山地区。它形成于晨光或傍晚时分，当云雾或雾气弥漫在山谷之间，呈现出如潮水般的云层，仿佛一片浩渺的海洋。云海景观不仅美丽迷人，还具有一种神秘、梦幻的感觉，吸引着无数游客前来欣赏和体验。

特点和表现形式：

奇幻氛围：云海景观的出现常常带来一种奇幻的氛围，让人有如置身仙境之感。云雾缭绕，弥漫在山谷、山峰之间，让整个景象变得朦胧、朦朦胧胧的，如同一个神秘的世界。

层次感：云海景观呈现出多层次的云层叠加，形成阶梯状的景象。近处的山峰和建筑物可能突破云层，而更远处的地方则被云雾所遮盖，创造出层次分明的效果，给人一种深邃感。

颜色变化：随着太阳的升起或落下，云海景观的颜色也会发生变化。从晨曦初露时的淡蓝、淡紫，到太阳升起后的金色、橙色，再到傍晚时的红色和紫色，每个时间段都带来不同的美丽。

光影交织：太阳的光线穿过云雾，落在山脉上，形成光影交织的美丽景象。光线的折射、反射和散射，营造出一个梦幻般的视觉效果，让整个景观充满变幻和动感。

中国的云海景观：

中国拥有许多著名的云海景观，其中一些地方因其壮丽的云海而成为旅游胜地：

黄山：位于中国安徽省，是著名的云海胜地之一。黄山云海景观壮丽，常常吸引着大批游客前来欣赏。在日出和傍晚时分，山脉间的云雾在阳光的照射下呈现出多彩斑斓的景象。

峨眉山：位于四川省，也是中国著名的云海观赏地。峨眉山的云海景观在晨曦或傍晚时分尤为壮丽，让人仿佛置身仙境。

九寨沟：位于四川省，以其独特的水景和多样的自然风光而著名。九寨沟的山谷地势落差大，因此常常可以欣赏到美丽的云海景观。

贵州黄果树：云海景观在黄果树瀑布附近的山谷间出现，常常在早晨和傍晚时分。云海与瀑布的交相辉映，构成了美丽的画面。

云海景观作为一种自然奇观，吸引着无数游客前来亲身体验和感受。它不仅给人以视觉的享受，更带来心灵的宁静和对自然的敬畏。

（二）雾、雾凇、雨凇景观

雾、雾凇和雨凇景观都是在特定气象条件下出现的自然奇观，分别在雾气、雾凇和雨水作用下，呈现出不同的美丽景象。

雾景观：

雾是一种由水蒸气凝结形成的气象现象，当水蒸气冷却到饱和状态时，会形成微小的水滴，导致能见度降低。在自然环境中，雾会弥漫在地面、山脉和森林之间，创造出一种神秘而宁静的氛围。在雾气的笼罩下，景色常常变得朦胧、模糊，给人以一种梦幻的感觉。

雾凇景观：

雾凇是一种在极寒的天气中形成的景观，它发生在雾气和低温的情况下。当雾气凝结在树木、电线和物体表面时，由于寒冷，水滴会迅速结冰成冰层，形成像水晶一样的外观。雾凇景观的特点是树木被冰层包裹，呈现出闪闪发光的效果，创造出一种幻想中的童话世界。

雨凇景观：

雨凇是指在阳光下，雨水滴在树枝、叶片上形成水珠，产生如琉璃珠帘一般的景象。这种景观通常在冬季的阳光明媚、气温较低时出现，当阳光照射在水滴上时，会产生闪闪发光的效果。雨凇景观让整个林间或者植被覆盖的地方变得明亮、清新，为人们带来宁静和美丽。

这些气象景观都需要特定的气候条件和天气情况才能呈现出来，因此在特定的时刻和地点欣赏它们需要游客具备一定的运气和观察力。这些景观的独特之处在于它们的瞬息即逝，只有在特定的时刻才能欣赏到，给人们带来难以忘怀的美丽体验。无论是在雾气中的静谧、雾凇中的奇幻，还是雨凇中的清新，这些景观都能够让人们感受到大自然的魅力和神秘。

（三）冰雪景观

冰雪景观是在寒冷季节，当气温降低到足够低的水平时，自然界中形成的一种美丽而神秘的景观。冰雪景观的形成是由于水分凝结成冰或雪，在地面、植被、建筑物等表面覆盖一层冰雪层，创造出令人叹为观止的景象。

特点和表现形式：

洁白无瑕：冰雪景观呈现出洁白、纯净的特点。当雪花覆盖在大地上，或者冰层包裹着树木和建筑物，整个景象都变得洁白无瑕，营造出一种宁静的氛围。

闪烁光芒：在阳光照射下，冰雪会反射出耀眼的光芒。阳光反射在雪地上，形成闪烁的光点，使整个景观变得明亮而动感。

多样形态：冰雪景观可以呈现出多种多样的形态，如雪花的纹理、冰柱的形状、冰凌的结构等。这些形态都是由水的凝结和结晶过程形成的，因此每个冰雪景观都有其独特的美丽之处。

季节变化：冰雪景观通常出现在寒冷的冬季，随着季节的变化，它们也会有所变化。从初冬的第一场雪，到寒冷的深冬，再到春天的融雪，每个季节都会赋予冰雪景观不同的特点。

中国的冰雪景观：

哈尔滨冰雪大世界：位于黑龙江哈尔滨，是中国著名的冰雪景观胜地。每年冬季，冰雪大世界会举办盛大的冰雪灯光节，呈现出巨大的冰雕和雪雕作品，吸引着游客近距离欣赏。

长白山天池：长白山位于吉林省，冰雪景观在冬季格外美丽。天池的湖面常年覆盖着冰雪，形成一幅幅令人惊叹的冰雪画面。

阿尔山：位于内蒙古，是中国北方著名的冰雪旅游胜地。阿尔山的冬季常常出现丰富多彩的冰雪景观，如雪雕、雪地足迹等。

黄山冰瀑：在寒冷的冬季，黄山的山脉和瀑布都会被冰封，形成壮丽的冰瀑景观。冰瀑从山峰垂下，宛如一幅冰雕的画卷。

　　冰雪景观不仅为游客带来视觉的享受，更是寒冷季节中的独特魅力。从洁白的雪地到闪烁的光芒，从纷飞的雪花到冰封的湖泊，冰雪景观展示了大自然的神奇和多样性，同时也呈现出冷冽寒冬中的温暖和美丽。

（四）烟雨景观

　　烟雨景观是一种典型的气候气象景观，通常出现在江南水乡等湿润地区的雨季。它是由于雨水和水汽在空气中交汇、交融，形成一层细密的雨雾，覆盖在水面和景物上，创造出一种朦胧、幽静的美丽景象。烟雨景观常常给人以宁静、浪漫、虚幻的感觉，被认为是中国传统文化中的一种典型意象。

　　特点和表现形式：

　　朦胧幽美：烟雨景观的最大特点是景物变得朦胧、幽美。在细雨缠绕的情况下，远处的山脉、建筑物、水面等被一层薄薄的雨雾所包围，形成一种隐约可见的效果，如同画卷中的意境。

　　柔和光线：烟雨景观中的光线变得柔和而温暖。雨雾的遮挡和反射使得阳光变得柔和，营造出一种宁静、梦幻的光影效果，给人一种放松和舒适的感觉。

　　清新氛围：在烟雨中，雨水滴在水面、叶片上，带来清新的气息。这种湿润的感觉和清新的氛围常常让人感到宁静、平和。

　　湿润效果：烟雨景观弥漫着湿润，水汽充盈，使得植被和大地都显得湿润多汁。这种湿润效果给人一种生机勃勃、恢宏的感觉。

　　中国的烟雨景观：

　　苏州园林：苏州被誉为"江南水乡"，其古典园林常常在雨季出现烟雨景观。例如，拙政园、留园等园林在雨雾中常常变得幽静、幻化。

　　西湖：杭州的西湖也常常在雨季出现烟雨景观。湖泊、小桥、人行道等都被雨雾所包围，形成了一幅宛如仙境的画面。

　　黄山：黄山的云海景观在雨季也可能呈现烟雨的效果。雨雾在山谷和山脉间弥漫，增加了山脉的神秘感。

　　烟雨景观让人感受到一种虚幻和梦幻的美丽，它不仅是视觉的享受，还常常带来情感上的共鸣。在烟雨中漫步，似乎能够与自然融为一体，体会到大自然的静谧与美妙。

（五）佛光景观

佛光景观是一种神秘、美丽的气候气象景观，常常出现在山区或湖泊附近的特定时刻和气候条件下。它得名于其独特的光线现象，被比喻为佛光，因为其神秘的效果常常让人联想到宗教和超自然的元素。

特点和表现形式：

奇幻的光线：佛光景观的核心特点是光线的奇幻表现。当太阳的角度和云雾的密度达到特定的比例时，太阳的光线会被云雾折射、反射，创造出一种奇幻的效果。这些光线穿过云层，形成射线或光柱，像是从地面冲天而起，或者从天空直射而下，创造出一种神秘的景象。

多样的颜色：佛光景观的光线常常呈现出多种多样的颜色，从金黄、橙色、红色到紫色等。这些颜色在光线的折射和反射下，与云雾交织在一起，形成了一幅色彩斑斓的画面。

短暂的存在：佛光景观是短暂的自然奇观，通常只在特定的时刻和天气条件下出现。太阳的角度、云雾的密度等都是影响佛光景观出现的关键因素，因此游客需要在正确的时间和地点等待观赏。

中国的佛光景观：

峨眉山：四川峨眉山是著名的佛光景观胜地之一。峨眉山的山峰常常被云雾所笼罩，当太阳的光线穿过云雾时，就会形成美丽的佛光景象，被喻为"峨眉佛光"。

黄山：安徽黄山也常常出现佛光景观。在日出和日落时，太阳的光线与黄山的云雾交织，形成壮观的佛光景象。

雁荡山：浙江雁荡山也以其独特的佛光景观而闻名。在适当的天气条件下，雁荡山的山脉和湖泊都可能出现美丽的佛光景象。

佛光景观的独特之处在于其神秘、奇幻的光线效果，常常让人感受到大自然的魅力和神秘。虽然它的出现时间短暂，但一旦欣赏到这种壮观的景象，常常会给人留下难以磨灭的印象。

（六）蜃景景观

蜃景景观，又称为蜃景现象，是一种奇特而神秘的光学现象，常常在海洋或湖泊等水域地区出现。蜃景景观是由于大气折射的效应，使得远处的物体在水面或地面上出现，呈现出虚幻的、扭曲的甚至是颠倒的景象。这种现象常常被比喻为"海市蜃楼"，因为它的效果常常让远处的景物仿佛在水面上悬浮。

特点和表现形式：

物体显现：蜃景景观的核心特点是远处的物体在水面或地面上显现。由于大气层密度的变化，光线会发生折射，使得远处的物体的影像出现在观察者视线的下方，创造出一种虚幻的效果。

颠倒和扭曲：蜃景景观常常会让物体的影像颠倒和扭曲，形成奇特的形状。远处的物体在折射的影响下，可能会显得高大或变形，创造出令人惊奇的视觉效果。

虚幻和透明：蜃景景观的效果常常让物体的影像显得虚幻和透明。由于光线的折射，物体的影像可能会变得模糊，仿佛在水面上悬浮，给人以一种超自然的感觉。

中国的蜃景景观：

青海湖：青海湖是中国蜃景景观的著名地点之一。由于青海湖地势较低，湖水与大气的交互频繁，常常出现蜃景景观。在特定的天气条件下，山脉、岛屿等景物可能会在湖面上显现，形成虚幻的效果。

海南琼海湾：海南岛琼海湾也常常出现蜃景景观。在海湾边缘的沙滩上，可能会出现远处的船只或者景物的虚幻影像。

南海大沙地：南海大沙地的蜃景景观也较为著名。在南海的海域中，常常会出现虚幻的岛屿和建筑物的影像，令人感到惊奇。

蜃景景观常常让人感受到大自然的神秘和不可思议。它的出现需要特定的大气折射条件，因此在适当的时机和地点观赏时，会给人带来视觉上的震撼和惊奇。

知识拓展

中国十大最美雾凇观赏地

1. 吉林雾凇岛——观赏时间：12月下旬—次年2月底

雾凇岛雾凇是中国四大奇观之一。每到隆冬时节，"忽如一夜春风来，千树万树梨花开"，松花江岸十里长堤边，气势磅礴的落雪冰花挂满枝头，把寒流席卷的神州大地装点得繁花似锦。

2. 库尔滨雾凇——观赏时间：11月下旬—次年3月

库尔滨雾凇形成的周期长，可达4个月之久，雾凇每天的停留时间多达10小时。库尔滨水电站下游沿岸长达15公里的雾凇林，面积达到300平方公里。河谷两岸每天清晨都挂满雾凇，东岸峭壁如刀削般巍然屹立，河中怪石嶙峋，西岸火山岩高低错落，撒满银雪，似孩童手中的棉花糖，让人不忍触摸。

3. 衡山雾凇——观赏时间：12月—次年2月

作为中华五岳之一的南岳衡山，每到12月份，也是欣赏雾凇美景的绝佳地之一。大自然用雾做原料，用风作笔，把天地万物绘成了一个晶莹剔透的冰雪世界。山上树梢上挂满了冰晶，就像棉花糖一样，洁白无瑕。

4. 黄山风景区——观赏时间：12月—次年2月中旬

"黄山四季皆美景，唯有冬天景更佳。"晶莹剔透的雾凇，绿叶银毫，雾凇冰挂，在尚未脱落的青松针毫之上平铺一层银白粉晶，松团簇拥环抱，宛如童话，让人如痴如醉。洁白的云海、青翠的苍松、晶莹的雾凇、缤纷的雪花，与连绵起伏的山峦融为一体，宛若一幅立体的水墨画卷。

5. 阿尔山雾凇——观赏时间：12月—次年2月

内蒙古兴安盟的阿尔山有着长达50多公里的雾凇带，素有"大兴安岭百里雾凇长廊"的美称，长达7个月的冰雪期为雾凇景观提供了天然的保护。观看雾凇最好的地方是白狼杠，就是阿尔山到白狼镇之间的山上，公路的两侧到处是雾凇，树上的雾凇好像枝条上开满了白色的花，好一派千里冰封万里雪飘的美景！

6. 新疆喀纳斯——观赏时间：12月—次年2月

气势磅礴的茫茫雪原，晶莹剔透的桦林雾凇，白雪皑皑的冰湖，水墨世界的禾木，炊烟袅袅的白哈巴，构筑了喀纳斯的绝世胜景。哪里的雾凇最美？旅游编辑觉得喀纳斯榜上有名。小雪节气过后，在新疆阿勒泰地区喀纳斯湖畔两岸，湖水升腾成水雾，与寒风在枝头相遇，凝结成一朵朵"霜花"，在林中盛开，倒映出一幅美妙的画卷。"夜看雾，晨看挂，待到近午赏落花"，喀纳斯的雾凇一日三景，是冬天赐予人们的诗情画意。

7. 长白山雾凇——观赏时间：11月—次年2月

长白山魔界风景区的雾凇因雾气较大，氤氲缭绕，如仙境一般，比普通的雾凇观赏地更添了几分神秘感。

清晨，水面或直立或横卧的枯树在浓浓的雾霭中若隐若现，呈现出种种令人惊异的魔幻般的景致，摄影人也称这里为"魔界"。

8. 天鹅泉雾凇——观赏时间：12月—次年1月

天鹅泉边皑皑雪山绵延起伏，皑皑雪山随风摇曳的纤细柔美芦苇，如梦如幻银装素裹的雾凇，如一袭白衣女子的天鹅宛立水中央，让天鹅泉多了几分空灵朦胧梦幻。看着一对对天鹅远道而来静静的在这里越冬，或娴静优雅的漂浮在湖面，或引颈高歌或展翅掠过湖面，演绎着一幅幅宁静的冬日天鹅图。

9. 峨眉山雾凇——观赏时间：11月上中旬—次年4月初

峨眉山的雾凇观赏期最长，每年平均雾凇日数达140多天。这里常年多雾，一年中有300余天都在雾中，加之冬季山顶的气温低至零下15摄氏度，所以就形成了雾凇美景。冬日里的峨眉山，满山雾凇，雨凇就像一幅山水画。千姿百态的雾凇把整座峨眉山装饰得晶莹剔透，恍若梦里的秘境，让人沉迷在这童话般的世界中不能自拔。

10. 天门山雾凇——观赏时间：11月下旬—次年3月上旬

天门山是张家界海拔最高的山，每年从11月下旬到次年3月上旬是天门山观赏雾凇的最佳时节，在天门山观雾凇的绝佳地要属山顶的环山悬崖栈道，让人十分震撼！行走在峭壁之间，被冰雪包裹的"琼枝玉叶"，一树树的从头顶掠过，或是一枝枝的延伸到手边，沟壑峰峦银装素裹，玉树琼枝晶莹剔透，美不胜收。

课后练习

1. 在海边看日出，能观赏到红日在海平面上冉冉升起，色彩渐渐变化，金光万道，光彩夺目，这是属于（　　）旅游资源。

　　A. 天气　　　　B. 天象　　　　C. 气象

【答案】B. 天象

2. 四川峨眉山金顶以观赏到下列何种天气景观而出名（　　）。

　　A. 云海　　　　B. 蜃景　　　　C. 雾凇　　　　D. 佛光

【答案】D. 佛光

3. 下列不属于气象、气候景观的是（　　）。

　　A. 云海景观　　　B. 冰雪景观　　　C. 极光景观　　　D. 佛光景观

【答案】C. 极光景观

4. "江城树挂"是指（　　）这种天气景观。

A. 云雾景　　　　B. 雨景　　　　C. 雾凇　　　　D. 蜃景

【答案】C. 雾凇

5. 我国雾凇出现最多的是省市（　　）。

A. 辽宁省抚顺市　　　　　　　B. 吉林省吉林市

C. 四川省峨眉山市　　　　　　D. 山东省泰安市

【答案】B. 吉林省吉林市

任务三　动植物旅游景观

情景导入

四川国旅的导游员小李接到一个导游任务，接待来自上海的旅游团，带领游客到四川卧龙自然保护区参观，它是中国西南地区最大的自然保护区之一，被誉为"大熊猫的故乡"。接到任务后，小李赶紧准备，把有动植物旅游景观的相关知识找来学习，又对卧龙自然保护区进行了详细地了解，查找资料，充分准备。最终小李圆满完成了此次导游任务，获得了游客的一致好评。

卧龙自然保护区是我国最早建立的保护区之一，且是四川省面积最大、珍稀动植物最多的自然保护区，接下来就让我们一起学习我国还有哪些自然保护区吧。

基础知识

一、动植物旅游景观的特点

动植物旅游景观作为旅游业中的一个重要组成部分，以其独特的特点吸引着越来越多的游客。与传统的自然景观相比，动植物旅游景观具有以下几个显著特点：

生态体验与教育：动植物旅游景观不仅仅是欣赏自然美景，更强调游客与自然的互动。游客可以近距离观察、了解各种动植物的生态习性，从而增强生态意识和环保意识。

多样性与丰富性：不同地域的动植物旅游景观呈现出丰富多样的特点。从雪域高原到热带雨林，从大洋深处到沙漠边缘，各种不同类型的生态系统为游客提供了各种不同的观赏体验。

保护与可持续发展：动植物旅游景观的开发必须与保护自然生态平衡相结合。合理的开发和管理能够为当地带来经济效益，但过度的开发可能对生态环境造成破坏，因此可持续发展是一个重要的考虑因素。

二、动植物旅游景观的类型

动植物旅游景观是指游客在旅行中可以观赏、学习和互动各种动植物的自然生态的旅游目的地。这些景点不仅提供了美丽的自然环境，还鼓励人们更深入地了解和尊重自然界的生物多样性。以下是动植物旅游景观的几种主要类型：

（一）野生动物保护区和自然保护区

这些地区通常位于自然环境相对完整的区域，为野生动物提供了安全的栖息地。游客可以在这些区域中近距离观察到野生动物的生态习性，了解它们在自然环境中的生存状态。野生动物保护区还可以通过生态游览、野外考察等方式，增强游客的环保意识和生态教育。

（二）水族馆和动物园

水族馆和动物园为人们提供了近距离观赏各种水生动物和陆地动物的机会。这些场所往往通过精心设计的展示区域，让游客可以观察到各种珍稀动物，了解它们的生活方式、习性和饮食习惯。动物园和水族馆还经常举办科普教育活动，向游客介绍动物的特点和保护现状。

（三）海洋公园

海洋公园是集合陆地和海洋生态的综合性旅游景点。除了陆地上的动植物展示，海洋公园还通过水族馆、海洋表演等方式，向游客展示海洋生态系统中丰富多样的生物。这种类型的景观旨在唤起人们对海洋环境保护的重要性。

（四）生态农庄和生态公园

生态农庄和生态公园通常在自然环境中保留了一定程度的农业和生态系统，使游客可以亲近大自然，了解农田、林地、湖泊等不同生态环境中的动植物。这种类

型的景观不仅让游客放松身心，还有助于增进对农村生态的认知。

（五）野外观鸟和生态导览

一些地区为了保护特有的鸟类和其他野生动植物，设立了野外观鸟区域和生态导览路线。游客可以跟随导游或自行参观，观察和学习鸟类、昆虫等生物的生态习性。这种类型的旅游景观有助于培养人们对自然环境的敏感性和关爱之情。

这些动植物旅游景观类型各具特色，不仅让人们感受到大自然的美丽，还提供了了解和保护生态环境的机会。无论是观赏野生动物、参观水族馆，还是亲近自然农庄，动植物旅游景观都在促进人们与自然互动的过程中发挥着重要的作用。

三、中国著名的自然保护区

（一）卧龙自然保护区

地理位置：位于中国四川省汶川县境内，是中国西南地区最大的自然保护区之一。

自然和人文景观：卧龙自然保护区拥有丰富的生态系统，包括高山森林、草甸、湖泊等，同时还是大熊猫的主要栖息地之一。

特色和亮点：以珍稀动植物资源而著名，其中大熊猫被誉为"活化石"，以"熊猫之乡"享誉中外。保护区内的景观秀丽多样，独特的生态系统成为生物多样性研究和生态旅游的热门地点。

（二）九寨沟自然保护区

地理位置：位于中国四川省阿坝藏族羌族自治州九寨沟县境内，是一处以山地、峡谷和多彩湖泊景色而闻名的自然保护区。

自然和人文景观：保护区内拥有丰富的高山峡谷、多样的湖泊和瀑布，还有独特的藏族文化。

特色和亮点：以其美丽的多彩湖泊、高山峡谷、原始森林和藏族风情而著名。保护区内的珍稀景色和文化遗产吸引着众多游客。

（三）可可西里自然保护区

地理位置：位于中国青海省玉树藏族自治州境内，是全球最大的高原自然保护区。

自然和人文景观：可可西里自然保护区位于青藏高原，有着高山、湖泊、草甸等多种景观。这里还有着丰富的藏族文化。

特色和亮点：保护区内的珍稀动植物资源丰富，如藏羚羊、雪豹等，同时也是候鸟的迁徙途径。它的高原景色和独特的生态系统吸引着野生动植物观察者和摄影爱好者。

（四）盐城湿地自然保护区

地理位置：位于中国江苏省盐城市境内，是中国东部著名的湿地自然保护区。

自然和人文景观：保护区内拥有丰富的湿地资源，包括红豆杉湖、秋浦湖等，还有着丰富的生态景观。

特色和亮点：盐城湿地是鸟类迁徙的重要中转站，拥有众多珍稀鸟类，吸引着众多观鸟爱好者。保护区内的湿地景观成为自然探索和生态旅游的好去处。

（五）扎龙自然保护区

地理位置：位于中国吉林省长白山境内，是中国东北著名的高山湿地保护区。

自然和人文景观：保护区内有着高山湿地、森林、草甸等多种景观，还是东北虎等珍稀动物的栖息地。

特色和亮点：以其独特的高山湿地和丰富的生物多样性而著名。扎龙湿地是东北亚鸟类迁徙的重要站点，吸引着众多鸟类观察者和自然爱好者。也是世界上最大的丹顶鹤繁殖地。

（六）白水江自然保护区

地理位置：位于中国贵州省兴义市境内，是中国西南地区著名的自然保护区。

自然和人文景观：保护区内拥有丰富的森林、溶洞、水系等，还有着丰富的少数民族文化。

特色和亮点：保护区内有着独特的喀斯特地貌和生态景观，同时还是狗鼻山猴的主要分布地之一。白水江的溶洞景观也吸引探险爱好者。

这些自然保护区都拥有独特的自然景观和文化内涵，吸引着众多游客前来探索和体验。每个保护区都扮演着重要的生态保护和科研角色，也为当地的生态旅游发展提供了机会。

四、中国的珍稀动植物

中国拥有丰富多样的生物资源，包括众多珍稀的动植物物种。保护这些动植物

不仅是维护生态平衡的重要任务，也是保护生物多样性和文化遗产的责任。以下是一些中国的珍稀动植物：

（一）珍稀动物

1. 大熊猫

大熊猫是中国的国宝，以其可爱的外表和稀有性质而著名。它们是濒危物种，主要分布在四川、陕西和甘肃等地。大熊猫以竹子为食，其繁殖能力较低，因此受到了严格的保护。

2. 金丝猴

金丝猴是中国的特有物种，分布在云南、四川等地的高山森林中。它们是世界上体型最小的猴类之一，有着美丽的金色被毛。金丝猴生活在高海拔地区，对生态环境要求较高。

3. 白唇鹿

白唇鹿是中国特有的鹿类，分布在四川、云南、西藏等地。它们有着典雅的外表和白色的嘴唇，生活在高山草甸和森林地区。

4. 褐马鸡

褐马鸡是中国的特有鸟类，分布在四川、云南等地的高山地区。它们有着独特的褐色羽毛和红色的眼皮，是高山湿地的代表性物种之一。

5. 扬子鳄

扬子鳄是中国特有的爬行动物，主要分布在长江中下游地区。它们是世界上体型最大的鳄类之一，生活在江河湖泊中，对湿地环境的保护至关重要。

6. 大鲵

大鲵，又称蛙蛤蟆，是中国特有的两栖动物，分布在长江和珠江流域。它们是世界上体型最大的两栖动物，因生境破坏和非法捕捞而受到威胁。

（二）珍稀植物

1. 水杉

水杉是世界上最古老的常绿乔木之一，分布在中国的长江流域。它们有着独特的抗寒能力和美丽的树冠，是湿地生态系统中的重要组成部分。

2. 珙桐

珙桐是中国的特有树种，分布在四川、云南等地。它们有着特殊的形态和花朵，是濒危的珍稀植物。

3. 金茶花

金茶花是中国的特有花卉，分布在云南等地。它们有着鲜艳的花色和丰富的花形，被视为花卉界的明珠。

4. 银杉

银杉是古老的针叶树种，分布在中国的云南、四川等地。它们具有优美的树形和银白色的树皮，是珍贵的木材和园林植物。

5. 望天树

望天树是中国特有的珍稀树种，分布在贵州、云南等地。它们有着特殊的叶片和形态，是植物界的"活化石"。

6. 金钱松

金钱松是中国的特有松树，分布在云南等地。它们以其特殊的树形和坚硬的木材而著称，也被广泛应用于园林景观中。

7. 银杏

银杏是中国的古老树种，分布在全国各地。它们有着独特的扇形叶片和美丽的秋叶，是重要的园林和街景树种。

8. 鹅掌楸

鹅掌楸是中国的特有树种，分布在四川、云南等地。它们以其特殊的叶片形态和坚硬的木材而著名，是重要的经济和园林树种。

这些珍稀动植物代表了中国丰富的生物多样性和文化遗产，需要得到持续的保护和关注，以确保它们的生存和繁衍。保护这些物种也是保护地球生态平衡的一部分。

知识拓展

全国生态日

2023年6月28日，十四届全国人大常委会第三次会议决定，将8月15日设立为全国生态日。2023年8月7日，国家发展改革委官方微信发布消息，8月15日，国家发展改革委将会同中央宣传部、自然资源部、生态环境部等部门和浙江省人民

政府在浙江省湖州市举办首个全国生态日主场活动。一个地方的生态好不好，动植物是最好的见证者。时至今日，湖州共发现野生植物1300多种、野生动物1700多种。在这片土地上，多种濒危野生动植物得到保护和恢复。以"鸟中大熊猫"朱鹮为例，经过14年的保护发展，种群数量从10只增加到669只，湖州下渚湖湿地已成为中国最大的朱鹮人工繁育基地。

课后练习

1. 作为保护动物的大熊猫和丹顶鹤，主要栖息地和保护地是（　　）

　A. 卧龙、西双版纳　　　　　　B. 西双版纳、天山

　C. 卧龙、黑龙江扎龙　　　　　D. 峨眉山、秦岭

【答案】C. 卧龙、黑龙江扎龙

2. 我国的红树林海岸在（　　）能够看到。

　A. 福建、珠海、台湾、广东　　　　　B. 海南岛、珠海、台湾、广东、宁波

　C. 珠海、台湾、广东、宁波　　　　　D. 福建、台湾、广东、海南岛

【答案】D. 福建、台湾、广东、海南岛

3. 我国保护大熊猫、扬子鳄、银杉、红树林的自然保护区依次是（　　）。

　A. 神农架、梵净山、肇庆、长白山

　B. 卧龙、安徽宣城、金佛山、海南东寨港

　C. 神农架、梵净山、金佛山、海南东寨港

　D. 卧龙、长白山、梵净山、神农架

【答案】B. 卧龙、安徽宣城、金佛山、海南东寨港

4. 我国于（　　）年建立了第一个自然保护区。

　A. 1955　　　　　B. 1956　　　　　C. 1957　　　　　D. 1958

【答案】B. 1956

5. 世界上最大的丹顶鹤繁殖地在我国的（　　）。

　A. 黑龙江　　　　B. 四川　　　　C. 青海　　　　D. 西双版纳

【答案】A. 黑龙江